LE DUC D'ORLÉANS

ET LE

CHANCELIER DAGUESSEAU

DU MÊME AUTEUR

ANTOINE LEMAISTRE
ET
SES CONTEMPORAINS
ÉTUDES SUR LE DIX-SEPTIÈME SIÈCLE

2ᵉ Édition — Un beau vol. in-8

LES MANIEURS D'ARGENT
ÉTUDES HISTORIQUES ET MORALES

1720-1857

Nouvelle Édition — Un beau volume grand in-18

LE DUC D'ORLÉANS

ET LE

CHANCELIER DAGUESSEAU

ÉTUDES MORALES ET POLITIQUES

PAR

OSCAR DE VALLÉE

PARIS
MICHEL LÉVY FRÈRES, LIBRAIRES-ÉDITEURS
RUE VIVIENNE, 2 BIS
—
1860

Tous droits réservés

PRÉFACE

Tacite assure que le principal objet de l'histoire est de préserver les vertus de l'oubli, et de contenir par la crainte de l'infamie et de la postérité les mauvais discours et les mauvaises actions[1]. M. Villemain a complété et adouci cette pensée en disant, à propos de l'éloge de Berwick par Montesquieu, que « faire ressortir les âmes élevées, à la manière de Plutarque, c'é-

[1] *Præcipuum munus annalium ne virtutes sileantur, utque pravis dictis factisve ex posteritate et infamiâ metus sit.*

tait donner à l'histoire un caractère de gravité et de morale qu'elle n'a pas chez nous. » En comprenant ainsi l'histoire et en cherchant à l'écrire avec ce grave et noble sentiment, on peut ne pas réussir, mais on est sûr d'avoir entrepris de bien faire. — On raconte, sans que j'y ajoute beaucoup de foi, que Tibère, dans sa jeunesse, voyant le grand nombre de statues qu'on prodiguait à tous les genres de puissance et de succès, ne donnait pas beaucoup d'importance à ces approbations, et songeait, avec une haute et morale inquiétude, au jugement de la postérité. — Mais, quelle qu'ait été l'opinion de Tibère adolescent, il est certain que les hommes publics ne peuvent être bien jugés, en effet, que par la postérité.

Sans doute, elle-même, elle a des passions qui troublent quelquefois sa justice, mais ce ne sont point ces passions basses, subalternes, particulières, qui dénaturent les choses et les personnes par crainte, par flatterie, ou pour un profit. — Ce sont des passions générales qui tantôt font prédominer certaines idées, tantôt donnent l'avantage à d'autres. Elles influencent le juge, mais ne le corrompent pas. On peut donc dire de la postérité, au moins dans une certaine mesure, ce que Massillon dit de la vérité, qu'il y a bien des héros dont elle fait des hommes; en même temps elle élève et glorifie, comme par un retour d'empire, les gens de bien qui n'ont pas complétement réussi. Dans la vie publique, comme dans la vie privée, ce ne sont pas toujours les meilleurs qui l'emportent. Le mal a sa large part de succès et de moissons, souvent sans que personne puisse l'empêcher; la postérité rétablit l'équilibre, et pour tous ceux qui ne sont pas des matérialistes très-opiniâtres en théorie et très-résolus en pratique elle doit sembler redoutable par ses menaces et précieuse par ses éloges.

N'est-ce rien de penser qu'on entendra, de l'autre côté de la tombe, les hommes, rendus à la liberté de leurs jugements, qui diront, malgré le respect qu'inspire la mort, et quoiqu'elle adoucisse tous les sentiments : Il est arrivé aux honneurs, à la fortune, à tous les succès, mais il ne fut ni bon ni juste, et quand on descend dans le fond de son cœur et de sa vie, on n'y trouve rien qui mérite d'être honoré?

Au contraire, quelle joie de sentir, dans le lieu d'asile que Dieu vous a choisi, que les enfants de ceux qui n'avaient pas été justes envers vous, reconnaissent ce que vous avez valu, le proclament, l'écrivent, le répandent, et qu'ainsi votre nom se couvre d'honneur! — Y a-t-il, dans les flatteries ou même dans les louanges contemporaines, quelque chose qui vaille cet éloge discret qui s'élève, se purifie, prend des forces en traversant le temps, et arrive à votre mémoire comme un envoyé libre et un messager fidèle de la conscience et de l'estime publique?

Je ne veux rien exagérer, et je n'ai pas l'intention d'enlever aux vivants le bonheur d'être loués; mais j'aimerais, je l'avoue, à voir ce goût de la louange s'ennoblir, s'épurer et se diriger un peu plus du côté de la postérité, au lieu de s'arrêter aux trompeuses et vulgaires jouissances du présent. Il faut laisser une *bonne bouche* de nous, a dit Étienne Pasquier, avec un honorable regret dans la mémoire de ceux auxquels nous avons déplu. Je crains qu'en cela, comme en beaucoup de choses, nous ne soyons trop pressés et d'un goût trop peu délicat.

En tout cas, je le répète, les injustices que, sous ce rapport, commettent les vivants, sont réparées par ceux qui les remplacent, et c'est ainsi, qu'à défaut de mieux, il s'établit, pour le jugement des hommes aussi bien que pour celui des choses, comme un ordre posthume. Aux rangs que donnent le hasard, la fortune ou le bonheur succèdent ceux que donne l'estime.

Ainsi le chancelier Daguesseau est loin d'avoir réussi dans la politique autant que le cardinal Dubois, et son rôle dans les événements est beaucoup moindre que celui de Law; cependant combien il les domine, y compris le prince qui les favorisa, au tribunal de l'histoire, dans les sympathies et le respect de la postérité!

J'ai choisi exprès, pour mettre bien en évidence ce désaccord entre les honneurs contemporains et l'honneur définitif, les disgrâces de Daguesseau. Je suis loin de vouloir faire la poétique de la disgrâce; mais c'est, à coup sûr, dans ces deux épreuves de sa vie publique, que le chancelier a le plus et le mieux moissonné pour sa véritable grandeur, pour sa grandeur morale, la plus réelle de toutes.

Je l'ai opposé au duc d'Orléans, non dans un esprit de critique monarchique, mais pour éclairer, aux lueurs de la morale publique, un des plus tristes moments de notre histoire.

Un vieil écrivain politique[1] dit que Dieu ne fait pas tous les jours des miracles pour les

---

[1] Silhon, l'un des premiers membres de l'Académie française, un protégé de Richelieu, l'auteur du *Ministre d'État* et du *Parfait capitaine*.

gens de bien, et qu'il leur laisse ici-bas le soin de lutter à leurs risques et périls.

C'est cette lutte, dans ses principes, dans ses accidents, dans ses résultats et dans sa portée, que j'ai voulu décrire sous le titre de cet ouvrage.

Je suis certain que, sauf un peu de passion personnelle pour Daguesseau, que je prie qu'on me pardonne, j'ai fait justement la part de chacun dans ce livre. J'y réduis beaucoup de succès et j'y élève des revers, non, encore une fois, par suite d'un goût maladif et injuste pour ce qui ne réussit pas, mais parce que la raison, la sagesse, l'intérêt public et l'honneur m'ont semblé être de ce côté.

Je ne me suis pas attaché (on le verra de reste) à donner au public un Daguesseau complet. C'est l'homme moral que j'ai voulu placer dans l'attitude excellente et exemplaire qu'il a eue pendant une période de sa vie.

Enfin, si je ne m'exagère pas la portée de ce travail, en honorant la mémoire du chancelier, et en jugeant avec une équitable sévérité ceux qui, deux fois, lui ont fait prendre le chemin de l'exil, j'aurai montré, dans un tableau d'histoire, que la saine raison et la saine morale, vaincues quelquefois dans les événements, triomphent toujours devant la conscience éclairée de l'avenir.

Qui oserait dire que la monarchie française aurait eu la destinée qu'elle a eue, si Daguesseau avait été le ministre écouté du Régent, et si, surtout, il avait pu communiquer ses mœurs, sa dignité, son goût du bien, son mépris pour le hasard et pour les vices, à la monarchie qu'il servait, et, par elle, à cette société au milieu de laquelle Massillon s'écriait si justement : « Les princes répandent leurs mœurs en distribuant leurs grâces! »

Il n'y a rien de forcé, de prétentieux, ni de républicain dans ce que j'appelle et dans ce qui doit s'appeler la vertu du chancelier Daguesseau; c'est au contraire une vertu toute monarchique. Il en exprima un jour, à Louis XV, le caractère et l'importance, peut-être sans songer à lui (car il était d'une rare modestie) : « Sire, dit-il au roi, un honnête homme est le seul livre ouvert devant vous pour savoir la vérité. »

Au moment où il commence à écrire le *Traité des devoirs*, Cicéron, malgré l'éclat de son pinceau, désespère de peindre la beauté morale (*honestum*), et, s'adressant à son fils Marcus, il lui dit : « Si tu voyais son visage (*faciem honesti*), cette vue t'inspirerait d'admirables amours (*mirabiles amores*). »

Sans prétendre que les traits que j'ai, en suivant l'histoire, donnés au chancelier Daguesseau, réalisent la vision dont Cicéron parle à son fils, j'affirme qu'ils s'en approchent, et j'espère qu'ils procureront à tous ceux qui aiment le bien dans la vie publique un doux et salutaire spectacle.

Pour la partie privée de ce livre, je suis le débiteur de quelques personnes, et je m'empresse d'acquitter ces dettes. — Mon premier créancier, c'est Daguesseau lui-même. J'ai pris beaucoup dans ses œuvres, dans ses lettres, dans ses discours. Sa correspondance, publiée par un très-honorable magistrat, M. Rives, conseiller à la cour de cassation, sous les auspices de M. de Peyronnet, m'a été d'un grand secours, avec les notes judicieuses qui y sont jointes. Un livre qui a paru, il y a déjà bien longtemps, sur le chancelier Daguesseau, et qui est l'œuvre d'un ancien magistrat, M. Boulée, m'a fourni, pendant mon travail, une lecture agréable et utile.

Enfin je dois à l'obligeance de M. Moignon, substitut du procureur général près la cour de Paris, la précieuse communication d'un certain nombre de lettres inédites du chancelier et de ses proches. Ce magistrat amasse, avec le discernement d'un homme de goût, des livres et des manuscrits. Il a mis un jour la main, une main de curieux et de lettré, sur un gros et informe volume qui contenait beaucoup de lettres que M. Rives n'avait pas publiées. Il m'a livré le volume avec un empressement qui l'associe un peu à mes travaux, et dont je suis heureux de le remercier publiquement.

Novembre 1859[1].

---

[1] Quelques fragments de ce livre ont paru dans le *Moniteur*, dès le mois de *février*.

LE DUC D'ORLÉANS

ET LE

CHANCELIER DAGUESSEAU

CHAPITRE PREMIER

La Cause et la matière de ce livre. — Daguesseau avocat général. — Sa situation dans le Parlement. — Ses sentiments politiques. — Ses opinions sur les matières ecclésiastiques. — Sa résistance à Louis XIV. — Le chancelier Voysin le traite de *séditieux*. — Il est Procureur général. — Son entrevue avec le roi à Marly. — Les ennemis qu'y trouve Daguesseau. — La colère du roi. — Comment il la supporte. — Sa femme croyait qu'il irait à la Bastille. — Leur attitude devant le danger. — La maison du Procureur général. — Ce qu'on doit dans les hautes fonctions de l'État. — La mort du roi. — Les conclusions de Daguesseau pour la régence du duc d'Orléans. — Ce qu'étaient alors les gens du roi. — La profession de foi politique et les illusions de Daguesseau.

Par goût autant que par devoir, je passe une partie de mon temps avec les anciens magistrats qui ont honoré leurs fonctions et illustré leur nom. Cette société m'est si douce, que, sans me

rendre injuste envers le présent, elle me dérobe
un peu à lui; d'ailleurs, il est bien plus aisé de
s'entendre avec les morts qu'avec les vivants ;
on choisit en eux les choses qui vous charment;
on s'attache à leurs beaux côtés, on s'y mêle et on
sent à peine leurs défauts; personne ne peut vous
blâmer de cette complaisance affectueuse ni y voir
un désir de plaire ou une intention de flatter :
j'ai moins qu'un autre la liberté de juger mes
contemporains, et je pense qu'il ne faut le faire,
du moins aux yeux du public, que quand c'est un
devoir que la fonction ou que l'honneur commande. D'un autre côté, ce n'est rien dire de
blessant pour ceux qui vivent que d'exprimer pour
ceux qui ont vécu une préférence qui tient à bien
des causes. Du reste, je mettrai dans ces études
tout ce qui pourra les rendre utiles ; je tâcherai
par elles de faire aimer ce qui est aimable,
honorer ce qui est bien, rechercher ce qui est
juste, poursuivre ce qui est mal. Ceux qui ont
bien voulu lire ce que j'ai écrit déjà ne s'étonne-
ront pas de me voir commencer par Daguesseau,
et par les épreuves plutôt que par les succès de
sa vie [1]. Tout le monde sait ce qui amena les

---

[1] J'ai, dans mon livre des *Manieurs d'argent* et dans un travail publié il y a quelques années et reproduit par la presse judiciaire de Belgique, beaucoup parlé de Daguesseau.

diverses disgrâces de ce grand magistrat, particulièrement la première. Cependant j'y veux insister afin d'en tirer des leçons morales qui ne sont pas faites pour déparer l'histoire.

Il était arrivé au pouvoir par son mérite, par son influence politique dans le Parlement et par le goût que le régent avait pour son talent et pour son caractère. Cette sympathie entre un prince dissolu et un homme de mœurs irréprochables m'a toujours semblé très-étrange et veut être expliquée. Si le duc d'Orléans avait des qualités aimables qui le firent un moment chérir des Parisiens, toujours si prompts et si inconstants, son cœur fut gâté de bonne heure. S'il avait dans l'esprit, ce qui est facile à croire, quelque générosité native, il ne tarda pas à la perdre dans des habitudes de débauche physique et morale. Rien d'intime ne pouvait donc rapprocher d'un tel prince un magistrat qui se faisait admirer par ses mœurs autant que par ses travaux. La première partie de la vie de Daguesseau donne un de ces beaux et simples modèles qu'il faut souvent, sinon toujours, placer devant l'esprit des hommes. A tout prendre, il n'y a dans cette moitié de sa vie rien d'inimitable, et tout mérite d'y être imité. Quelques écrivains qui ne veulent pas écrire sans peindre des héros, et qui croient au succès de l'exagération, ont représenté Daguesseau comme un homme d'un grand caractère. Ou c'est une faute d'attention, ou c'est un éloge excessif. On peut dire du temps où il a vécu qu'il ne provoquait guère les âmes à la grandeur et qu'il récompensait trop les petits caractères pour en produire de grands.

La France avait vieilli avec Louis XIV, et vers la fin elle n'avait plus, comme lui, qu'une grandeur sénile et des goûts domestiques. La puissance ingénieuse et énervée du duc d'Orléans ne pouvait guère engendrer que de vaines agitations et des passions communes. D'ailleurs, Daguesseau n'avait pas en lui de matière héroïque; mais on ne pourrait, sans la plus grande injustice, lui refuser une âme élevée et douce, un esprit noble et délicat, un cœur généreux et sincère, rempli des plus légitimes et des plus pures affections, ouvert à tous les bons sentiments, et qui a toujours été animé par le goût du bien, s'il n'a pas été soulevé par des passions puissantes ni par des volontés énergiques. Au moment où il devint chancelier, c'était, depuis longtemps déjà, un de ces hommes dont les gouvernements doivent s'empresser de se servir pour faire honorer et aimer la puissance. Personne ne s'étonne de leur voir confier les grands emplois, et personne n'a besoin d'effort pour reconnaître et respecter en eux l'autorité publique. Dans les plus hautes fonctions, ils paraissent à leur place. Il n'y a dans leur élévation ni hasard, ni arbitraire, ni caprice, ni aucune de ces causes inférieures qui élèvent un grand nombre d'hommes médiocres, imposés de la sorte à la conscience publique, qui les subit et ne les approuve pas. Car les meilleurs d'entre nous ne peuvent se défendre d'un sentiment de révolte quand ils voient de grandes dignités dérobées par la faveur ou par l'intrigue, et conservées par une habileté vulgaire ou par des moyens encore plus bas.

Le duc d'Orléans fit donc un acte de sagesse en nommant Daguesseau chancelier et en le rapprochant ainsi de sa personne et de son pouvoir. Quelques écrivains ont expliqué ce choix, que n'explique pas, il est vrai, la moralité du régent, d'une façon blessante pour l'honneur du chancelier. Ils racontent qu'avant la mort de Louis XIV, et quand on connaissait déjà ses dernières volontés, le duc d'Orléans avait ouvert des conférences avec le Parlement pour s'assurer la régence. Il aurait eu pour auxiliaires dans ces négociations, qui touchaient au complot, le procureur général Daguesseau, le premier avocat général Joly de Fleury, l'abbé Menguy et l'abbé Pucelle, ce neveu de Catinat qui aimait à faire la guerre dans la grand'chambre, et qui, à l'exemple de son oncle, y commandait un peu. Daguesseau, entré par calcul dans cette conjuration, y aurait gagné et s'y serait fait promettre la dignité de chancelier. Mais ce sont là de méchants propos que la véritable histoire ne doit pas recueillir ; quand les faits bien connus ne les auraient pas démentis, la probité de Daguesseau, qui s'étendait à tout, de l'aveu de Duclos, aurait dû les faire taire. Il avait, sur la dignité de l'homme et du magistrat, des idées qu'il avait exprimées devant le Parlement avec un grand éclat; elles lui interdisaient, comme sa conscience, les préparatifs des ambitions vulgaires à la veille des changements de règne. Aussi il a longtemps, j'ai presque dit toujours, pratiqué pour son compte cette belle et simple maxime, qu'il donnait à ses fils comme la meilleure des règles : « L'important, écrivait-il à l'un d'eux, est d'être bien avec soi-même. »

Il avait eu, comme avocat général, les plus brillants succès ; ses débuts avaient rempli d'admiration l'un de ses plus illustres devanciers, Denis Talon, devenu président au mortier, et qui aurait voulu finir comme son jeune successeur avait commencé. Le talent de Daguesseau, sa science, son caractère, ses opinions philosophiques, ses amitiés, lui avaient bien vite donné une place particulière et très-élevée dans l'estime du Parlement. Son importance n'était pas de celles qui, dans les assemblées et ailleurs, s'acquièrent par cette qualité de l'esprit qui dispense des autres, que nous appelons le savoir-faire, et qui est la ressource de l'ignorance et de la médiocrité ; il l'avait obtenue sans une faiblesse et sans une flatterie, par le seul ascendant du mérite et de la dignité personnelle. En relisant ses *Mercuriales*, on s'assure qu'il n'a jamais recherché, par des éloges ni par des complaisances, la sympathie de ses collègues ; il leur a souvent reproché leurs fautes et rappelé leurs devoirs, il a presque exercé, dans cette grande et puissante compagnie, ce beau rôle de la censure qui n'est aimé ni des peuples ni des rois, ni des assemblées, et qui fut si longtemps utile à l'honneur et à la liberté de Rome. Il fit mentir la Bruyère, qui venait d'écrire, avec un peu de vérité et beaucoup de misanthropie, que les hommes ne se rendent, sur le mérite d'autrui, qu'à la dernière extrémité. — Sans doute l'opinion publique ne fit pas autour de lui le bruit qu'elle fit plus tard, sur un signe de Voltaire, autour de l'avocat général Servan. Mais c'est qu'à la fin du dix-septième siècle l'opinion n'était pas encore bruyante comme elle allait le devenir, et d'ailleurs Daguesseau ne s'adressa pas à elle. Ses premiers succès furent sans mélange et l'œuvre exclusive de son grave et précoce talent. Saint-Simon, qui lui a fait plus d'un reproche injuste, le blâme d'avoir eu plus d'amour pour son parlement que les Anglais pour le leur. — Comme presque toujours, Saint-Simon exagère. Ce qui est vrai, c'est que Daguesseau voyait dans le Parlement le grand conseiller et le grand auxiliaire de la monarchie ; il était attaché, comme politique et comme magistrat, à ce droit de remontrances créé par les rois eux-mêmes comme un obstacle moral à leurs caprices ou à leurs fautes ; il disait des dernières remontrances faites à Louis XIV, avec un souvenir de Cicéron, et sous une forme un peu républicaine, qu'elles avaient été regardées *comme le dernier cri de la liberté mourante;* il avait, sur le rôle du Parlement dans la monarchie, les idées qu'avaient eues et qu'avaient exprimées, depuis le seizième siècle, les écrivains et les magistrats. — Les faits, toujours si puissants, les avaient un peu discréditées. Mais Daguesseau les croyait encore justes, malgré les événements, et, s'il ne les traduisait pas avec la vivacité éloquente et passionnée du cardinal de Retz, il leur donnait un grand air de sagesse, de politique et de vérité.

« La puissance suprême, écrivait-il, fut toujours tempérée en France par les lois que les monarques se dictent à eux-mêmes aussi bien qu'à leurs peuples ; et soumettre leur empire à ces lois, c'est quelque chose de plus grand que l'empire même. Une conséquence de ce principe, c'est qu'il y ait dans ce royaume une voix qui puisse toujours se faire entendre en faveur des lois, représenter le préjudice qu'elles souffrent, et parler au prince le langage de cette raison et de cette justice dont il ne saurait mépriser les conseils sans faire dégénérer la monarchie en tyrannie, nom odieux que l'on donne souvent à la puissance arbitraire ou despotique..... Deux écueils opposés menacent incessamment les sociétés humaines : l'excès ou l'abus du pouvoir de la part du souverain, l'excès ou l'abus de la liberté de la part des sujets; un juste tempérament existe entre ces deux écueils si voisins l'un de l'autre : il consiste à rendre l'obéissance douce et constante en la rendant juste et raisonnable, en accréditant les lois auxquelles elle est due, par les suffrages libres de ceux qui en sont établis les ministres et les exécuteurs, en rendant la puissance la plus absolue, non-seulement supportable, mais aimable, par ce caractère extérieur de raison et d'équité, que l'examen et la vérification des ordonnances qui se ferait dans les parlements y attacheraient; en sorte que les peuples les reçussent avec une prévention favorable, comme dictées par la justice encore plus que par l'autorité du roi... »

Il fut longtemps, et pour ainsi dire toujours, fidèle à ces principes. Louis XIV lui donna une belle occasion de montrer cette fidélité; je ne dois pas l'omettre. Les hommes dont les opinions se forment sans sagesse, au gré des événements et de leurs passions, n'y tiennent pas beaucoup et les abandonnent, comme une arme, quand l'usage leur en semble inutile. Ceux qui, dans l'ordre politique comme dans l'ordre moral et dans les sciences, arrivent par les efforts d'une raison désintéressée à établir dans leur âme une croyance, sont toujours préoccupés du noble soin d'y conformer leur vie; ils ne voudraient pas réussir sans elle, et ils l'aiment encore s'ils doivent lui sacrifier beaucoup. Daguesseau aimait le Parlement, comme on aime la maison qui vous a vu grandir, le temple où l'on a pris l'habitude de la prière, le ciel qui vous a été propice et qui a répandu sur vous les succès; mais ce penchant était soutenu, et, si je puis dire, ennobli par une sorte de foi politique qui n'excluait en rien le plus sincère et le plus profond dévouement à la monarchie et au prince. C'est en lui qu'on peut admirer, sans crainte de s'égarer au delà de la juste mesure, ce mélange de la passion monarchique et du goût de la liberté qui a été depuis si souvent altéré. Nous allons le voir appliquer cette doctrine avec le double sentiment qui la composait et servir les intérêts de la liberté civile en homme habitué à servir le roi.

Vers la fin de sa vie, Louis XIV, qui avait fait trembler le monde, *tremblait au seul nom du pape*[1], suivant l'expression de Daguesseau lui-même. En vieillissant sous l'influence d'une femme d'une immoralité austère, d'un confesseur *qui ne connaissait d'autre Dieu que sa compagnie*[2], et sous le poids d'une conscience dévotement tournée vers l'éternité[3], il avait perdu cette rectitude d'esprit qui lui avait tenu lieu de génie et qui en avait donné aux autres. Il s'engagea sans prudence dans cette longue querelle que fit naître la bulle *Unigenitus*. Le *Nouveau Testament*, du père Quesnel, n'avait pas fait d'abord un grand bruit, et il n'avait causé aucun scandale. Le cardinal de Noailles l'avait approuvé, et on pensait que Bossuet l'approuvait comme lui. Le pape se taisait. Le Tellier, qui n'aimait pas Noailles, qui avait contre les jansénistes toutes les haines de sa société et la sienne propre, qui mettait dans les matières de religion et de politique une sorte de

---

[1] Daguesseau, *Mémoire sur les affaires de l'Église.*
[2] Saint-Simon dit cela du P. le Tellier.
[3] On dit que l'on ne peut jamais connaître le caractère des rois d'Occident jusqu'à ce qu'ils aient passé par les deux grandes épreuves de leur maîtresse et de leur confesseur. (Montesquieu, *Lettres persanes.*)

fureur, excita le pape à une condamnation ; elle fut donnée sous forme de décret, mais le nom et l'autorité morale de Bossuet en arrêtèrent les effets. Un prince qui n'eût pas abaissé son esprit sous l'action ardente et opiniâtre d'un prêtre querelleur se serait empressé de fermer le débat. Mais Louis XIV, cédant à son confesseur, demanda au pape un décret plus formel et plus précis qui atteignît la doctrine et frappât dans le livre de Quesnel le passé, le présent et l'avenir de cette fronde religieuse qui avait voulu mettre la liberté dans l'Église et la morale partout. La bulle n'amena pas tout de suite le bruit ni la guerre qu'elle devait engendrer bientôt.

Mais, quand le roi voulut la faire enregistrer au Parlement, l'agitation prit naissance et Daguesseau la dirigea en magistrat convaincu « que l'on risque beaucoup moins qu'on ne croit en faisant son devoir, pourvu qu'on le fasse avec la prudence et la modération dont le zèle doit toujours être accompagné[1]. » Je n'oserais pas affirmer qu'il ne se mêlât pas, peut-être à son insu, à sa conviction, d'ailleurs très-sincère et très-ferme, un peu de rancune parlementaire. Louis XIV avait humilié le Parlement pour le contenir, et, dans son

---

[1] *Mémoire sur les affaires de l'Église.*

ardeur de monarchie absolue, il l'avait très-injustement appelé une assemblée de républicains. On peut croire que déjà, au mois de février 1714, le Parlement, qui avait sur le roi l'avantage de ne pas devoir mourir bientôt, songea à ressaisir son autorité amoindrie. Cependant le premier acte de sa résistance fut, si l'on peut ainsi parler, plus monarchique que le roi lui-même. En enregistrant la bulle, il réserva les droits et les prééminences de la couronne contre toute excommunication, en même temps qu'il proclama une fois de plus les libertés de l'Église gallicane.

Cette décision, dictée par Daguesseau, eut le sort qu'aura toujours la sagesse au milieu des passions : elle jeta dans une violente colère le confesseur du roi, qui voulut faire déposer le cardinal de Noailles, et se montra bien tel que Saint-Simon le vit : *un homme terrible qui n'allait à rien moins qu'à destruction à couvert et à découvert.*

Le chancelier Voysin venait de remplacer Pontchartrain; il était médiocre, d'une âme et d'un esprit communs, un de ces hommes dont les princes se servent, mais qui ne servent pas les princes; un de ces ministres qui dirigent leur ministère, comme dit Montesquieu, du côté des passions de leur maître. Il voulut vaincre la résistance du Parlement par la discussion et par la menace. Dans la discussion, Daguesseau l'accabla et lui fit voir que le procureur général en savait beaucoup plus que le ministre ; et quand, n'ayant plus de raisons à donner, le chancelier en vint aux menaces, le caractère de Daguesseau prit le niveau de son talent, et lui fit soutenir la cause du roi, du Parlement, de l'Église gallicane, de la justice, avec une dignité et une modération qu'on peut, dans tous les temps, proposer en exemple. Le chancelier le traita de *séditieux*, lui reprocha de faire l'*important*, le menaça de la *santé* du roi [1]. Daguesseau lui répondit : « Rien ne sera capable de me faire agir contre ma conscience ni de me contraindre à me déshonorer. La déclaration, à mon avis, est injuste, et c'est servir le roi que de ne pas lui rendre, en cette occasion, une obéissance aveugle. »

Daguesseau était alors l'âme du Parlement ; et si ce nom pouvait convenir à un homme si plein de religion et d'obéissance, je dirais qu'à cette occasion il fut presque un chef de parti.

Sa résistance fut soumise à une grande épreuve. Le roi l'appela à Marly, seul, le dimanche 11 août. Ces détails se perdent ou s'affaiblissent dans l'histoire générale, mais il importe de les recueillir

---

[1] « C'est le procureur général, dit-il au président Portail, qui forme toutes ces difficultés ; c'est un séditieux ; dans quatre jours, le roi *sera en santé*, il tombera sur lui comme il le doit. »

pour voir dans leur véritable rôle les graves acteurs de ces événements. Toute la force, toute l'ardeur, et, si j'osais l'ajouter, toute la colère de cette merveilleuse monarchie, qui avait été si redoutable à l'extérieur, si grande et si impérieuse au dedans, étaient concentrées sur une déclaration qui soumettait tous les évêques de France à un décret du pape, en un point de doctrine religieuse contestable et contesté. De cette cause, le roi avait fait la sienne et celle de son autorité[1]. A la manière dont, plus jeune, il avait traité le Parlement, on pouvait croire que, malgré sa vieillesse, rencontrant une résistance à sa personne, à sa foi devenue intolérante, au pape dont il attendait le ciel, objet de ses dernières ardeurs, il la briserait sans peine et violemment. S'il était dans un *état tombant*, suivant l'expression de Saint-Simon, il pouvait *dans quatre jours être en santé*, comme le chancelier l'avait dit, frapper le Parlement et faire conduire le procureur général à la Bastille. Daguesseau dut le craindre

---

[1] Le roi avait toujours eu contre les jansénistes une haine très-vive. On connaît cette histoire que Saint-Simon raconte : Le duc d'Orléans voulant emmener Fontpertuis en Espagne : « Comment, mon neveu, le fils de cette folle qui a couru M. Arnauld partout! Un janséniste! Je ne veux point de cela avec vous. — Ma foi, sire, répondit M. le duc d'Orléans, je ne sais pas ce qu'a fait la mère, mais pour le fils être janséniste, il ne croit pas en Dieu ! — Est-il possible ? reprit le roi; si cela est, il n'y n'y a point de mal, vous pouvez l'emmener. » Voilà, ajoute Saint-Simon, jusqu'où le roi avait été conduit, de ne trouver point de comparaison entre n'avoir point de religion et le préférer à être janséniste.

et s'y préparer; les princes absolus aiment mieux la révolte que la résistance, parce que la force, qui est bonne pour comprimer l'une, ne suffit pas toujours contre l'autre; la justice, qui manque à la révolte et qui peut amener la résistance, ne le cède à personne, et renaît quand on la croit vaincue. Mais enfin, il n'était pas impossible que la justice, en attendant son triomphe, fût d'abord mise en prison dans la personne du procureur général. On le disait et le Tellier l'espérait bien. Le prestige du roi avait diminué au milieu des faiblesses morales qui avaient élevé jusqu'à lui la veuve de Scarron et qui n'avaient plus, comme autrefois, l'excuse si française de la jeunesse et de l'amour. Mais la royauté n'avait pas cessé d'être redoutable, et, pour lutter contre elle ou se défendre contre ses volontés, on n'avait pas, comme on devait l'avoir un peu plus tard, ce menaçant auxiliaire de la souveraineté du peuple et des révolutions. Depuis tantôt un siècle, il n'a pas fallu beaucoup de courage pour résister aux rois si divers que nous avons eus; en perdant leur faveur, on gagnait celle de leurs ennemis; et la disgrâce, qui n'avait guère de rigueurs, avait ses succès et ses espérances. Avec Louis XIV, même sur son déclin, il n'en était pas encore ainsi. La royauté, qui est devenue une opinion, était un sentiment tout-puissant sur les âmes et qui leur communiquait la crainte, le respect et l'amour du roi. Si on songe à tout cela, la conduite de Daguesseau s'élève aux plus hautes régions du devoir accompli. Il quitta Paris le dimanche matin pour se rendre à Marly, non plus avec les avocats généraux et le premier président de Mesmes, mais seul et sans autre appui que lui-même contre les désirs et les menaces qui l'attendaient. Il y avait à Marly des ennemis de ses opinions et des ennemis de sa personne. Madame de Maintenon ne l'aimait pas. La famille du procureur général était une de ces familles alors très-rares au sommet; on y pratiquait tous les devoirs; on n'y avait aucun goût pour le vice heureux, aucun respect pour le crédit usurpé, aucune faiblesse pour des semblants de vertu sous un masque d'intrigante dévotion. Dans cette honnête et simple maison, les commandements de Dieu s'observaient sans le secours des casuistes dont Molière avait fait une si belle peinture, et dont Montesquieu venait de reprendre le portrait dans l'une de ses admirables lettres; la fausse reine de Marly ne pouvait trouver dans le spectacle de ces mœurs qu'une critique silencieuse des siennes et de celles dont elle avait rempli la cour.

Madame Daguesseau connaissait tous ces dangers; elle n'en fut pas plus émue que son mari;

c'était une femme douce et grave, dont les qualités solides n'avaient pas une très-grande place dans la société où sa naissance et son rang la faisaient vivre; son siècle et le précédent n'ont pas mis en évidence ces femmes simples qui s'élèvent vers Dieu, non par quelque retour éclatant, mais par le goût mesuré et la pratique régulière du bien; ils ont admiré et ils ont légué à notre admiration des femmes extérieures, si je puis ainsi dire, et la plupart théâtrales. Cherchez parmi les contemporaines de madame de Sévigné ou parmi celles de la duchesse du Maine, vous trouverez que leur célébrité vient de l'éclat de leur vie, de leurs aventures ou de leur esprit; du bruit qu'ont fait leurs amours, leurs intrigues, ou leurs poésies; la faveur de la mode et de l'opinion ne s'est pas attachée à ces femmes exemplaires qui répandent dans leur maison tous les parfums d'une âme tendre et douce, et qui sont comme les madones de la vie domestique. C'est pourtant là qu'est la véritable grandeur des femmes, et ce fut celle de madame Daguesseau; son mari l'a louée, comme elle méritait de l'être, en disant qu'*une femme comme la sienne était la plus haute récompense de l'homme de bien.*

Nous la retrouverons plus tard dans la disgrâce, et je compléterai alors son portrait. Mais déjà la voici qui se montre telle qu'elle a toujours été, compagne en toutes choses, douce et fidèle auxiliaire de son mari, fière de son mérite, soigneuse de son honneur et prenant une large part de cette dignité qui, plus que tout le reste, orne la mémoire de son illustre époux. Loin d'affaiblir par ses craintes ou d'inquiéter par ses larmes le procureur général mandé par le roi, elle lui dit en l'embrassant, et comme il prévoyait qu'il pourrait bien ne pas revenir et être envoyé à la Bastille : « Allez, monsieur, oubliez devant le roi femme et enfants... J'aime mieux vous voir conduire à la Bastille avec honneur que de vous voir revenir ici déshonoré. »

Je voudrais pouvoir donner plus de détails que Marmontel sur l'entrevue du magistrat et du roi ; il serait bon pour l'histoire, utile pour nous, agréable pour tout le monde, d'assister à ce débat et d'y voir Louis XIV défendant l'autorité du pape contre la sienne, et défendu contre lui-même par un magistrat savant et consciencieux. Le roi avait fait taire le Parlement dans plus d'une occasion, et, si l'on en croit certains récits devenus suspects, le fouet à la main, la menace à la bouche ; mais il avait eu longtemps pour les magistrats eux-mêmes une grande bienveillance ; à son avénement au trône il avait causé longuement avec l'avocat général Talon, qui, depuis, lui avait presque toujours parlé librement ; il connaissait tout le mérite de Daguesseau, qu'il avait nommé lui-même avocat général, malgré le chancelier Boucherat, et en souvenir de son père, l'intendant regretté du Limousin et du Languedoc, le membre du conseil des finances. Il n'était pas, comme dit Voltaire, assez instruit pour discuter avec lui ; il espérait le séduire, et, par lui, gagner le Parlement ; mais Daguesseau, *ayant alors ce courage d'esprit que donne la jeunesse*, resta inébranlable devant la majesté de ce roi qui avait été sérieusement comparé au soleil ; Louis XIV lui tourna le dos sans oser le faire arrêter, mais sans être averti ni ébranlé par cette simple et loyale résistance.

Ceux qui ont voulu diminuer le mérite de cette conduite si courageuse et si sage sont ceux qui n'imaginent pas qu'on doive, et surtout qu'on puisse, dans les hautes fonctions de l'État, contrarier les volontés d'un prince qu'on sert, qu'on respecte et qu'on aime. Ils ont fait remarquer que l'*état tombant* du roi, qui s'aggravait chaque jour, écartait tout danger de ceux qui ne lui cédaient pas, leur promettant au contraire une prochaine récompense, et la leur donnant déjà par la faveur publique.

Cependant, autour du lit où s'éteignait le grand règne, sous la direction de ce confesseur, plus ar-

dent aux vengeances qu'à la prière, moins occupé
de l'âme de son royal pénitent que du triomphe de
la bulle, un complot s'était formé, et la violence
allait résoudre une question de doctrine religieuse.
Le cardinal de Noailles, malgré l'instabilité de ses
idées, était devenu l'idole de Paris; dans un temps
corrompu, il avait gardé, comme son ami le procureur général, des mœurs pures, des habitudes
austères et cette dignité morale qui commande l'estime même aux cœurs dépravés; il soutenait dans
l'Église la lutte que Daguesseau soutenait dans le
Parlement : il fut décidé qu'on l'enlèverait et qu'il
serait transféré au château de Pierre-Encise à
Lyon; son ami devait être suspendu de ses fonctions et remplacé par l'avocat général Chauvelin. La
famille Chauvelin a protesté contre l'existence de
ce complot, pour que l'honneur d'un de ses membres n'en soit pas entaché. Mais tout indique qu'il
fut formé : le caractère de le Tellier, la volonté du
roi, une lettre trouvée dans les papiers de Chauvelin, et tous les signes de disgrâce qui entourèrent
alors Daguesseau. C'est au moment où Montesquieu
écrivait : « La faveur est la grande divinité des Français. » La maison du procureur général devint dé-
serte; les personnes qui l'avaient le plus fréquentée
n'osaient plus y paraître; on y était réduit, comme
dans les temps de contagion, au petit nombre de

ceux qui ne craignent rien. C'est du moins ce que raconta plus tard la fille aînée de Daguesseau, devenue la comtesse de Chastellux; quoique enfant, elle sut lire dans ces lueurs et dans ces effets de disgrâce des vérités qui fortifièrent son âme et lui firent recevoir dans la suite, ainsi qu'à tous les siens, les coups du sort avec sérénité.

Mais le roi mourut le 1ᵉʳ septembre, et Daguesseau put voir se jouer autour de lui cette comédie des bassesses humaines qui recommence toujours. On savait qu'il était, comme Fénelon, l'ami du régent dont le succès était déjà prévu; il était surtout l'homme le plus considérable du Parlement, et le Parlement allait être, au moins pendant un jour, le véritable roi de France, puisqu'il allait donner la régence. Ce rôle du Parlement brisant le testament du roi qui l'avait humilié et réduit à juger les procès, renferme un des plus graves enseignements de l'histoire; il montre qu'au plus beau temps de la monarchie il se mêlait au droit divin beaucoup d'humanité, et que les accidents et les passions ont toujours pu donner la souveraine puissance.

Il est inutile de répéter comment le duc d'Orléans obtint la régence; tout le monde le sait.

Daguesseau y eut une grande part, mais sans intrigue, par sa seule influence. Ce ne fut même pas lui qui prit la parole au Parlement dans l'intérêt du duc d'Orléans; il la laissa à l'avocat général Joly de Fleury.

J'avoue que je ne peux pas me représenter sans une vive émotion le rôle que jouèrent en ce moment ceux qu'on appelait alors avec respect les gens du roi ; je sens toute la distance qui nous sépare et qui nous éloigne d'eux, et j'éprouve d'invincibles regrets en voyant combien ces grandes fonctions ont été amoindries. Conclure sur le testament d'un roi, c'était une œuvre bien supérieure à celles qu'accomplissaient chaque jour les ministres exécutant les volontés du prince. Tout cela paraît facile aujourd'hui à notre orgueil démocratique; nous avons tous plus ou moins contribué à faire ou à défaire des rois; mais alors quel grave et puissant ministère ! Loin des passions populaires qui nous ont si souvent asservis, sans calcul d'ambition, n'ayant d'autre guide que sa conscience, chercher, comme on cherche la justice, le bien de la France, quel devoir pour un magistrat! Daguesseau crut l'avoir rempli en *concluant*, si je puis parler ainsi, pour la régence du duc d'Orléans. Il crut avoir agi, dans cette grande occasion, en homme qui *cherchait, voyait et voulait toujours le bien*. Il a lui-même exprimé les sentiments qui l'animaient et les espérances qui le portèrent de ce côté; il ne savait pas jusqu'à quel point l'âme du duc d'Orléans avait été empoisonnée ; il l'avait jugé sur les grâces de son esprit et sur les idées de sage liberté qu'ils avaient échangées ensemble ; il croyait relever l'autorité du Parlement et donner à la royauté une barrière que la marche du temps et le progrès des esprits rendaient bien nécessaire.

Tout ce qu'il a espéré, tout ce qu'il a souhaité, tout ce qu'il a cru, il l'a dit en des termes que, pour l'honneur de sa mémoire et l'instruction des hommes, il importe de reproduire.

« Vous conservez, disait-il au Parlement, le souvenir de ce jour glorieux au sénat, précieux à la France, heureux aussi pour toute l'Europe, où un prince que sa naissance avait destiné à être l'appui de la jeunesse du roi et le génie tutélaire du royaume, vint recevoir par vos suffrages la ratification du choix de la nature... *S'attacher tout l'État par les charmes du gouvernement*, c'est le chef-d'œuvre de sa sagesse. Par lui, cet *accord si désirable, mais si difficile de la liberté et de l'autorité, se trouve heureusement accompli*. Une autorité nécessaire tempère l'usage de la liberté, et la liberté tempérée devient le plus digne instrument de l'autorité. Que les génies médiocres redoutent les conseils ; les grandes âmes sont celles qui les désirent le plus; sûres d'elles-mêmes, elles ne craignent point de paraître gouvernées par ceux qu'elles gouvernent en effet; et, dédaignant le faux honneur de dominer par l'élévation de leur dignité, elles règnent plus glorieusement par la supériorité de leur esprit. »

Bientôt ces illusions tombèrent, et nous allons voir Daguesseau dans la disgrâce.

CHAPITRE II

Les rapports du Prince et du ministre. — L'amitié. — La morale politique. — L'influence des meilleurs citoyens. — La politique d'expédients. — Le duc d'Orléans se moque des influences morales. — Pourquoi il a fait Daguesseau chancelier. — Ce qui les sépare. — Les ennemis du chancelier. — Les Constitutionnaires. — Les jésuites. — Madame de Maintenon. — Les *Roués*. — Les Princes légitimés. — La duchesse du Maine.— Le premier président de Mesmes peint par lui-même; — par la Bruyère. — Le duc de Saint-Simon. — Faible du chancelier pour la robe. — Son indécision. — Rôle qu'il pouvait prendre dans le Parlement. — L'abbé Pucelle et l'abbé Menguy. — C'est la finance qui détermine la chute de Daguesseau. — Ce qu'elle avait fait à son père.— La finance comparée à la boue par Montesquieu. — Law et ses panégyristes.

J'ai dit que rien d'intime ne rapprochait le duc d'Orléans de Daguesseau et qu'il n'y avait entre eux aucune parenté de cœur ni de génie; il n'est pas nécessaire que la communauté de sentiments, d'idées, de mœurs, qui forme et qui maintient entre les hommes la douce loi de l'amitié, préside aux rapports des princes avec leurs ministres. Cicéron, qui est resté le peintre sans rival de ce beau sentiment, lui donne pour matière la plus pure vertu [1]. Ce serait trop demander que de vouloir qu'un si rare ciment unisse le souverain à ceux qu'il associe à sa puissance et dont il fait les conseillers de ses pensées et les exécuteurs de ses desseins ; il y a d'ailleurs dans les rapports du ministre et du prince plus d'un obstacle à l'amitié ; si elle doit naître dans la vertu, elle ne grandit bien que dans l'égalité dont elle se nourrit ; la sujétion peut produire des sentiments qui s'en approchent, mais qui ne sont pas elle-même, le respect, le dévouement, le zèle ardent et sincère. J'ajoute que, comme l'amitié n'a presque jamais en ce monde l'idéale origine que Cicéron lui donne, il vaut peut-être autant qu'elle ne serve pas à faire partager la puissance. Mais du moins il importe qu'il existe entre le prince et le ministre un lien d'honneur et de probité mutuelle qui les attache l'un à l'autre ; ils doivent avoir sur la morale publique les mêmes opinions, sinon les mêmes pratiques ; dans le gouvernement, la conduite des accidents et le maniement des affaires jouent un grand rôle, le plus important et le seul aux yeux du vulgaire ; mais ce serait abaisser la politique, qui est la première des

---

[1] *Si id volumus adipisci, virtuti opera danda est.*
... *Virtus, virtus, inquam, et conciliat amicitias et conservat.*
(*De Amicitiâ*, ch. xxii.)

sciences, que de la réduire à ce but sans portée et à ces résultats sans lendemain. Elle a sur les âmes et sur l'amélioration générale des hommes un empire qui l'élève de beaucoup au-dessus de ces pratiques et de ces succès. Daguesseau la comprenait ainsi ; il ne l'aimait et ne la respectait beaucoup que sous les traits de la morale ; il répétait souvent ces vers, que la ruine du plus grand des empires avait consacrés :

> *Quid leges sine moribus*
> *Vanæ proficiunt...* [1]

Il poussait peut-être un peu trop loin cette confiance, d'ailleurs si généreuse, que lui inspirait la morale ; il avait ce que les praticiens de la politique appellent de la naïveté et de l'impuissance ; il ne professait pas pour les hommes ce mépris qui a passé du cœur de Machiavel dans ses livres, et qui a créé la plus fausse et la plus détestable école de politique. Je crois pouvoir, sans rien imaginer, assurer qu'il partageait la pensée de Scipion et sa belle doctrine sur le gouvernement des sociétés. Cicéron fait dire à ce grand homme que ce qui vaut le mieux pour régir les États, c'est l'unité d'empire et la puissance royale, à la condition qu'on joigne à cette force de gouvernement l'in-

---

[1] C'est ce que disent de lui ses éditeurs de 1789.

fluence morale et l'autorité des meilleurs citoyens¹.

Le duc d'Orléans, au contraire, aimait la politique d'action et d'expédients ; sans aller jusqu'à Machiavel, il donnait plus à l'habileté qu'à la morale, et croyait plus facile de conduire les hommes par leurs penchants que par la raison. Ce dissentiment s'était montré dans une occasion, petite en apparence, et grave cependant, puisqu'elle laissa voir le mépris du duc d'Orléans pour les influences morales dans la conduite de l'État. Quand Louis XIV fut décidé à supprimer l'ordre de Saint-Lazare, il consulta M. Henri Daguesseau, qu'il avait fait entrer au conseil des finances et pour qui il avait une estime toute particulière; le père du chancelier lui persuada de donner aux hôtels-Dieu et aux hôpitaux les biens des maladreries, et lui conseilla en même temps, pour dédommager les officiers de ses armées qui perdaient des commanderies, de créer l'ordre de Saint-Louis. Le roi approuva cette noble pensée, et fit ainsi sa Légion d'honneur. Un jour, un officier subalterne, à qui on laissait le choix d'une pension de 800 livres ou de la croix de Saint-Louis, vint dire au roi, devant le duc d'Orléans, qu'il préférerait la croix, si Sa Majesté voulait bien l'en honorer. « Je le crois bien, monsieur, » lui

---

¹ *Si esset optimi cujusque ad illam vim dominationis adjuncta auctoritas.*

dit Louis XIV d'un ton grave et propre à lui faire sentir le prix de sa grâce. — M. le duc d'Orléans se mit à rire de la préférence : le roi l'en blâma sévèrement, comme d'une raillerie déplacée et comme d'un défaut de sentiment politique. Daguesseau, qui raconte cette anecdote et à qui M. le duc d'Orléans l'avait lui-même racontée, n'hésite pas à prendre parti pour le roi et à manifester son penchant pour les moyens de gouvernement qui s'adressent à l'honneur et aux plus nobles qualités de la nature humaine [1].

Toutefois M. le duc d'Orléans, qui péchait par le cœur, avait assez d'esprit pour comprendre le parti qu'au milieu même d'un gouvernement corrompu on peut tirer d'un ministre homme de bien. Il avait paru heureux, et sans doute il l'avait été à sa manière, quand Saint-Simon, apprenant par lui le choix du chancelier, lui avait dit, contraint par la vérité, qu'il ne pouvait pas prendre un magistrat *plus savant, plus lumineux, plus intègre, et dont l'élévation dût être plus approuvée.* C'est la grande et incomparable supériorité du bien, de plaire à ceux même qui, en public, font profession

---

[1] En faisant ce récit, Daguesseau honore la mémoire de son père. Il est heureux de lui attribuer cette belle et morale création, dont il dit : « Ainsi fut établi l'ordre de Saint-Louis, qui doit sa naissance, sa forme, ses règlements à mon père, et qui aurait été encore plus utile à l'État si on avait été aussi attentif que le feu roi à en faire valoir la distinction. »

de le mépriser. Du reste, on ne met pas plus de grâce à conférer une grande dignité que n'en mit le régent à faire Daguesseau chancelier. Il n'hésita pas, il ne consulta personne; il n'attendit pas plus les demandes du duc de Noailles, l'ami de Daguesseau, que les critiques de Saint-Simon ou les recommandations du duc du Maine ou du comte de Toulouse en faveur de leur candidat, qui était leur créature, le premier président de Mesmes. On eût dit, à la manière dont il en usa, qu'il se rappelait ces mots de Tacite : « La voix du peuple choisit souvent pour le prince, et, s'il veut chercher le plus digne, un consentement unanime le lui présente. »

Mais le régent, qui a eu dans sa vie quelques bons mouvements, n'était pas capable de suite ni dans les sentiments ni dans les idées. Le caractère et la durée limitée de son pouvoir l'excusaient à ses propres yeux de vivre au jour le jour, et de dissiper en plaisirs et en contradictions son autorité temporaire. Son naturel et ses penchants, qui devinrent des vices, le rendaient accessible à toutes les mauvaises inspirations qui prenaient la peine de l'assiéger. Il n'avait pas pour se défendre, et pour retenir auprès de lui Daguesseau, ce goût de la probité publique que rien ne peut altérer.

Aussi il ne résista pas longtemps aux ennemis que le chancelier se fit ou trouva devant lui.

— C'est une remarque que ce prince justifie plus qu'un autre, que les ministres les mieux défendus par leurs maîtres sont quelquefois ceux qu'ils pourraient sans inconvénient céder à l'opinion et livrer à la justice ou à l'inconstance du public. Mais en même temps il faut reconnaître que Daguesseau fut attaqué de beaucoup de côtés.

Si on en croit les historiens et le duc de Saint-Simon lui-même, son élévation fut approuvée comme un acte de bonne politique et de justice, ce qui est presque toujours la même chose. Un journaliste du temps, l'abbé Dorsanne, assure que jamais choix ne fut plus applaudi; mais il ajoute que les constitutionnaires zélés et les jésuites en furent outrés de dépit. La famille du chancelier était soupçonnée de jansénisme. Son père avait été victime de ce soupçon; madame de Maintenon avait d'abord témoigné beaucoup d'intérêt à M. Henri Daguesseau [1], qui, dans son intendance du Languedoc, s'était lié étroitement avec le duc de Noailles; avec la bonté du roi et son mérite, qui avait éclaté partout, il était désigné pour être contrôleur général ou chancelier à la mort de Boucherat; mais madame de Maintenon se détacha de lui, comme

---

[1] Elle lui écrivit même, dit le chancelier, pour le féliciter de son entrée au conseil des finances, *une lettre tournée avec cet air naturel et délicat qu'elle savait donner à toutes ses lettres.*

elle s'était détachée du duc de Beauvilliers et de
Fénelon, « soit par son inconstance naturelle, soit
par les conseils de l'évêque de Chartres, qui la
dominait, comme ont toujours fait ses directeurs,
ou, ce qui lui ferait plus d'honneur, par une délicatesse de religion [1]. » Il avait suffi qu'on repré-
sentât M. Henri Daguesseau comme un janséniste,
ce qui faisait dire au maréchal d'Harcourt *qu'un
janséniste n'était souvent autre chose qu'un homme
qu'on voulait perdre à la cour.* — Le chancelier
n'était pas plus janséniste que son père; comme
lui, il était éloigné de l'esprit de dispute et de
contention ; comme lui, il répétait avec l'auteur de
l'*Imitation,* qu'il aimait bien mieux sentir la Grâce
que de chercher à la définir.

Mais en même temps il était comme lui d'une
grande sévérité de mœurs, et il méritait ce que
Boileau avait dit de son père, dont il était l'ami :
« C'est un homme qui désespère l'humanité; il
me paraît si estimable, qu'il en est haïssable. Comment pourrais-je aimer un mortel sans défauts et
sur qui la satire ne peut trouver aucune prise? »
S'il n'en avait pas les opinions, Daguesseau avait
donc les mœurs du jansénisme, et cela suffisait
pour qu'il eût contre lui les sulpiciens. Par une

---

[1] Daguesseau, *Discours sur la vie et la mort de son père,* p. 77 de
l'édition de 1789.

de ces erreurs qui seraient inexplicables si Dieu n'en laissait pas pénétrer partout, le pape considérait Daguesseau comme son plus redoutable adversaire, parce qu'il était attaché à l'Église gallicane et qu'il donnait à cet attachement sa science, sa piété, j'ai presque dit sa vertu. Le pouvoir religieux est le plus jaloux des pouvoirs, et sa nature excuse un peu sa susceptibilité; mais il doit, comme tous les pouvoirs, se laisser avertir par la résistance de ceux qui l'aiment, le servent pieusement et le vénèrent sincèrement.

A tous ces titres Daguesseau ne méritait pas la malveillance du saint-père. Mais les jésuites avaient envenimé le débat; quoique le duc d'Orléans eût, en prenant la régence, écarté le cardinal de Bissy et sa cabale, exilé le Tellier, Doucin et les autres brouillons de la société, il s'était presque aussitôt montré indécis sur les questions religieuses, et les préparatifs de guerre avaient recommencé. La mort du chancelier Voysin avait été prise comme un malheur par les partisans de la bulle; l'évêque de Fréjus l'écrivait à madame de Maintenon : « Je ne doute pas, lui disait-il, que vous ne soyez fort touchée de la mort de M. le chancelier Voysin ; c'est une grande perte pour votre maison de Saint-Cyr... mais elle ne l'est pas moins pour la religion. » Enfin, ce qui prouve d'une façon saisissante et pué-

rile à la fois les inimitiés qui vinrent de ce côté à
Daguesseau, ce fut la joie que sa disgrâce occasionna, ou plutôt la manière dont cette joie éclata
parmi les jésuites. En l'apprenant, ils donnèrent
un congé à leurs écoliers. Il semble que le régent
n'aurait pas dû être très-accessible à ces influences-
là, mais il voulait tout concilier, et plus qu'aucun
autre il avait besoin d'accommodements avec le
ciel ; il communiait en grande pompe à Saint-Eustache le jour de Pâques pendant que sa fille, la
duchesse de Berri, faisait chaque semaine, aux
Carmélites, une promenade de fausse pénitence et
de feinte dévotion. Il trouvait, il faut bien le dire,
la religion plus tolérante pour ses passions que la
morale du chancelier, qui se croyait en droit de le
reprendre à ce sujet. Il dut donc écouter, et il
écouta certainement les plaintes qui, de ce côté,
s'élevèrent contre Daguesseau. Ce qui aurait dû
frapper sa raison, assez droite quand elle n'était pas
enivrée, c'est qu'à ces plaintes, religieuses au
moins par l'apparence, se mêlaient celles bien
différentes de ses favoris, des compagnons de ses
débauches, de ces hommes qui, suivant lui-même,
ne méritaient que la roue. Les unes devaient
exclure les autres; mais le régent les écouta toutes,
celles-ci par crainte des querelles religieuses,
celles-là par faiblesse pour lui-même et par com-

plaisance pour ses courtisans, qui, dans la débauche, devenaient ses égaux.

C'est un contraste qui vaut bien la peine qu'on le relève que celui d'un prince ayant Daguesseau pour ministre et les *roués* pour amis ; les sermons du chancelier ne pouvaient pas tenir longtemps contre l'influence de la débauche pratiquée sans mesure et mise en théorie. Il est possible que le régent méprisât tous ces complices de ses plaisirs et qu'il les jugeât dignes d'un honteux supplice, comme on prétend qu'il l'a dit. Mais ils avaient sur lui un véritable empire et le tenaient trop souvent dans cette servitude des passions où ils étaient eux-mêmes, pour ne pas en être écoutés. Je ne veux pas refaire leur peinture, et, puisque mon sujet ne m'y force pas, je ne veux pas trop parler d'eux ; ils ne sont pas les auteurs directs de la disgrâce du chancelier, ils y ont seulement contribué, et de tous ceux qui y ont pris part, ils me semblent même les plus excusables. L'âme du souverain, dit quelque part Montesquieu, est un moule qui donne la forme à toutes les autres. En imitant le régent, ses favoris étaient dans leur rôle ; en voulant éloigner Daguesseau, ils y étaient encore et montraient plus de logique que leur prince ; la raison n'aime pas les contradictions, mais le vice les aime encore moins qu'elle, et les mœurs du chancelier critiquaient plus que ses discours celles du régent et de ses amis. Il y avait parmi eux ce Broglie, gendre du chancelier Voysin, le prédécesseur de Daguesseau, qui était « très-méchant, très-avare, très-noir, d'aucune sorte de mesure, pleinement et publiquement déshonoré sur le courage et sur toutes sortes d'autres chapitres, et avec cela effronté, hardi, plein d'artifices, d'intrigues et de manéges. » Par lui, on peut juger des autres. Cette camarilla ne se contentait pas de l'immoralité en actions, elle y ajoutait les vers, la prose, l'enseignement et la théorie. Elle se composait de gens « formés dans la loi d'Épicure[1]. » Son influence sur la société, sur la monarchie, sur la religion, a été désastreuse ; elle a mis à la mode toutes les passions du prince, sans amitié pour lui, sans souci de l'avenir, avec cette indifférence qui porte à abuser de la faveur ceux qui l'obtiennent sans la mériter et à des titres domestiques. Elle est devenue naturellement l'auxiliaire des immoralités publiques qui allaient naître sous les inspirations de Law, et sa haine contre le chancelier dut s'accroître en se mêlant à celle de la finance.

Daguesseau eut aussi contre lui les princes légi-

[1] C'est un vers de l'abbé Chaulieu :

Élève que j'ai fait dans la loi d'Épicure.

timés, et particulièrement la duchesse du Maine, qui poussa la colère jusqu'à la conspiration. Le lendemain de la mort du chancelier Voysin, au moment où le duc de Noailles sortait du cabinet du régent avec la nouvelle de l'élévation de Daguesseau, le duc du Maine et le comte de Toulouse y entraient pour demander le titre de chancelier au profit du premier président de Mesmes. Plus tard, le conseil de régence déclara les légitimés inhabiles à succéder à la couronne, les priva pour l'avenir de la qualité de princes du sang, et les réduisit de beaucoup; ils surent la part qui revenait à Daguesseau dans cette grave décision, morale et politique en même temps; c'est lui qui avait dressé la déclaration qui fut enregistrée au Parlement; ils en furent *horriblement* mécontents et cherchèrent à nuire au chancelier; ils y furent aidés par le premier président de Mesmes, qui était loin d'être un premier président *sublime* [1]. Cet ennemi était de ceux qu'on rencontre dans tous les rangs où la fortune peut placer les hommes; c'était un envieux; il ne pouvait voir le chancelier, qui avait été au-dessous de lui, *sans sentir tout son sang se mettre en mouvement*. Il était fils du président de

---

[1] Saint-Simon, qui refuse à Daguesseau les qualités de l'homme d'État et de ministre, dit qu'il aurait fait un premier président sublime.

Mesmes, qui avait joué un rôle important dans la Fronde, et qui était un esprit distingué. Il avait épousé, en 1695, la fille de M. Feydeau de Brou, président du grand conseil, qui lui avait apporté trois cent cinquante mille livres ; on dit même qu'il s'était fait assurer par la mère deux cent mille livres après sa mort, et qu'il était ainsi devenu riche avec une femme toute jeune, passablement belle et un peu boiteuse. C'est lui que la Bruyère avait devant les yeux quand il écrivait : « Il y a un certain nombre de magistrats que les grands biens et les plaisirs ont associés à quelques-uns de ceux qu'on nomme à la cour *petits-maîtres*... Ils prennent de la cour ce qu'elle a de pire, ils s'approprient la vanité, la mollesse, l'intempérance, le libertinage, comme si tous ces vices leur étaient dus, et, affectant ainsi un caractère éloigné de celui qu'ils ont à soutenir, ils deviennent enfin selon leurs souhaits des copies fidèles et de très-méchants originaux. » Un tel magistrat était l'ennemi de Daguesseau, et ne pouvait être son rival que par l'envie ; il combattait le chancelier par derrière avec les procédés de l'envie, qui sont toujours les mêmes ; mais il n'osait pas l'attaquer en face, parce qu'il craignait *son esprit, sa plume et son crédit*.

Madame de Maintenon, qui avait pris parti pour les princes légitimés, en voulait plus que jamais au chancelier, et, à la joie qu'elle laissa éclater au moment de sa disgrâce, on ne peut pas douter qu'elle y ait eu quelque part. Son importance d'ailleurs avait bien diminué, et elle s'en aperçut d'une façon cruelle : lorsque Pierre le Grand fit une visite à Saint-Cyr, elle était couchée ; le czar écarta les rideaux de son lit, la regarda et sortit sans mot dire ; les chroniqueurs rapportent qu'après cette visite si expressive contre la fin de Louis XIV, il alla s'incliner devant la statue de Richelieu. Cependant madame de Maintenon avait gardé sur les choses de la cour une influence que son rare esprit et que sa bonne conduite depuis la mort du roi suffisaient à justifier ; de plus, elle était mêlée à toutes les affaires de religion et conduisait encore beaucoup de monde. J'ai dit qu'elle n'aimait pas plus la chancelière que M. Daguesseau ; elle en faisait l'aveu le lendemain de la disgrâce en écrivant : « Le départ de madame la chancelière me fait grand plaisir, et le secret qu'on garde sur le sujet de leur disgrâce pourrait être personnel au régent. (Comme cette espérance marque bien sa passion !) Ce serait tant mieux, car elle durerait ; mais on le laisse bien près pour continuer ses *intrigues*[1]. »

[1] La lettre est du 17 février. — Il est assez curieux d'entendre madame de Maintenon traiter le chancelier et sa femme d'*intrigants*.

Quant à Saint-Simon, il ne se cache pas d'avoir contribué à la disgrâce de Daguesseau; il y a mis, comme en toutes choses, beaucoup d'amour-propre, à quoi il a ajouté sa passion de grand seigneur récent contre les magistrats, et un peu de politique contre le Parlement, qui déplaisait à son humeur plus qu'à ses convictions. J'ai pour Saint-Simon, comme écrivain, une admiration qui est à peu près sans bornes; j'aime ce style agité et parlant, qui tient de la gravure et qui y joint les éclatantes couleurs de la peinture; il m'entraîne, m'éblouit et me porte vers les passions qu'il exprime; on est, en le lisant, comme sous le charme, ou, si l'on veut, sous les étreintes d'un discours qui subjugue en même temps et le corps et l'esprit. Mais la sagesse commande de se dégager de ces liens et d'échapper à leur douceur et à leur force. L'histoire n'est pas dans ces orageuses régions où la pensée bouillonne, où le style la pousse plus loin qu'elle ne voudrait aller, où le plaisir des mots et l'énergie des traits ne connaissent pas de bornes et défigurent la vérité. Personne ne peut prendre à la lettre ce que Saint-Simon a dit de Daguesseau; il faut surtout y voir vivement exprimée son antipathie contre le chancelier. Elle avait déjà paru au moment de l'élévation; mais elle avait su se contenir devant le succès et devant les éloges du régent. Toutefois Saint-Simon avait témoigné au duc d'Orléans le désir que le nouveau chancelier « oubliât qu'il avait jusqu'alors passé sa vie dans le Parlement et se dégageât des principes qu'il y avait pris, pour ne penser qu'à son office et à sa reconnaissance. » A y regarder de très-près et d'un œil un peu prévenu, le reproche contenu dans ce désir n'est pas tout à fait sans fondement.

Daguesseau aimait la robe, comme Saint-Simon la noblesse, avec quelque exagération ; il y avait dans sa sympathie politique pour le Parlement de l'affection personnelle, et c'était trop pour un ministre du roi. Saint-Simon eut une occasion de faire voir au régent ce défaut du chancelier, et on peut croire qu'il en profita.

Courson, intendant de Guienne, le fils de M. de Basville, avait arbitrairement créé des taxes sur la ville de Périgueux, et, comme les échevins avaient osé se plaindre, il les avait fait mettre en prison, sans que les libertés municipales y fissent obstacle. Le duc de Noailles, qui connaissait ce grave abus, le cachait par intérêt pour son auteur ; esprit aimable et fin, il avait en politique des idées étroites et fausses ; il croyait que la puissance publique est intéressée à ce que les crimes ou seulement les abus de ceux qui la représentent soient ignorés et non punis. Il suivait peut-être à son insu cette maxime dangereuse, qui est de donner toujours raison aux supérieurs. Dans tous les cas, il avait connu en Languedoc M. de Basville et il lui en coûtait de frapper son fils. Mais Saint-Simon, qui le détestait, le somma de rapporter l'affaire au conseil et l'y contraignit; il aurait voulu, par esprit de justice et en haine de Noailles, qu'on accordât à la ville de Périgueux une éclatante réparation et qu'un châtiment exemplaire atteignît Courson. Daguesseau aurait dû partager sa colère contre un odieux abus d'autorité; sa place, sa dignité, ses opinions, ses sentiments de magistrat, sa passion de justice et d'honnêteté, lui commandaient d'être sévère et de tout oublier pour ce devoir. Mais il regarda trop au coupable, qui était homme de robe, et il se souvint trop d'une amitié d'ailleurs bien honorable. Quand son père avait quitté l'intendance du Languedoc, au moment des cruelles rigueurs que Louis XIV avait crues nécessaires contre les protestants, il avait été remplacé par M. Lamoignon de Basville. Malade à ce moment, M. Henri Daguesseau avait chargé son fils de fournir à son successeur tous les renseignements dont il avait besoin sur l'état politique et religieux du pays. Daguesseau, alors très-jeune, l'avait fait avec un tact et une modération que M. de Basville avait loués; il avait joint aux éclaircissements donnés de vive voix des notes écrites et des mémoires inspirés par son père, et il avait dû espérer que le nouvel intendant du Languedoc apporterait dans sa redoutable mission la sagesse et la ferme douceur qu'il voulait lui communiquer. Il avait du moins gardé de ces rapports un souvenir excellent et affectueux qui profita à Courson. Mais en général on vit dans sa conduite une grande faiblesse pour le monde de magistrats que Saint-Simon haïssait, et Saint-Simon la fit ressortir, comme il savait le faire, pour justifier aux yeux du régent son jugement et ses craintes sur le chancelier.

Il y avait aussi, j'en conviens, quelque indécision dans l'esprit politique de Daguesseau. Il s'en défendait, ou plutôt s'en justifiait, en disant que les opinions du chancelier étaient des lois, et que, dès lors, il ne pouvait pas mettre trop de temps à les former. Il me semble que plus l'exercice du pouvoir est difficile, plus il honore ceux qui y prennent part; mais rien n'en accroît plus la difficulté que l'indécision et la faiblesse; il aurait fallu que Daguesseau se plaçât entre le Parlement, et que, des deux côtés, il fît sentir le poids de sa grave autorité et de sa haute raison; il connaissait mieux que personne les ardeurs dangereuses et les vaines inquiétudes qui souvent agitaient ses anciens collègues et les poussaient au delà des bornes; il avait très-bien et très-sagement jugé la mesure dans laquelle cette puissance mal définie du Parlement devait se mouvoir et s'exercer; il fallait que sa volonté l'attachât et la retînt à cette limite que sa raison avait fixée. — Il n'a jamais été facile de contenir une assemblée d'hommes où chaque personne se multiplie, où toutes les passions s'accroissent en se touchant, où les vanités prennent l'importance d'un intérêt public, où tout s'échauffe enfin, le mal comme le bien. — La laisser faire, comme sous la Fronde, c'est presque abdiquer; la supprimer ou la faire taire, comme Louis XIV, c'est un procédé facile, qui simplifie le présent, mais qui menace l'avenir. Le mieux est de la conduire et de l'écouter sans la subir. Daguesseau a négligé ce rôle, qui allait si bien à son mérite, à ses opinions, à ses devoirs envers son souverain. Je sais qu'il était difficile, que l'inimitié du premier président le rendait plus difficile encore; mais tout cela aussi le rendait plus beau et devait le faire tenter. D'ailleurs, Daguesseau avait dans le Parlement beaucoup d'amis; le procureur général, qui l'avait remplacé, lui était dévoué jusqu'à la plus tendre affection; les deux personnages influents que j'ai déjà cités, l'abbé Menguy et l'abbé Pucelle, étaient avec lui de cœur et d'opinion[1]; l'énergie lui manqua, et il se borna à tâcher de modérer des luttes qu'il aurait dû conduire.

Mais que chacun soit juste, comme je viens de l'être, on conviendra que ce fut la finance qui, par-dessus tout, amena la disgrâce du chancelier. C'était déjà depuis longtemps une ennemie de sa famille. Elle avait failli briser la carrière de son père. M. Henri Daguesseau étant président au grand conseil avait à faire un rapport sur une question de finances; il la vit en magistrat. M. Colbert, qui était contrôleur général, ne partageait pas son avis. Il s'engagea entre eux une lutte assez vive. Le magistrat développa son opinion, il ex-

---

[1] Voici le portrait de ces deux parlementaires, fait par le président Hénault : « L'abbé Menguy était un de ces hommes extraordinaires qu'on ne saurait peindre que par enthousiasme. Son âme ne le laissait pas en repos; ses yeux pleins de feu annonçaient l'éloquence qui l'animait dans la conversation comme dans les affaires. Avec cela, il n'y eut jamais d'homme plus doux. Cette douceur, jointe à beaucoup de vivacité et de gaieté, tenait de celle de l'enfance. Il se fâchait comme on se fâche à cet âge, sans aigreur et sans conséquence. Idées, tours, expressions, tout lui était soumis.... Ses mœurs, qui étaient pures et irréprochables, il ne les devait point à la sévérité de son humeur, mais à la simplicité, à la candeur, à la droiture de son cœur, qui n'admettait pas plus les vices que son esprit les faux raisonnements... — M. l'abbé Pucelle était d'une taille médiocre, haut en couleur, des cheveux blancs qui le rendaient vénérable, quoiqu'il ne fût pas d'un âge avancé, en un mot, taillé en chef de parti. Son éloquence était ferme et véhémente. Il n'était pas, à beaucoup près, aussi instruit que l'abbé Menguy, mais d'une conception prompte. Quand il opinait, il avait l'air pénétré.... C'était le Démosthène du Parlement, d'ailleurs fort bon homme, aimant le plaisir et d'un commerce fort agréable. »

posa la cause de sa résistance avec une grande solidité et balança un moment les suffrages. Mais la raison du plus fort ou du plus puissant, ce qui est trop souvent la même chose, l'emporta bientôt, et le chancelier, qui raconte ce fait, résume la défaite de son père avec une pointe d'amertume : « Mon père, dit-il, trouva, ce qui n'est que trop ordinaire, la finance directement opposée à la justice. » Les courtisans crurent à une disgrâce complète de M. Henri Daguesseau, et pendant quelque temps, en effet, sa carrière parut entravée. Mais heureusement il avait eu pour adversaire un ministre qui avait la passion du bien public, et qui ne jugeait pas indigne de servir l'État un homme qui lui avait noblement résisté ; il devint bientôt intendant du Limousin et presque l'ami de Colbert. Mais la finance, qui s'opposa au chancelier, n'avait pas un si beau caractère ; elle avait rendu nécessaire, comme on sait, la création d'une chambre de justice. C'est le moment où Montesquieu disait de ses favoris : « Ils commencent ce métier par la dernière misère ; ils sont méprisés comme de la boue pendant qu'ils sont pauvres ; quand ils sont riches, on les estime assez : aussi ne négligent-ils rien pour acquérir de l'estime. »

Ils en voulaient beaucoup au chancelier à cause

de sa probité qui les tenait si loin de lui, même quand ils n'étaient plus de la boue; ils ne lui pardonnaient pas la chambre de justice, ce défilé étroit où ils devaient passer entre la vie et leur argent[1].

Le hasard, la détresse publique, la légèreté et l'indifférence morale du régent leur donnèrent à cette époque un chef qui les éleva jusqu'au trône, les mit dans les conseils et dans l'amitié du prince, en fit une armée, recrutée jusque dans les antichambres et derrière les carrosses, « un séminaire de grands seigneurs, » et pour ainsi dire la nouvelle noblesse de la France.

J'ai dit ailleurs ce qu'il fallait penser de Law. Les éloges intéressés ou irréfléchis qui lui ont été donnés ne changeront pas le sort de sa mémoire. Capable d'être un banquier habile, il n'a eu ni la prévision ni le sentiment moral, qui font les véritables financiers comme les véritables politiques.

---

[1] On les oblige de déclarer au juste (leurs effets) sous peine de la vie; ainsi on les fait passer par un défilé bien étroit entre la vie et leur argent. (*Lettres persanes*, xcix.)

CHAPITRE III

La véritable grandeur d'un ministre. — Sa dignité vis-à-vis du Prince.— Le chancelier aux prises avec les financiers. — Les financiers honorables et ceux qui ne le sont pas. — Situation financière de la France en 1717. — M. de Noailles, président du conseil des finances, est un *apothicaire sans sucre*. — Les dehors de Law. — Daguesseau ne combat pas tous ses plans. — Il ne résiste qu'aux fausses entreprises d'où naîtra l'agiotage.—Sa résistance diffère beaucoup de celle du Parlement. — Elle est beaucoup plus sage. — Scène curieuse, entre le régent et le duc de Saint-Simon dans la galerie de Coypel. — Le régent est *tué à terre*. — Il essaye de rapprocher Law et Daguesseau. — Journée passée à la Roquette chez le duc de Noailles. — L'*extrême-onction* des deux amis. — Dernière explication de Daguesseau avec le régent. — 28 janvier 1718. La Vrillière va chercher les sceaux. — Le chancelier Boucherat. — Lettre de Daguesseau au régent en réponse à celle qu'il en a reçue. — Exil à Fresnes, à quelques lieues de Paris.

C'est un grand honneur de servir les princes, de les aider dans le gouvernement, et d'avoir avec eux et après eux quelque influence sur le sort des hommes. J'entends par honneur, non la vaine satisfaction d'orgueil ou de jouissances que le pouvoir apporte, mais l'élévation morale qui s'attache à l'exercice de la puissance publique. Dans sa passion pour la politique, ayant devant lui le Forum et le souvenir de ses consulats, Cicéron porte cette grandeur jusqu'aux nues. Il trouve que les hommes qui président à la destinée des villes et leur commandent l'emportent sur les autres comme les cités dominatrices dont parle Ennius l'emportent sur les villages et les châteaux; il affirme que le plus noble usage de la vertu est le gouvernement de l'État; et, de la seule autorité de son génie ému, il promet à ceux qui l'exercent avec dignité un séjour particulier et une place à part au delà de la vie. Il y a dans tout cela un peu d'exaltation républicaine et d'élan païen; mais le fond de la pensée est juste et la vivacité de l'expression veut seule être adoucie. Il est certain qu'il n'y a pas de plus noble tâche que celle de gouverner les hommes et d'avoir sur eux le pouvoir de leur être utile en les améliorant; la nature et l'étendue de cette puissance peuvent en modifier l'éclat et les légitimes jouissances; mais, sous toutes les formes de gouvernement, avec ou sans périls, quand l'exercice du pouvoir est contesté ou quand il est paisible, dans les orages des républiques ou sous la douce et féconde température des monarchies, c'est toujours une grande chose d'avoir une part considérable dans le gouvernement de l'État; et c'est surtout en lui-même, plus encore qu'aux yeux de la foule, que s'élève l'homme appelé à ce rôle si difficile et si beau; presque toujours, même au milieu de ses faiblesses, il songe au bien public qu'il est chargé de faire, il y travaille par devoir, par goût, et par honneur; s'il perdait cet admirable but, il serait comme un marin qui n'a plus de boussole et qui marche sous le caprice des vents. Aussi, je crois qu'il y a peu d'hommes, même parmi les moins bons, qui s'approchent du pouvoir pour l'exercer sans ressentir cette grave et noble émotion qui écarte les soins personnels et livre l'homme entier au bien du public et du prince; le plus souvent, il se forme entre le souverain et le ministre comme un contrat naturel dans lequel l'un et l'autre stipulent pour la société qu'ils veulent servir l'un et l'autre.

Du moins, je suis bien sûr que dans celui que le régent avait formé avec lui, Daguesseau avait, de son côté, mis tout ce qu'il fallait mettre. Peu d'hommes ont eu une aussi juste idée que lui de la puissance publique et des devoirs du ministre envers le prince. Quand le duc d'Orléans l'avait appelé dans ses conseils, il n'avait pas connu d'autre émotion que celle que je viens d'essayer de décrire. Il avait reçu la nouvelle de son élévation à l'église de Saint-André-des-Arts, où il entendait la messe, et il n'avait pas voulu se rendre au Palais-Royal avant que la messe fût finie. Dans un des premiers discours qu'il avait prononcés comme avocat général, celui qui contient les titres de noblesse du barreau, il avait dit qu'en recevant des fonctions on se donnait entièrement au public avec ce qu'on avait de meilleur, et sans rien réserver pour soi-même. Devenu chancelier, il mit en pratique cette belle et originale servitude. Dans ses rapports avec le régent, comme dans leurs dissidences, il ne songea jamais à lui-même, non pas qu'il fût indifférent à la conservation de sa dignité, mais parce qu'il aimait encore mieux son devoir que son intérêt. Il lui eût été plus facile qu'à tout autre de garder la faveur du régent : il ne la devait qu'à son mérite, il n'avait rien à faire pour l'entretenir ni pour la ranimer; il n'était pas réduit au rôle du courtisan, obligé de renouveler par des services ou par des flatteries la faveur, qui souvent languit dans le caprice où elle est née. Il pouvait aisément triompher de ses ennemis, défier les aigreurs de Saint-Simon, les rancunes des jésuites et de la duchesse du Maine, le mauvais vouloir de madame de Maintenon, la faiblesse et la mobilité du régent.

Mais sa conscience lui commanda de résister à un entraînement qui venait d'atteindre le duc d'Orléans, et qui menaçait d'un prochain péril les mœurs et la fortune de la France.

Je n'ai pas à me plaire dans un parallèle entre Law et le chancelier Daguesseau. Je ne suis pas, comme on a voulu le faire croire, l'ennemi des hommes qui, portant dans les matières de finances un esprit vif et sûr, inventif et solide, honnête et fécond, y travaillent par des nouveautés à la richesse publique en même temps qu'à leur fortune privée. J'honore tous ceux qui contribuent au bien commun, et ce serait ignorer toutes choses que de méconnaître les services que les financiers peuvent rendre à l'État. Sans doute ils ne créent pas directement la richesse, mais ils la répandent, et dans les canaux où ils la font passer, elle peut et doit s'accroître, et, de là, vivifier toutes les industries, tous les arts, toutes les sources de la prospérité, dans les choses de la matière et dans celles de l'esprit. Je ne crois pas abaisser leur rôle ni diminuer leur légitime importance en les comparant à ceux qui, maîtres d'une eau abondante et féconde, la dirigeraient si bien, si vite, si à propos, qu'elle couvrirait, en les enrichissant, les plus vastes et, si l'on veut, les plus arides espaces. Malgré cet usage, la source originaire, au lieu de diminuer, grossirait, et ce serait l'art des directeurs qui l'aurait grossie. Mais, en cela comme en tout, pour bien faire il faut apporter d'abord l'amour du bien. Le financier, qui ne travaille qu'à sa fortune, est libre d'employer les moyens qui l'y mèneront le plus vite ; mais celui qui entreprend d'enrichir l'État, d'accroître la prospérité, d'étendre le bien-être général, de doubler la fortune publique par les combinaisons de l'esprit et par les ressources du crédit, celui-là doit y mettre la passion de la prudence et de la probité ; il s'élève du rang de ceux qui s'appliquent à amasser des richesses au rang des hommes d'État qui s'appliquent à les multiplier et à féconder toutes choses. Bien loin que je déprécie ces derniers, je suis tout disposé à leur donner le rôle de l'estomac dans l'apologue de Ménénius et à suivre à cet égard l'instinct des sociétés modernes qui les provoquent de toutes manières, les recherchent avec ardeur et les honorent beaucoup.

Quand Law vint proposer au régent ses plans de finances, il n'y avait rien qui pût prévenir en faveur des financiers ; ils ne se donnaient même pas la peine de cacher leur défaut de patriotisme et d'honneur ; loin de chercher à faire le bien commun en même temps que le leur, ils s'enrichissaient en appauvrissant tout le monde ; l'État imprévoyant qui les laissait faire ou les encourageait, avait contre eux des retours impitoyables qui ne remédiaient à rien et qui montraient seulement l'étendue et l'intensité de la plaie ; les chambres de justice n'attestaient en effet que l'espèce de barbarie qui régnait alors dans cette partie si considérable de la politique ; elles remplaçaient subitement par la terreur, qui est toujours mauvaise, la tolérance la plus longue et souvent la plus empressée; elles mettaient aux prises l'injustice, la cupidité et la bassesse, créant ainsi des luttes cruelles dont personne ne sortait vainqueur. Law prit la France et le prince qui la conduisait dans un moment propice aux nouveautés et aux expériences; l'ancien mal avait empiré, et on avait été forcé de recourir à l'ancien remède ; tous les vieux et injustes moyens à l'aide desquels on augmentait la fortune publique, la refonte des monnaies, les banqueroutes partielles, étaient comme épuisés; on voyait de toutes parts leur injustice et leur vanité. La France était réduite non à la pauvreté, qui a sa noblesse, mais à la misère, à une misère humiliante, et madame de Maintenon pouvait dire, avec plus de vérité que de goût, du duc de Noailles, président du conseil des finances, que c'était *un apothicaire sans sucre*[1].

Du reste Law ne se présenta pas comme ces financiers qui avaient toujours pris à l'État en ayant

---

[1] « M. le duc de Noailles travaille tout le matin et cette matinée dure jusqu'à trois heures. On peut bien dire que c'est un apothicaire sans sucre, car il est président des finances, et n'a pas un sou. » Février 1717.

l'air de lui donner. Il montra dans l'origine assez de dignité et de désintéressement. On peut même croire qu'il a été pendant quelque temps animé du noble désir de servir la France qui l'accueillait et le prince qui lui témoignait tant de sympathie et de confiance. Quand il arriva, il avait contre lui les habitudes et les mœurs de sa jeunesse ; il manquait de cette solidité morale, plus nécessaire qu'à d'autres, aux hommes qui veulent manier les finances de l'État; il avait eu de bonne heure pour le hasard et pour le jeu un culte assez fervent et d'assez heureuses pratiques qui plus tard entraînèrent sa raison et égarèrent son esprit et sa conscience. Mais d'un autre côté il avait étudié avec une patience écossaise, un peu partout, surtout en Hollande, ce pays laborieux, prévoyant, actif au commerce comme Rome à la guerre, la science du crédit qui touche de si près à la politique, puisqu'elle peut servir à perdre ou à faire prospérer les États; seulement il avait trop arrêté ses études sur le mécanisme du crédit, au lieu de les porter sur ses sources, confondant ainsi le mouvement qui peut être artificiel, avec la vie qui ne l'est jamais. D'un esprit prompt, audacieux, sans nourriture morale, il s'était figuré que, par la création d'une banque bien organisée et bien conduite, on pouvait commander à tout, multiplier la production, créer et maintenir la confiance, supprimer la nécessité de l'épargne, remplacer les sources naturelles de la prospérité. Il avait si peu pénétré dans l'étude des conditions économiques du crédit, que, prenant la masse de numéraire pour la richesse elle-même, le signe pour la chose, il supposait qu'en accroissant cette masse à volonté, par cela seul et par cela même la richesse publique se trouverait accrue. Ses premières démarches tendirent à faire prévaloir tout d'un coup cette grave et dangereuse erreur. Il persuada au régent de créer une banque avec les fonds de l'État et de battre monnaie avec du papier. Quelques mois après avoir reçu l'autorité souveraine, le duc d'Orléans était prêt à faire le petit-fils de Louis XIV escompteur et banquier ; mais le projet échoua, et Daguesseau fut un de ceux qui le firent échouer.

Le régent raconte lui-même, dans le préambule de l'édit du 2 mai 1716, le sort de cette première idée. Apprenant la mort du roi et sachant du duc d'Orléans ce que tout le monde pouvait déjà deviner, Law fit briller à ses yeux les succès des banques publiques de la Hollande et de l'Angleterre, et l'engagea à en établir une pour le compte et des deniers du roi. Un conseil des finances fut réuni ; on y appela plusieurs banquiers de Paris, des négociants et des députés des villes de commerce ; on y fit venir Daguesseau, qui n'était encore que procureur général. Ce fut la première fois qu'il se trouva en face de ce séduisant étranger qui annonçait des merveilles et qui exerçait déjà sur les imaginations, en excitant les intérêts, un assez grand empire. Il devina tout de suite le côté faible de ce génie facile, confiant, superficiel et aventureux ; il aperçut immédiatement les défauts du plan proposé ; Saint-Simon le déclarait incapable d'être un politique parce qu'il était magistrat; beaucoup le jugeaient par la même raison incapable d'être un financier. Mais il montra qu'un magistrat comme lui pouvait donner de bons avis sur toutes les matières ; il reconnut sans peine « qu'une banque serait très-utile dans un royaume qui, par sa situation et sa fertilité, jointe à l'industrie de ses habitants, n'avait besoin que d'un *crédit solide* pour y attirer le commerce le plus florissant. » Mais il repoussa l'idée de la fonder avec les deniers du roi comme une idée fausse, impolitique, dangereuse, et il fit prévaloir son opinion.

Law, n'ayant pu l'emporter sur ce premier point, supplia presque aussitôt le régent de lui accorder la faculté d'établir une autre espèce de banque dont il offrait de faire les fonds avec ses deniers et ceux de sa compagnie; il promettait « d'augmenter la circulation de l'argent, de faire cesser l'usure, de suppléer aux voitures des espèces entre Paris et les provinces, de donner aux étrangers le moyen de faire des fonds avec sûreté dans le royaume, de faciliter aux peuples le débit de leurs denrées et le payement de leurs impositions. » Pour réaliser ces promesses, il se bornait à demander un privilége de vingt années et le droit de stipuler en écus de banque d'un poids et d'un titre invariables.

Le régent qui « connaissait son expérience, ses lumières et sa capacité, » lui accorda ce qu'il demandait, et n'ayant pas osé se faire lui-même le directeur de cette banque, il crut qu'il n'était indigne ni de son rang ni de sa naissance de s'en déclarer le protecteur. Loin de blâmer cet édit, Daguesseau le fit enregistrer au parlement en même temps que les lettres patentes qui réglaient l'organisation de la banque, et qui en nommaient le sieur Fénelon inspecteur pour le compte du roi. Un peu plus tard, au mois d'avril 1716, il prit une part plus directe aux mesures qui favorisaient et développaient la banque; il a même signé comme chancelier l'édit qui créait la Compagnie des Indes; mais dès ce moment sa haute raison démêla dans les projets de Law ce qu'ils avaient de chimérique et de funeste. — Il vit que cette prétention de concentrer sous la main d'un banquier l'administration des revenus publics, les monopoles commerciaux et l'exploitation d'un pays immense et inconnu, ne pouvait être qu'une grande aventure ; il s'en ouvrit au prince et il discuta contre Law, non pas seulement en magistrat, comme on l'a dit avec un dédain intéressé, mais en politique et en financier. Il ne faut pas confondre sa résistance avec celle du Parlement. Le Parlement déploya dans la lutte plus de passion que de sagesse, et il paraît n'avoir eu que comme un vague sentiment du mal qui allait arriver. Les raisons qu'il opposa à la création de la banque ont été critiquées jusqu'à la raillerie, et la raillerie seule est de trop dans ces critiques. Les magistrats ne prirent pas la peine d'étudier les questions que soulevaient ces nouveautés ; ils en sentaient le danger sans en comprendre l'intérêt, et au lieu de s'appliquer à contenir dans de sages limites cette puissance du crédit emportée par sa nouveauté même, ils la repoussaient aveuglément et de façon à l'irriter. Mais le chancelier ne fut pas avec eux, et s'il n'eut pas l'énergie de les ramener à une saine appréciation, il se garda bien de les suivre dans leurs oiseuses querelles et dans leurs remontrances futilement motivées. Il a été dans toute cette affaire un sage, un politique, un bon conseiller et un excellent juge. Ce sera pour lui un éternel honneur d'avoir osé tenir au prince ce simple et beau langage : Ne livrez pas la fortune, les mœurs, toutes les richesses morales de la France, à des entreprises bonnes à l'origine, devenues presque aussitôt hasardeuses, chimériques, fécondes en fraudes, et qui, animées par la passion du gain obtenu sans travail, répandront dans le pays la plus dégradante misère.

Saint-Simon pourra dire de lui qu'il n'y eut jamais rien de si hermétiquement bouché en fait de finances, d'affaires d'État, de connaissance du monde. Ces injures ne changeront ni la vérité, ni l'histoire, ni la part qui revient à chacun dans ces graves événements. Une fois convaincu que, sous de trompeuses apparences et par de faux succès, Law conduisait le régent et la France à des malheurs peut-être irréparables, il ne cessa pas d'appuyer le duc de Noailles dans sa résistance au système et de mettre les points sur les *i*, comme on l'en a accusé.

A-t-il ainsi manqué à ses devoirs ou les a-t-il remplis sans sagesse et sans mesure? A-t-il été le ministre honnête et clairvoyant d'un prince emporté par des chimères, ou a-t-il fait de son pouvoir un misérable abus en cherchant à gêner l'essor d'un plan financier utile au présent et à l'avenir de la France? Telle est la question qu'il faut résoudre avec cette froideur équitable qui doit marquer les arrêts de l'histoire.

Si Daguesseau avait été contraire à Law sans

l'avoir entendu [1]; si, comme le Parlement, il n'avait pas pris la peine de juger les projets présentés, il mériterait les plus graves reproches, et il aurait cessé d'être un homme d'État. L'esprit conservateur n'est bon en toutes matières qu'à la condition de n'être ni exclusif ni absolu. Dans toute les époques, avec du plus ou du moins, la société est agitée en deux sens opposés, et marche au milieu de forces contraires qui devraient lui donner un équilibre parfait, mais qui s'irritent au lieu de s'entendre, et poussent chacune de leur côté avec trop d'impatience et d'ardeur. Le goût des changements et des nouveautés a les plus puissants auxiliaires, et au premier rang de ces auxiliaires il faut placer la Providence, qui assiste aux divers mouvements des sociétés humaines et qui les favorise. Assemblés par des instincts, réunis par des lois, nous sommes des ouvriers qui tâchent d'améliorer ce qui les environne, de changer le mal en bien, et le bien en mieux. Que Montaigne vieilli, fatigué d'avoir vu et d'avoir médité, se range du côté du repos, et préfère, sur son oreiller un peu étroit, l'immobilité aux agitations et aux nouveautés, cela se comprend; mais ce n'est pas l'attitude de la na-

---

[1] Le duc d'Antin raconte que, *dans les premiers temps du Système*, le régent, le chancelier, Law et M. de Noailles, s'entendaient très-bien, et qu'il en eut la preuve en soupant avec eux.

ture humaine en sa jeunesse ou bien en sa maturité. Il faut alors qu'elle cherche, qu'elle invente, qu'elle découvre, et qu'elle fasse la guerre au passé. De cette fièvre naturelle et féconde sortent les élans puissants et les créations imprévues; c'est elle qui anime, agite, accélère, améliore la vie sociale; elle a besoin d'être contenue comme toutes les ardeurs, mais non pas supprimée; c'est aux lois acceptées, aux usages formés, aux choses établies, de se défendre et de résister. Avant de laisser passer les nouveautés, il faut leur demander un compte rigoureux et sévère, il faut aussi exiger qu'elles se présentent doucement, à découvert, sans violences d'aucun genre, sans aucune fraude, comme des forces amies, et avec ce caractère de solidité qui rassure l'avenir autant que le présent.

Si ces règles avaient été suivies quand Law appliqua ses idées à notre régime financier, il eût procédé plus lentement, avec plus de prudence, sans s'imposer par des édits successifs et des lits de justice; il eût fait appel non aux folles passions, toujours si aisées à soulever, mais à une confiance calme, durable et ferme; de son côté, le Parlement, qui dans cette occasion prit le rôle de conservateur, n'eût pas violemment et par les plus mauvaises raisons repoussé des idées qui, pour être nouvelles, n'étaient pas toutes à dédaigner ni à combattre. Le rôle de pouvoir conservateur est plus élevé et plus difficile que cela. Il consiste à étudier ce qui vient à lui, à le connaître aussi bien que ceux qui le présentent, à le juger avec le seul sentiment du bien public, sans prévention, sans calculs personnels, avec l'impartialité et la supériorité du juge. Autrement les allures violentes et les prétentions révolutionnaires des novateurs pourraient avoir leur excuse. Mais si le Parlement, dans ces circonstances, défendit le passé avec maladresse et sans discernement, pendant que le régent mettait à le détruire une ardeur excessive et une blâmable imprévoyance, Daguesseau me semble avoir donné des leçons de sagesse à tout le monde. Je crois qu'au fond le régent le savait, et que, s'il n'eût pas été étourdi par les premiers succès de Law, trompé par tous ses courtisans, irrité par les remontrances si vaines et si peu instructives du Parlement, il eût gardé le chancelier auprès de lui et l'eût écouté davantage. D'ailleurs il ne renonça pas sans peine aux services et aux conseils d'un ministre dont il connaissait la haute capacité et qu'il savait dévoué à sa personne. Il fallut qu'à l'influence de Law se joignissent les mercuriales de Saint-Simon, et qu'on persuadât au prince que le chancelier faisait, contre lui, cause commune avec le Parlement.

Dans les premiers jours du mois de janvier 1718, le régent, tout porté pour Law, animé contre le Parlement, mais plus encore à ses plaisirs qu'à tout le reste, se promenait dans la galerie de Coypel, au Palais-Royal, avec le duc de Saint-Simon ; il se plaignait un peu de tout le monde, des conspirations de la duchesse du Maine, du duc de Noailles, de Daguesseau, de tout ce qui en bien et en mal faisait obstacle à ses projets, à son pouvoir, à sa personne; il n'était pas toutefois décidé à retirer ce droit de remontrances qu'il avait si solennellement reconnu en recevant la régence ; il redoutait cette extrémité et l'espèce de contradiction qui en résulterait contre lui, s'il y arrivait. Saint-Simon le prêcha avec toutes les inspirations de sa haine privée et publique contre le Parlement; il dit qu'il le prêcha *froidement*, mais qui le croira d'un esprit qui ne perd en écrivant ni sa passion ni sa flamme, et qui n'est jamais calme, pas même quand il médite? Il mit donc à parler cette colère qui le rendit si heureux, à quelque temps de là, au lit de justice où les magistrats furent humiliés ; il rappela au régent qu'il « lui avait prédit, et il y avait longtemps, que sa mollesse à l'égard du Parlement le conduirait enfin à n'être plus régent que de nom. » Si on l'en croit, là-dessus le duc d'Orléans s'arrêta, se tourna à lui, rougit, se courba tant soit peu, mit ses deux poings sur ses côtés, et, regardant en vraie et forte colère : Mort... dit-il, cela vous est bien aisé à dire à vous qui êtes immuable comme Dieu et qui êtes d'une suite enragée... Mais alors, avec un sourire et *un froid* encore plus marqué, l'ennemi du Parlement, plus libre et moins respectueux qu'aucun parlementaire, après s'être fait dire par un prince qu'il était *immuable comme Dieu*, lui répondit : « Vous me faites, monsieur, un grand honneur de me croire tel que vous dites, mais si j'ai trop de suite et de fermeté, je voudrais vous en pouvoir donner mon excédant, cela ferait bien deux hommes parfaits et vous en auriez besoin. »

A ces mots qu'un prince n'eût pas laissé dire sous cette forme impolie et pédante, le régent fut *tué à terre*, ne répondit mot et continua sa promenade à plus grands pas.

On voit bien dans cette scène, si je ne me trompe, même au travers des paroles de son interlocuteur, l'état d'esprit du duc d'Orléans; on y voit en même temps, sur un piédestal fait par lui-même, et dans l'attitude d'un homme d'État qui réprimande son prince jusqu'à la confusion, le duc de Saint-Simon qui toute sa vie fut un courtisan heureux et non pas un Caton non plus qu'un Richelieu. Cette grandeur factice n'a pas imposé à l'histoire, et on sait ce qu'il faut prendre de ces récits animés après coup et de ces scènes arrangées avec art pour tromper et séduire à son profit la postérité qui doit les lire. Ce qui est vrai, c'est que Saint-Simon, sans avoir de sympathie pour Law ni de penchant pour ses idées, en haine du Parlement et de Noailles, poussa de toutes ses forces à la disgrâce du chancelier, qu'il appelait, avec cette *froideur* dont il cherche à couvrir sa colère, l'*esclave volontaire* du duc de Noailles.

Cependant le régent essaya une dernière fois de rapprocher Law et Daguesseau : en se livrant à l'un, il sentait qu'il lui importait pour son honneur et pour son intérêt de ne pas perdre l'autre; un ministre estimé, fût-il sans talent, profite encore au prince. En lui voyant approuver une mesure qui l'inquiète, le public se rassure, et c'est un très-grand poids qu'apportent ainsi à l'État les ministres qui ont une grande réputation d'intégrité; c'est le poids que la morale ajoute à la politique pour la faire réussir. Law lui-même, dont l'esprit, mieux fait que la conscience, comprenait l'utilité de ce concours, avait tout essayé pour l'obtenir; il avait, au milieu de son éblouissante fortune, et quand tout le monde était à ses pieds, témoigné à Daguesseau la plus grande déférence, il avait cherché à le convaincre et employé vis-à-vis de lui toutes les séductions.

Le 6 janvier, sur le désir du régent, le duc de Noailles réunit à la Roquette Law et le chancelier; le duc d'Orléans y vint, et pendant de longues heures on chercha à s'entendre. Sans avoir les détails de cette curieuse séance, on peut aisément les connaître; Law y développa la dernière partie de ses plans et ce chimérique espoir de créer sans cesse des richesses par le seul effet du crédit; il fit voir le succès qui était pour lui et qui tournait toutes les têtes; aux objections tirées de la morale, il répondit que la morale politique n'admettait pas les calculs étroits et les rigoureux obstacles de la morale vulgaire; aux dangers qu'on lui montra dans un avenir prochain, il opposa sa confiance, celle du prince, celle du public.

Soyons sincères; il fallait une haute raison pour se défendre contre tant d'apparences et des promesses si solennelles; il fallait une rare fermeté d'esprit pour ne pas trouver, comme le régent, la discussion de Law *péremptoire et ses ressources évidentes*. Daguesseau sut l'avoir et la communiquer au duc de Noailles. Mais ce fut l'*extrême-onction des deux amis*, comme dit Saint-Simon, heureux de ce double et prochain décès. Le 26 janvier, le Parlement, à l'occasion de la refonte générale des monnaies que Law avait exigée, fit des remontrances qui indiquaient toute l'ardeur de la lutte. Bien que ces remontrances fussent mal motivées, Daguesseau ne pouvait pas trop les blâmer, à cause du sentiment qui les inspirait; il se borna à dire que le roi ferait connaître ses ordres, et qu'il *espérait* que le Parlement obéirait sans remise. Saint-Simon trouva ce terme bien chétif et bien faible; il aurait voulu que le chancelier reprît le fouet de Louis XIV et frappât les magistrats qui n'applaudissaient pas M. Law, que lui, Saint-Simon, n'applaudissait pas davantage.

A la suite de cette séance, Daguesseau chercha à avoir et il eut avec le régent une dernière explication : il ne voulait pas laisser confondre sa résistance avec celle du Parlement, dont il désapprouvait la forme, les motifs, l'insistance; il se borna à dire au prince, avec une grande franchise et une grande simplicité, que, « quel que fût le fond de son opposition au système de Law, il n'avait point hésité à blâmer la résistance trop vive et souvent mal éclairée que le Parlement opposait à son établissement. »

Toute la défense du chancelier est dans ces paroles, et, en les méditant, tout le monde conviendra que ce fut une grande faute d'écarter le ministre qui pensait et qui parlait si sagement et avec tant de modération.

Mais la résolution du régent était prise, et déjà le lieutenant de police d'Argenson, qui était à couteaux tirés avec le Parlement, qui était ennemi des *longueurs*, qui avait été l'ami des jésuites en temps opportun, que Saint-Simon prônait, que Law avait accepté, était averti qu'il allait recevoir les sceaux, « à la condition *sine quâ non* qu'il adopterait le système. »

Le 28, à sept heures du matin, M. de la Vrillière alla chez M. le chancelier, de la part du duc d'Orléans, lui demander les sceaux. Le chancelier, qui pouvait prévoir sa disgrâce, en fut pourtant un peu surpris, et il ne prit pas la peine de cacher son émotion. Le pouvoir noblement exercé mérite bien qu'on le regrette, et ceux qui s'en servent uniquement pour eux-mêmes ne sont pas seuls à en déplorer la perte. Je saurais mauvais gré à Daguesseau d'avoir reçu la nouvelle de sa chute avec indifférence. Il avait pris son élévation simplement et comme un grand ensemble de devoirs à remplir. Ce n'est pas lui qui, comme le chancelier Boucherat, auquel Saint-Simon ose le comparer, avait eu à ce moment l'hypocrisie du bonheur, qui avait fait semblant d'être modeste, qui n'avait plus songé qu'à vivre et à avoir de la santé, qui n'avait plus vu ceux qui avaient cessé d'être ses égaux, et qui avait plié sous le poids du bonheur dans les embrassements des grands [1]. — Cette sorte d'aliénation mentale qui atteint les âmes vulgaires quand le hasard ou la faveur les portent au pouvoir ne l'avait pas même effleuré. Il avait reçu la puissance en homme qui saura bien la quitter ; mais, en l'exerçant avec tant de probité, il avait appris à l'aimer, et l'injustice qui l'en privait lui permettait d'écrire au régent : « Monseigneur, vous m'aviez donné les sceaux sans que je les eusse mérités, vous me les ôtez sans que je les aie démérités. »

Il aurait voulu voir ce prince, qu'il jugeait presque aussi accessible au bien qu'au mal, et lui montrer une dernière fois l'abîme où il se plaisait à tomber ; mais la Vrillière avait l'ordre de refuser cette entrevue, si le chancelier la demandait. Le régent écrivit du reste à Daguesseau dans la journée une lettre *très-honnête;* il le remerciait de ses services, l'assurait de son estime, et se séparait de lui avec regret. Les conditions de cette disgrâce en marquèrent très-bien le sens et la portée; on ne voulut pas laisser Daguesseau à Paris, à côté du gouvernement que sa seule présence eût gêné; la perte du pouvoir ne détruisait ni son influence morale ni l'empire qu'il avait acquis sur les esprits honnêtes ; en lui faisant dire qu'il *ferait bien d'aller*

---

[1] La Bruyère fait ainsi le portrait du chancelier Boucherat.

passer quelques jours à Fresnes, le régent rendait encore hommage au crédit qu'il conservait sur l'opinion et peut-être sur lui-même; il ne prit pas cette précaution avec le duc de Noailles, qui, averti de ce qui se passait, courut chez lui et lui remit sa commission de président du conseil des finances. Le prince la reçut, quoique avec peine, mais il appela aussitôt Noailles dans le conseil de régence, parce que ce personnage, plus facile à conduire que Daguesseau, ne faisait pas au système et à ses autres entraînements un obstacle insurmontable aux yeux des gens de bien. Je ne crois pas exagérer en disant que, dans Daguesseau, ce furent la raison, la prévoyance, la sagesse, un peu la liberté, qui, devenues importunes, furent reléguées à Fresnes, à quelques lieues de Paris.

Avant d'y voir le chancelier, avant de l'y conduire, il est bon, pour éclairer jusqu'au fond cette instructive histoire, de rappeler comment cet événement fut pris et jugé par l'opinion, qui n'était pas encore la reine du monde, mais qui allait le devenir.

CHAPITRE IV

La passion monarchique en France. — De quoi elle se composait. — Tout venait du roi. — Ce qu'était alors une disgrâce. — Celle du chancelier l'Hôpital, 1568. — Charmants détails. — L'Hôpital à Vignai. — Sa lettre à la reine. — Ses vers latins. — Sous Louis XIV, la disgrâce anéantit : le comte de Bussy-Rabutin, Racine. — Daguesseau tomba comme un sage. — Son ami le cardinal de Polignac. — L'opinion de Saint-Simon et de Duclos. — Compliments du cardinal de Polignac en vers *marotiques* et réponse du chancelier.

La passion monarchique a été portée en France aussi loin que possible, et, quand on la voit se soutenir si longtemps, si souvent éclater, même à côté des mauvais rois, on veut connaître sa source pour bien juger sa force. Il ne faut pas la chercher dans le goût des hommes pour l'obéissance; ce goût n'est pas dans notre cœur, et c'est la raison seule qui nous l'impose ou qui nous le donne; il y a loin de l'obéissance à l'affection, aussi loin que de la froideur à la tendresse; or la royauté n'a pas seulement été obéie en France, elle y a été aimée, et, je le répète, aimée jusqu'à la passion; elle y a été, quelquefois sans le roi, l'objet d'un culte fervent, spontané, public; je ne parle pas des courtisans, qui n'ont presque jamais vu dans le prince que le dieu de la faveur, et qui en lui n'ont guère aimé qu'eux-mêmes; je parle des âmes généreuses, des esprits libres, des écrivains, des poëtes, des grands hommes et des grands esprits, je parle de tout le monde; personne alors ne pensait qu'il n'y eût pas de salut pour la dignité humaine hors de la république; un sentiment religieux mêlait le roi, dans une certaine mesure, aux adorations mêmes dont Dieu était l'objet; cette idée que le prince avait la confiance et la délégation du ciel soumettait et passionnait les consciences sans les abaisser; le cœur des peuples donnait son consentement à cette fiction, et par là faisait à la royauté les plus profondes racines. Ainsi l'autorité réelle, si grande qu'elle fût, ne supportait pas seule la monarchie, elle y était aidée par cette passion qui, comme toutes les passions humaines, a eu ses divers âges, qui paraît s'éteindre de temps à autre, se modifie seulement, change d'objet et d'attitude, de mœurs et de langage, mais se retrouve toujours.

En se figurant bien l'étendue, la force, la magie de ce pouvoir, on comprend aisément de quelle importance était une disgrâce. Il semblait qu'on

ne pût rien tenir de soi, pas même son mérite ;
tout venait du roi, tout revenait à lui ; il avait tous
les prestiges, il ne se trompait pas ; bien peu s'élevaient sans lui, aucun contre lui ; il était la source
de toutes les grandeurs sociales, et sa seule volonté
pouvait, sinon donner la gloire, au moins la retirer :
j'entends la gloire viagère, la renommée qu'on a
appelée l'usufruit de la gloire, et non pas celle que
la postérité décerne et qui est maîtresse du temps.

Un des points de l'histoire qui marque le mieux
l'exactitude de ces traits, c'est la disgrâce d'un
homme qu'on peut, sans parti pris et après examen, donner pour ancêtre à Daguesseau, le chancelier l'Hôpital.

La passion monarchique, puisque j'ai cru pouvoir l'appeler ainsi, fut alors soumise à de cruelles
épreuves, mais elle leur résista ; elle était si forte,
qu'elle ne fut pas détruite par ces princes, dont
l'âme et le corps étaient malades, qui, par leurs
mœurs et la durée de leur règne, semblent des
ombres de roi, qui se croyaient de grands politiques, parce qu'ils portaient sur eux un Machiavel
avec un bréviaire. La royauté tournait dans un
cercle sanglant et vicieux. Le gouvernement était
une sorte de laboratoire où les préparations de
toute nature et les compositions politiques les plus
variées remplaçaient la sagesse, la morale, l'é-

nergie, la volonté, le respect et l'amour des hommes. A côté de ces princes, comme pour établir un de ces contrastes exemplaires dans lesquels elle se plaît, la Providence avait mis un grand homme de bien que nous n'admirerons jamais trop. Le chancelier l'Hôpital était un politique de l'école de Daguesseau, avec plus d'intuition et une âme plus forte ; il avait dans l'esprit les belles théories de Platon, dans la conscience les vertus étroites de Caton, dans le cœur, au fond et à la surface, ce goût absolu du bien, cette piété sincère, cette charité publique, cet amour du vrai Dieu, tout ce groupe de qualités chrétiennes qui lui donnent un niveau particulier au-dessus même de la grandeur antique. On l'a récemment attaqué au nom de la Ligue ; on a cru avoir trouvé dans les souvenirs d'un ancêtre de madame Daguesseau[1] qu'il *portait une secrète faveur au parti protestant*, qu'il inclinait à l'hérésie et qu'il n'avait *aucun génie politique*. Ces tardives piqûres touchent à peine au marbre sur lequel l'admiration a fixé les traits de ce grand magistrat, qui fut incomparable dans un âge appelé avec raison l'âge héroïque de la magistrature française. Pour moi, je ne sais

---

[1] Nicolas Lefebvre de Lezeau, de la famille d'Ormesson, né en 1580, doyen du conseil d'État sous Louis XIV, qui a laissé un *mémoire* sur la Ligue.

pas d'homme qui, sur les champs de bataille de la vie civile, me semble avoir été ni un meilleur ni un plus sage capitaine.

Je ne veux pas m'étendre sur sa vie, de peur d'avoir l'air de chercher une digression et de m'y plaire. C'est sa disgrâce seule qui entre dans mon sujet, avec le sort qu'elle eut et l'indifférence qui l'entoura, à côté d'une royauté dont le prestige cachait l'abaissement.

Rarement on a vu dans l'histoire une plus injuste défaite de la modération et de la sagesse. C'était la politique du bon sens, de la droiture, de la tolérance, qui succombait avec l'Hôpital.

Mais la postérité l'a bien plus remarqué que ses contemporains. L'Hôpital prit la route de Vignai avec sa femme, sa fille, son gendre et cette multitude de petits-enfants que Dieu avait comme semés autour de son exemple.

Pierre Brûlart, le la Vrillière de 1568, alla de la part du roi lui demander les sceaux, et l'inviter à *se reposer de ses longs travaux;* on mit à sa place, sans avoir ni le désir ni l'espoir de le remplacer, Morvilliers, évêque d'Orléans.

Pour lui, il reçut ce coup du pouvoir royal, qu'il avait servi si sagement et si bien, d'un cœur fier et monarchique, de manière que le prince y trouvât, s'il eût voulu s'instruire, une douce et

noble leçon, d'une façon excellente pour lui-
même, pour son repos, pour son honneur présent,
et, ce qui aux hommes de quelque grandeur importe encore plus, pour son honneur à venir.

Mais il faut bien le dire, et c'est là que je veux
en arriver, la seule consolation d'une disgrâce était
alors dans la fermeté d'âme et la noblesse de caractère du ministre disgracié. Tout semblait dit
pour la plus légitime ambition quand on avait
perdu la faveur du prince, et l'on ne pouvait guère
compter sur les retours; quand il avait le plus
raison, quand il accomplissait une œuvre patriotique et royale, le ministre, abandonné par le roi,
n'avait même pas pour lui cette force de l'opinion
qui s'est mise plus tard en mesure de commander
un peu à tous les pouvoirs de la terre. Ainsi, pour
beaucoup, Richelieu a poursuivi un grand but de
politique étrangère et de politique intérieure, vers
lequel il a entraîné la royauté avec une rare puissance de volonté et de commandement; il a ab-
sorbé le roi, et il est curieux, quand on relit le
Prince de Balzac, par exemple, de voir avec quel
soin cet écrivain de cour s'efforce de maintenir
par une fiction le pouvoir dans les mains débiles
et royales qui ne l'exercent pas. Eh bien, si
Louis XIII, tout inactif qu'il fût, si peu roi qu'il
était, se fût un jour réveillé de sa torpeur mala-

dive comme cela lui arrivait seulement devant le
feu de l'ennemi, et que, cédant aux cris de sa
mère, aux plaintes de la noblesse décimée, à la
haine que le cardinal semait partout, il eût renversé ce prélat tout-puissant, Richelieu n'aurait eu
dans sa disgrâce aucune compensation, et il lui
eût fallu attendre le jugement de l'histoire, qui,
devant sa tâche inachevée, aurait pu lui manquer
aussi. Tout le monde eût été pour le roi, bien qu'il
ne fût qu'une ombre, le sentiment monarchique
s'attachant alors à l'image presque autant qu'à la
réalité. — Il est vrai qu'il n'y avait pas d'opinion
ailleurs qu'à la cour, et aux yeux de la cour la
disgrâce anéantissait.

L'Hôpital a d'ailleurs laissé à Daguesseau un
précieux et charmant modèle de disgrâce sans popularité, librement expliquée, supportée sans
amertume, combattue par les plus doux et par les
plus nobles moyens; il raconte en vers latins qu'il
succomba avec l'éloge des gens de bien et la haine
des scélérats (*cum laude bonorum latronumque
odio*); il peint en quelques traits le roi qui l'abandonne et la cour corrompue qui a provoqué cet
abandon; il constate qu'en ce lieu, d'où devaient
venir tous les bons exemples, on passe sa vie à arranger des fraudes, à tendre des piéges, à étouffer
la renommée et le mérite, et que c'est à qui y lè-

vera le plus la tête ¹. Il est heureux d'ailleurs de ne plus servir la multitude de maîtres que le pouvoir et les passions du prince lui donnaient, de ne plus obéir aux favoris, *Pallantibus atque Narcissis;* il se sent possesseur de lui-même, habite sa maison, qui a plus de charme qu'aucun palais, et se promène tout seul dans des champs bien à lui, jusqu'à ce que sa femme l'appelle pour le repas ². Il ne se plaint ni du sort ni du roi. Une lettre qu'il écrit à la reine mère, qui l'avait autrefois protégé, marque bien la moralité de cette disgrâce. Le cœur du disgracié y paraît sans révolte, et on y voit aussi que la puissance monarchique peut s'oublier alors jusqu'à l'ingratitude, sans susciter de colère ni même de reproches.

Dans le gouvernement, l'Hôpital ne s'était pas enrichi; il eût rougi d'accroître sa fortune, même par l'épargne, aux dépens de ses devoirs envers le prince et envers le public; en même temps, il ne crut pas s'humilier en écrivant à la reine mère cette lettre qui à elle seule est la peinture (et quelle peinture!) de la disgrâce d'un ministre

---

¹ Mille dolos et mille vicissim retia tendunt.
  Mille modis certant alienum extinguere nomen,
  Ut soli jactare caput videantur in aula.
² . . . . denique regno.
  . . . . et ambulo solus,
  Instructis epulis cœnatum dum vocet uxor.

homme de bien sous la monarchie des Valois : « Madame, j'ai soixante-cinq ans passés, une femme, un gendre et déjà neuf petits-enfants ; j'ai un train de vieux serviteurs que je ne puis, *sans déloyauté*, laisser mourir de faim; une tour de mon bâtiment tombe en ruine. Avec cela, si Votre Majesté, *empêchée par les besoins de l'État, ne croit pas pouvoir m'aider, j'endurerai avec patience;* cela n'est ni long ni difficile à mon âge. »

La reine ne répondit pas; elle fit la faute de ne pas se placer dans ce tableau où l'Hôpital consentait à lui tendre la main comme un ancien serviteur, non pour lui, mais pour son bâtiment qui s'écroule et ses vieux domestiques qu'il ne peut laisser mourir de faim. Je ne connais l'art de la peinture que pour l'aimer comme une des plus charmantes expressions de la beauté; mais il me semble qu'avec cette lettre on pourrait faire une toile délicieuse où se grouperaient la noble figure du vieillard disgracié, ses enfants, ses serviteurs, sa maison, dont une aile est chancelante, vaste pour trois ou quatre amis, son Virgile, sa femme, qui préside aux travaux domestiques (*manibusque uxoris consita nostræ vina*); et si la reine avait voulu, au lieu de durcir le tableau par un refus et par son absence, l'ennoblir par une grâce noblement accordée, ce n'est pas la morale politique qui seule aurait à recueillir ces traits et ces détails instructifs; la peinture et la poésie les lui disputeraient certainement.

Mais c'est assez, et je n'ajoute qu'un mot pour compléter les leçons et les exemples contenus dans cette disgrâce de l'Hôpital.

Il la prit en sage, en serviteur dévoué, en sujet soumis, et dans le cœur duquel l'injustice n'éveille même pas l'orgueil.

Il eut cette douleur de ne pouvoir plus rien pour son roi, de ne pouvoir plus lui rendre de fidèles services (*operam præbere fidelem*) et d'assister absent aux fureurs qui *brûlaient* sa patrie et qu'il voyait s'irriter au lieu de s'éteindre.

Quant à l'opinion, elle ne se prononça pas, et je n'ai trouvé ni dans Pasquier, ni dans Montaigne, ni dans aucun de ces écrivains qui formaient avec les magistrats le parti des Politiques ou qui lui étaient attachés, une plainte contemporaine contre le roi qui renvoyait un tel ministre.

Je sais qu'au milieu de cette société exaltée il y avait un parti qui, se croyant le défenseur préféré de l'Église, méconnaissait toute autorité rivale, et même celle du roi. Je n'ignore pas que la ferveur monarchique recevait de fortes atteintes en attendant le régicide. Je sais que les Guises discréditaient la royauté et voulaient remplacer le roi. Mais le culte de la monarchie vivait dans les cœurs qui n'étaient pas gâtés, et on en vit alors une belle explosion que tout le monde connaît et qui résume le sentiment public. Quand, au lendemain des barricades, le duc de Guise visita le premier président Achille de Harlay, ce grand magistrat, loin d'applaudir à son triomphe, lui dit : « C'est grand'pitié quand le valet chasse le maître; au reste, mon âme est à Dieu, *mon cœur est à mon roi*, et mon corps est entre les mains des méchants; qu'on en fasse ce qu'on voudra. » C'est ainsi que, pour moi du moins, s'explique le silence qui se fit autour de cette mémorable disgrâce.

Sous Louis XIV, le roi ajouta beaucoup au prestige de la royauté; au culte basé sur la religion, sur les mœurs, sur l'habitude, vint se joindre comme une passion personnelle pour le prince; sa majesté, autant que son pouvoir, commanda à tout le monde. Ce serait une étude intéressante que celle des diverses disgrâces encourues sous ce règne; on y verrait, plus encore que dans la guerre, sous un jour moins vif, mais plus varié et plus pénétrant, les effets de la toute-puissance sur l'âme qui l'exerçait et sur les âmes qui eurent à en souffrir. C'est dans de tels détails qu'on analyse le mieux le degré de force d'un prince et l'état moral d'un peuple. Je m'exagère peut-être la valeur de

ma pensée, mais j'irais jusqu'à croire que la disgrâce est comme un miroir sur lequel un œil, habitué à regarder le fond des hommes, pourrait voir très-exactement le niveau de l'esprit et du sentiment monarchique. Prenez, sous ce règne, tous ceux dont l'histoire a retenu les noms et connaît la disgrâce; non-seulement la défaveur du prince les isole, mais ils sont comme s'ils n'étaient plus; personne ne tente de leur donner raison, personne n'y pense, et malgré l'intérêt que les âmes généreuses ressentent pour le malheur, on les juge comme des condamnés; eux aussi se jugent ainsi, et si leur voix arrive jusqu'au prince, c'est pour y porter non des plaintes, mais des louanges. Bussy-Rabutin offre un piquant exemple de ces phénomènes monarchiques. D'un esprit vif et brillant, mais qui ne s'arrêtait devant rien et qui se mettait volontiers au service de mauvaises mœurs et de méchantes pensées, ce cousin de madame de Sévigné avait de beaucoup dépassé cette mesure et ce respect extérieur que Louis XIV aimait tant qu'il les mettait jusque dans la volupté.
— La disgrâce s'en était suivie, froide et durable comme sa cause. — Bussy y perd la gloire, le bonheur des combats, les joies de la cour, ses amis, la fortune de ses enfants, le bâton de maréchal de France : pour beaucoup moins on eût été excusa-

ble de maudire la sévérité du roi; il s'en garde bien, et son amour pour le prince qui lui fait tout ce mal s'accroît au lieu de s'affaiblir; il écrit un jour à l'abbé Fléchier (16 mars 1673) qui lui a envoyé son discours de réception à l'Académie française : « L'éloge du roi y est admirable, vous dites si bien la vérité, qu'il en doit avoir pour vous autant de reconnaissance que les autres grands rois, qui sont au-dessous de son mérite, en ont pour ceux qui les flattent. Vous serez peut-être surpris, ajoute-t-il, de voir combien j'ai de plaisir à entendre les louanges du roi, car enfin il m'a fait du mal. Mais je ne me retiens pas aisément quand il s'agit de louer notre maître. » Qu'on ne suppose pas que cette passion de l'exilé pour l'auteur de son exil soit une passion feinte et comme le masque d'un courtisan qui veut qu'on le rappelle. Si on pénètre (et la correspondance de Bussy en ouvre le chemin) dans les mœurs du temps, dans les plis et dans les replis de ce sentiment monarchique alors sans bornes, on ne s'étonnera plus de son attitude, ou, du moins, on ne suspectera plus sa sincérité. Dans le même temps, on remarque comme un acte de courage civil la pitié que donnent à Fouquet disgracié les écrivains et les poëtes dont il a su faire ses amis. Mais le génie lui-même ne se défend pas contre la disgrâce, et personne n'ose le défendre.

Racine ne devait sa gloire qu'à Dieu, qui avait répandu dans son âme des trésors de poésie et mis sous sa main la harpe de David. Louis XIV n'y pouvait rien, et s'il eût voulu toucher à cette royauté rivale de la sienne, il se serait aperçu qu'en ce monde il y a des choses (et ce sont quelquefois les meilleures) qui échappent à la toute-puissance. Bien que la postérité n'eût pas encore parlé, et que le diadème du poëte semblât inachevé, Racine, pour sa gloire, pour l'éternité de son nom, n'avait rien à redouter des caprices, des volontés, de la colère ni de la haine du roi. Louis XIV, au contraire, pouvait, par une injustice contre l'auteur d'*Andromaque*, faire à son nom une tache que le temps n'aurait pas effacée, et que l'immortalité du poëte aurait rendue immortelle. La lutte était donc inégale du côté du prince, et Racine pouvait la soutenir sans danger. Il fut si loin de l'oser, qu'il trembla sous le regard irrité de celui qui n'était plus son maître, mais auquel il restait asservi par la passion du temps qui le remplissait et le mettait, lui déjà tout plein de gloire, aux pieds du roi, qui commençait à perdre la sienne.

Quand le régent fit donner à Daguesseau l'ordre de se retirer à Fresnes, la royauté ne brillait pas d'un très-vif éclat; l'esprit de cour que Louis XIV avait poussé très-loin diminuait déjà; personne ne pouvait d'ailleurs prendre pour l'image de Dieu sur la terre ce prince qui n'avait lui-même aucun culte, si ce n'est peut-être celui du plaisir; il n'a pas tenu un seul instant à rendre la royauté imposante ni même à lui maintenir son ancien prestige; on peut dire qu'avec lui elle est devenue familière, et, déjà sous ce rapport, il l'a mal servie; il s'écoulera encore assez longtemps avant qu'on ose la discuter et prendre parti contre elle ; mais elle est affaiblie, et si l'opinion la respecte, même dans ses injustices, elle ne tremble plus tout à fait devant elle.

Daguesseau ne tomba point au milieu de passions violentes comme celles qui avaient entouré l'Hôpital. Tout s'était adouci, le mal comme le bien, mais il n'y avait encore ni matière pour former une opinion publique, ni instruments pour la répandre et l'imposer. Quand on regarde de près ce moment de l'histoire, on n'y trouve pour ainsi dire que le cours régulier d'une mauvaise vie; on dirait que personne ne songe au lendemain, et que la société s'arrête dans des plaisirs sans grâce, dans le goût de l'argent et dans la pratique du jeu.

On ne voit pas trop en quoi cette société pouvait se sentir atteinte par la disgrâce du chancelier ; elle s'apprêtait ou plutôt elle était prête à subir comme premier ministre, ce valet de curé (Dubois avait été valet du curé de Saint-Eustache) que, moins corrompue, elle eût rejeté avec dégoût et laissé aux vices qui se le disputaient. J'ai déjà indiqué les influences qui avaient place dans le gouvernement et qui devaient détourner ce qui restait de sain dans l'opinion publique du chancelier disgracié. Toutefois il y eut quelque bruit autour de cette disgrâce, même quelque bruit politique et comme un léger prélude de tout celui que devait faire, cinquante ans plus tard, la disgrâce d'un autre ministre, le duc de Choiseul.

Madame de Maintenon écrivait à sa nièce, madame de Caylus, le 18 février : « Sait-on certainement la cause de la disgrâce du chancelier? Il paraît que la *multitude* est favorable au Parlement... Est-il vrai que le régent ait répondu fièrement aux remontrances? Mademoiselle de Breuillac me dit que les *savetiers* chantent dans les rues qu'il faut que le chancelier revienne et que le Parlement gouverne. » — Il doit y avoir dans ces lignes plus de passion que de vérité et celle qui les écrit suppose peut-être et imagine la *multitude*. Quant aux *savetiers*, ils chantaient bien à la porte des financiers, déjà depuis longtemps, puisque la Fontaine les avait entendus et qu'il avait recueilli, dans un de ses plus charmants poëmes, leur chant obstiné. Mais j'ai de la peine à croire qu'ils aient chanté dans les rues en l'honneur de Daguesseau, qui ne les représentait en aucune façon. En tout cas, leur sympathie aurait bien vite changé d'objet, car on en remarqua un grand nombre dans la rue Quincampoix. — S'il eût existé alors une véritable opinion publique, formée avec modération, avec une certaine liberté, sincère mais respectueuse, Daguesseau l'aurait eue pour lui; il était, quoique de noble origine, un véritable ministre du tiers état, et sa politique sans prétention eût été applaudie dans une société qui aurait cru fermement que la vie d'une nation, comme celle d'un individu, a besoin, pour réussir, d'être digne et honnête. Mais dans un temps où se préparait cette cruelle définition de la politique que donnera Beaumarchais, il n'était guère possible que Daguesseau eût un parti. D'ailleurs il n'avait pas su grouper autour de lui, j'entends autour du ministre, les intérêts et les passions qui défendent énergiquement l'homme d'État qui les satisfait[1]. Il ne faut pas rester isolé en présence de la volonté du prince le plus sage et le meilleur, non pour le succès de son ambition, mais pour

---

[1] L'abbé Dorsanne constate cette faute. « On ne pouvait reprocher à Daguesseau comme à Noailles que de trop se concentrer en eux-mêmes et de ne point *se faire prôner*. Daguesseau ne s'était fait aucune créature, n'avait marqué aucun empressement à rendre service, à demander des grâces; il ne cherchait point à se faire des amis auprès du régent, et le *plus honnête homme du monde, sans amis, est bientôt abandonné*. Lui et Noailles se comportaient en vrais citoyens romains dans un temps où personne ne pensait comme eux. » (Journal de Dorsanne, février 1718.)

celui des idées qu'on apporte dans le gouvernement et qu'on ne peut faire prévaloir que par l'exercice de la puissance. Un souverain a plus de peine à écarter un homme environné d'un parti d'honnêtes gens, qui se pressent autour de lui et lui font un rempart de leur estime et de leur probité.

Le Parlement n'approuva pas la disgrâce; mais il mit dans son blâme plus d'humeur que de sentiment. La cour fut silencieuse; la ville commençait à s'agiter pour les nouveautés financières; l'intérêt pesait sur tout le monde. Suivant moi, la royauté se fit tort en éloignant Daguesseau; mais ce tort ne parut presque pas, et fut moins remarqué qu'il n'aurait dû l'être.

Quelle différence, sous ce rapport, entre cette disgrâce et celle du duc de Choiseul, qui eut lieu dans le même siècle : à peine le duc de Choiseul eut-il reçu, le 24 janvier 1770, l'ordre de se retirer à Chanteloup, que l'opinion éclata. A parler franchement, pour les cœurs les plus monarchiques il était dur et difficile de reconnaître dans madame Dubarry la reine de France; d'un autre côté, l'esprit public avait reçu du mouvement philosophique un singulier élan : il s'était formé dans le monde comme un tribunal intellectuel qui rendait des arrêts, écoutait des oracles et visait à la souveraineté. La religion y avait reçu de terribles assauts, la royauté commençait aussi à comparaître devant lui. La disgrâce du duc de Choiseul montra la puissance de cette nouveauté.

Dans cette correspondance de madame du Deffand, que vient de publier un homme d'un goût exquis qu'il a appliqué aux lettres, à la politique, à tous les rapports de la vie ordinaire [1], on voit très-bien comment la disgrâce a changé avec l'état même de la monarchie. Elle n'anéantit plus : au contraire, elle procure à celui qui en est l'objet *un bonheur immense et d'un genre nouveau* (c'est la duchesse de Choiseul elle-même qui l'appelle ainsi). Personne ne s'y méprend ; ce bonheur d'un nouveau genre n'est plus un bonheur monarchique : il vient d'une source nouvelle, s'échappe de partout, sort de la foule émue ou trompée, entre dans les âmes froissées par le pouvoir, s'y établit à côté de l'orgueil ou de la liberté, et forme enfin ce fruit antimonarchique de la popularité qui, depuis, a été cultivé avec tant de soin, quelquefois avec tant de faiblesse, et qui, poussé par le succès, a démesurément grandi.

L'air de Chanteloup s'appela l'air de la liberté. Voltaire lui-même, qui ne dédaignait pas les faveurs des princes, offrit d'aller respirer cet air

---

[1] M. le marquis de Sainte-Aulaire. M. Sainte-Beuve a publié dans le *Moniteur*, sur ce volume, un article des plus attrayants.

nouveau. La duchesse de Choiseul osa écrire à sa vieille amie cette phrase qui semble tombée de la plume irritée et prête à proscrire d'un puritain de Londres ou d'un jacobin de Paris : « (10 janvier 1771.) Dites bien à Walpole que les Français savent aussi bien mépriser les grâces et les disgrâces de la cour que les Anglais. » Et Walpole lui-même, sous une forme meilleure, indique où l'opinion en est arrivée. « Le roi, raconte-t-il, est sollicité d'accorder des permissions d'aller à Chanteloup. Il répond : — Je ne le permets ni ne le défends, — et on y va. C'est la première fois peut-être, ajoute le perspicace Anglais, que la volonté d'un roi de France a été interprétée contre son inclination. »

C'est alors que Beccaria, qui recueille en Italie l'esprit nouveau, constate la puissance de l'opinion en l'appelant la reine du monde, *regina del mondo*. On peut dire que c'est la révolution qui commence, et qui commande déjà à l'esprit de cour lui-même.

Les choses marchèrent vite dans ce siècle qui s'est fait tant d'amis et tant d'ennemis. Car, un peu en arrière, la disgrâce de Daguesseau n'avait amené, comme je l'ai dit, aucun symptôme dont la royauté dût s'alarmer, et qui l'eût bruyamment avertie de prendre garde à ses injustices. Mais alors c'était à elle de deviner le mal qu'elle se faisait et de l'éviter par sa propre sagesse. Même quand on n'ose pas le lui dire, un prince doit savoir et il sait sans doute qu'en éloignant de lui un homme de bien il semble un moment renoncer au bien lui-même. De son côté, Daguesseau ne stimula pas l'opinion, et s'il regretta le pouvoir, qui pour lui était le moyen de faire le bien et d'empêcher le mal, il ne songea à se faire ni l'ennemi ni l'adversaire de son prince. Que ceux qui, sur la foi de Saint-Simon, ne consentiraient pas à l'admirer, se rappellent que cet implacable censeur a dit de lui, malgré sa haine : « Daguesseau apprit son élévation comme un sage ; ce fut aussi comme un sage qu'il tomba. » Duclos a ajouté, pour expliquer sa chute : « Ce qu'il avait de plus incommode, c'était sa vertu. » Cette vertu disgraciée et soumise ne pouvait attirer la foule; elle reçut cependant de vifs et singuliers hommages. M. le duc de Bourbon, qui n'aimait pas Daguesseau, proclama *son héroïsme*. C'est ainsi que ce prince, plus étonné du bien que du mal, parlait d'un devoir simplement et noblement rempli. Au sein des lettres, ceux qui étendaient le culte du beau au delà des livres et jusque dans les actions de la vie, s'émurent de la disgrâce du chancelier et soutinrent sa cause comme étant celle du bien. Le témoignage le plus considérable qu'il ait reçu de ce côté lui vint du cardinal de Polignac, et par le fond de la pensée et par la grâce étudiée de l'expression, il révèle assez bien ce que les honnêtes gens et les sages pensaient de cet événement. Le cardinal de Polignac était un homme d'un mérite approprié à son temps, mais qui dans un temps meilleur se fût élevé beaucoup plus haut.

> . . . . . Oracle de la terre
> Réunissant Virgile avec Platon,
> Vengeur du ciel et vainqueur de Lucrèce.

Il avait tant de charme dans l'esprit, malgré sa science, malgré son poëme, malgré ses débats contre Newton, qu'on ne pouvait rien souhaiter (c'est madame de Sévigné qui l'atteste) qui fût d'un plus doux commerce. Alexandre VIII renouvela pour lui le mot de Paul V sur le cardinal du Perron : « Dieu veuille, disait Paul V, bien inspirer celui qui va me parler, car il me persuadera tout ce qu'il voudra. » Le cardinal de Polignac ramena la paix entre le pape et Louis XIV à la suite de la déclaration de 1682. C'est à cette occasion qu'Alexandre VIII a dit de lui : « Je ne sais comment il fait, il ne me contredit jamais; il est toujours de mon avis, et cependant c'est ordinairement le sien qui prévaut. » A ces grâces athéniennes et à ces qualités françaises, le cardinal de Polignac sut quelquefois joindre de la grandeur. Il était avec le maréchal d'Huxelles, un autre ami de Daguesseau, aux conférences de Gertruydenberg, où les ennemis de la France, tout fiers de leur récent bonheur, ne voulaient rien entendre. Avant de se retirer, il leur adressa ces paroles qu'ils n'écoutèrent pas, mais qui n'en sont pas moins belles, et dont la beauté est de temps en temps rajeunie : « Dieu sait humilier, quand il lui plaît, ceux qu'une prospérité inespérée élève, et qui, *comptant pour rien les malheurs publics et l'effusion du sang chrétien*, continuent les guerres qu'ils pourraient terminer. »

C'était la mode autour de la duchesse du Maine, et en général parmi les beaux esprits, d'écrire en style marotique, comme on disait, d'imiter en vers Marot plutôt que Racine. Boileau l'avait conseillé, mais non pas au détriment de Racine :

Imitons de Marot l'élégant badinage.

Ceux qui ne pouvaient accomplir ce tour de force par eux-mêmes s'en tiraient avec de l'argent. Le premier président de Mesmes, qui était un des courtisans les plus empressés et les moins féconds de la duchesse, se faisait faire des vers *marotiques* par quelque pauvre diable habitué à toutes les misères et à toutes les rimes, et il les adressait à la reine de Sceaux sous ce titre carnavalesque : « Le très-puissant empereur de l'Indostan à la plus que parfaite princesse Ludovise, emperière de Sceaux. »

Le cardinal de Polignac fit lui-même ce dizain qu'il envoya à Daguesseau, pendant que l'Académie, avec un empressement banal, allait féliciter d'Argenson, le nouveau ministre :

> Vertu parfaite et bonheur perdurable
> Pas ne sont faits pour s'unir *en ces lieux*,
> Si bel état par trop serait semblable
> A cil qu'aurons tant seulement és cieux.
> Donc, quand parfois sont ensemble, est bien force
> Que tôt ou tard fassent entre eux divorce,
> *Communément c'est vertu qui s'en va,*
> *Reste bonheur : voilà le train vulgaire.*
> *Or, en ce cas advient tout le contraire :*
> *Bonheur parti, vertu demeurera.*

Daguesseau répondit aussitôt à ces justes et ingénieux éloges, à ce blâme jeté avec douceur au nom de la vertu sur les auteurs de sa disgrâce, comme eût fait Cicéron s'il eût été exilé par un prince :

> Chez les humains, fortune favorable
> Mène souvent à sa suite amitié,
> Mais amitié coquette et peu durable,
> Avec l'espoir n'est le cœur de moitié.
> Donc, au départ de fortune volage,
> Leste amitié tôt a plié bagage ;
> *Amis de cour* délogent sans pitié
> Avec faveur : voilà le train vulgaire ;
> Or, en ce cas, advient tout le contraire,
> Bonheur s'en va, reste seule amitié.

Cette disgrâce ne provoqua donc rien de populaire (*nil populare mihi placuit*); mais elle accrut l'estime dont jouissait Daguesseau et concentra un moment sur tous ses mérites l'attention publique et la sympathie des gens de bien; de ces marques données sans passion et sans hostilité, il aurait dû s'élever jusqu'au prince comme un grave et filial avertissement. Mais ce bruit adouci et ces réclamations respectueuses ne prévalurent pas contre le dieu du jour.

Quant à Daguesseau, en partant pour Fresnes et pendant tout le temps qu'il y passa, il eut cette grande fermeté, cette grande étendue d'esprit, qui, suivant la Bruyère, sont nécessaires en France pour se passer des charges et des emplois.

Il eut aussi de grandes joies de famille, d'ami, d'écrivain, de savant et de sage.

CHAPITRE V

Nos infirmités morales. — Notre goût pour le succès. — Notre éloignement de l'adversité. — Dans la prospérité on a tout *à bon marché*. — Les *amis de cour*. — Les compensations que trouve le chancelier. — Lui-même. — Sa famille. — Tableaux domestiques. — L'hérédité du juste. — Le culte des dieux domestiques. — L'aïeul du chancelier. — M. Antoine Daguesseau, premier président du parlement de Bordeaux. — Quelques traits d'histoire. — Un combat dans les rues de Bordeaux entre l'archevêque et le duc d'Épernon. — L'aïeule du chancelier dans le monde et aux Carmélites. — Un mot sur le père du chancelier. — Le portrait de sa mère, dame de charité de la paroisse Saint-André-des-Arts. — La part des pauvres. — Mœurs domestiques. — Une jeune sœur morte à Toulouse. — Une sœur véritable *sainte*. — La *sainteté* de la famille. — Les frères du chancelier. — Valjouan. — Le *philosophe*. — La chancelière. — Son portrait. Une lettre de l'abbé de Coulanges, à madame de Sévigné, à l'occasion de son mariage. — Une femme *honnête homme*.

Au milieu des changements qui l'entourent et dont il est l'auteur, l'homme ne change guère; il s'applique, avec une ardeur toujours croissante, à vaincre ce qui gêne sa liberté, diminue ses jouissances, limite ses conquêtes; sous ce rapport sans doute, et j'en conviens sans peine, il donne un grand spectacle et fait sentir un peu de sa divinité. Cette lutte obstinée contre la matière ne serait pas, comme elle l'est, commandée et soutenue par Dieu, que son côté humain suffirait à la faire admirer; mais d'où vient qu'elle ne s'étend pas jusqu'à nos cœurs, qui sont réglés par une invariable routine, et que, victorieux tout autour de nous, nous ne le sommes pas en nous mêmes?

Nos infirmités morales défient le temps qui marque tout le reste et qui change jusqu'à l'aspect du marbre; on a même assez mauvaise grâce à s'en plaindre et à vouloir porter la guerre de ce côté; on passe aisément pour un rêveur qui connaît peu de choses et qui demande l'impossible; il est plus facile de déranger un trône, de bouleverser un État, de répandre le sang des hommes, que de déranger une passion, de la troubler dans ses habitudes, dans ses calculs, dans ses profits, dans son bien-être, que de chercher à la faire rougir ou seulement à la priver de quelques-uns de ses succès.

Parmi ces faiblesses qui résistent à tout, même au mépris un peu vague qui de temps en temps se met à leur poursuite, les plus opiniâtres sont celles qui nous poussent en foule du côté de la fortune et nous éloignent de l'adversité. Tout est en place sous ce rapport, et l'âme humaine n'a rien gagné de ce côté. Qu'un homme s'élève et tombe, il voit changer de visage presque tous ceux qui l'environnent; sa chute l'a bientôt isolé, et, s'il avait pris trop au sérieux les hommages qui s'adressaient à sa puissance, sa naïveté reçoit une leçon cruelle. Il a beau dire : Je vaux autant qu'hier; quelquefois même il peut ajouter : Je vaux mieux; cela ne retient pas la foule qui n'aime pas les défaites méritées ou glorieuses.

On s'est moqué de Caton se mettant, à l'opposé des dieux, du côté des vaincus, et l'auteur de cette raillerie est Racine, qui n'a guère tiré de notes fausses du cœur humain.

Un vieil écrivain espagnol a traduit avec une liberté piquante les deux vers dans lesquels le poëte exilé par Auguste[1] exprimait ce dégoût des hommes pour l'insuccès et l'immorale élasticité de leurs empressements : « Dans la prospérité, dit-il, l'on a quantité d'amis et tout à bon marché; il est bon de garder quelque chose pour le mauvais temps, car il y a disette de tout dans l'adversité. »

Il faut donc prendre son parti de ce mal incurable et songer seulement à en corriger l'excès. Nous ne ferons jamais, paraît-il, qu'on s'empresse autour de l'homme qui cesse d'être puissant, fût-il le meilleur et fût-il le plus juste; mais ce qui est

[1] Donec felix eris, multos numerabis amicos;
Tempora si fuerint nubila, solus eris!

possible, c'est que l'homme public, qui perd le pouvoir, commande encore le respect et ne voie s'éloigner de lui que cette cohue mobile, esclave de tout, excepté de l'honneur, qu'on dirait conduite bien plutôt par des appétits que par des sentiments, et qui ressemble à ces enfants montant dans les jours de fête à ces mâts qu'ils abandonnent dès qu'ils sont dégarnis. C'est à lui de ne pas donner de prétexte à ces inévitables défections, et par là de les rendre plus méprisables.

Sous ce rapport, Daguesseau peut encore servir de modèle; il vit bien *déloger les amis de cour* dans une proportion *raisonnable;* mais il trouva à cet abandon des compensations qu'il avait eu le soin de préparer, et il imposa à l'abandon lui-même une sorte de pudeur, le seul frein qu'il y pût mettre.

La disgrâce qui l'atteignait n'avait aucune violence; elle lui enlevait le pouvoir et le mettait à quelques lieues de Paris, dans un château dont le séjour pouvait être agréable pour d'autres que pour un sage. Ce n'était pas l'exil, que les poëtes disent aussi dur que la mort, l'exil qui vous arrache à ce composé de saintes et douces choses qui s'appelle la patrie. Il ne faudrait donc pas qu'on se méprît sur le genre de grandeur que je trouve alors au chancelier Daguesseau et que je désire consacrer.

Ses qualités morales, qui n'auraient peut-être

pas suffi dans d'autres temps et pour de plus rudes coups, suffirent tout à fait pour celui qu'il reçut, et, si je ne me trompe, elles firent de cette disgrâce un charmant tableau de douce fermeté, de bonheur domestique, de calme studieux, d'attitude excellente, pleine de décence, de dignité et d'exemples.

Le premier refuge qu'après lui-même Daguesseau trouva dans sa disgrâce, ce fut sa famille. Ceux qui ne conservent pas précieusement cet abri, le meilleur de tous, se trouvent bien à découvert quand arrive l'orage; au contraire, si on l'entretient et si on lui donne de la solidité, il protége et défend contre les tempêtes de toutes les latitudes et de tous les degrés. C'est une des plus belles images de ce monde que celle de la sainte Famille, et rien n'égale la sérénité qui paraît dans ce groupe d'âmes, unies par la tendresse, par les sentiments, par les devoirs, et placées, par cette union, dans une sorte d'idéal qui fait aimer la terre et deviner le ciel. Dans ce foyer, tout, jusqu'à la souffrance, est adouci par la communauté. Ceux qui n'aiment pas la société et qui parlent de la changer avec l'intention de la détruire savent bien où porter leurs coups, et c'est la famille qu'ils attaquent par des piéges, des violences ou des rêveries. C'est ce faisceau de souvenirs, d'affection, d'héritage, d'honneur commun, de sépulture commune, qu'aux uns il importe de rompre, mais qu'aux autres il importe tant de défendre et de resserrer. Il n'y a rien de mieux à opposer à l'erreur ni de plus inattaquable et de plus solide qu'une famille qui a traversé des siècles, non pas avec un éclat nominal, mais avec une grandeur soutenue, des services héréditaires, des vertus transmises, un continuel mérite, sans une tache, avec un amas d'exemples donnés dans la vie publique et dans la vie privée.

En rappelant ce qu'a été la famille de Daguesseau, quels sujets d'honneur, de consolation et de force il trouva, au moment de sa disgrâce, dans le souvenir des morts et dans la présence de ceux qui vivaient, je vais mettre sous les yeux du lecteur quelques tableaux domestiques dans lesquels on verra naître et grandir, comme sur un sol doucement préparé, les qualités morales, l'âme tout entière du chancelier. On s'est presque toujours un peu moqué des ancêtres, ou, pour parler plus justement, de l'abus qu'ont voulu faire d'eux ceux qui y avaient intérêt. Mais jamais personne n'a pris pour une chimère ni pour un sujet de raillerie l'hérédité du bien et du juste dans les familles. Ceux dont on se moque depuis longtemps sont ceux qui croient que les aïeux ont la magie de *sans dot* et qu'ils tiennent lieu, comme lui, « de beauté, de jeunesse, d'honneur, de sagesse et de probité. »

Ce sera toujours une chose précieuse d'avoir derrière soi dans la vie, et devant soi par le souvenir, des images chéries qui, par l'exemple, la solidarité et la tendresse, vous excitent à bien agir, vous recommandent, vous soutiennent, vous encouragent, et sont comme les témoins et les assistants invisibles de la lutte qu'il faut soutenir ici-bas pour mériter l'estime des hommes et gagner une place dans leur mémoire. C'est, avec le paganisme de moins, le culte des dieux domestiques. Daguesseau avait eu pour réussir, dans son aïeul et dans son père, les meilleurs et les plus doux exemples. Nous verrons aussi ce que la religion domestique assembla autour de sa disgrâce de joies intimes. On nous permettra en même temps de compter les pertes que son cœur avait faites pour qu'on l'aperçoive bien dans ce milieu exemplaire d'une des familles les plus véritablement nobles que la France ait formées.

L'aïeul du chancelier, M. Antoine Daguesseau, était premier président du parlement de Bordeaux; il l'était devenu après la paix de Loudun (1616), quand la reine mère avait renvoyé du contrôle général des finances le président Jeannin, pour y appeler le sieur Barbin, procureur du roi à Melun.

A ce moment, Claude Mangot, fils d'un avocat dont
Loysel et du Vair ont parlé, quitta la première
présidence du Parlement de Bordeaux pour entrer
dans les conseils du roi. Sa place fut donnée à
M. Antoine Daguesseau. Ce magistrat a laissé une
grande renommée provinciale, qui ne se serait pas
entièrement éteinte dans le cas même où son fils
et son petit-fils ne l'auraient pas soutenue et élevée. Si on en croit les louanges données à sa mémoire, c'était *un prodige de science et de vertu.*
Mais, à coup sûr, c'était, dans un temps qui en
rehausse le mérite, une âme douce, modérée,
pleine de Dieu, tolérante et sage, formée du côté
humain entre Montaigne et Montesquieu, avec une
nuance apostolique que son petit-fils s'est plu à
recueillir, et qui lui fait parler de la *sainteté* de
son aïeul. Il était placé à Bordeaux entre deux
hommes ou plutôt entre deux pouvoirs qui en vinrent, sous ses yeux, aux dernières violences, et le
firent assister à l'une des scènes les plus curieuses
de cette grande agonie féodale que Richelieu avait
produite, et qu'il entretenait. Bordeaux avait pour
gouverneur le vieux duc d'Épernon, qui se croyait
le maître partout où il était. Il avait si peu deviné
Richelieu, ou il voulait si peu le comprendre, que,
pendant que le cardinal était malade à Bordeaux,
il allait le visiter, accompagné de deux cents hom-

mes d'armes, et, pour ainsi dire, sur le pied de guerre. A côté de ce gentilhomme qui était un des débris les plus entêtés de la noblesse féodale, et à qui ne faisait pas peur le supplice récent de Montmorency, il y avait un de ces prélats que la féodalité avait un peu dérobés à l'Église, et sous les traits duquel il est bien difficile, avec la meilleure volonté, de voir un doux et persuasif apôtre. Il avait été soldat sous les ordres de Richelieu en Italie et à la Rochelle, c'était même un excellent homme de mer, et il lui est arrivé de battre, à la tête d'une flotte, les ennemis de la France. Bien éloigné de ces pasteurs qui ne veulent ouvrir que les âmes, et qui n'ont pour armes de siége que la prière, la ferveur et l'exemple, il employait volontiers, et souvent avec succès, les arguments les plus décisifs de la puissance temporelle. Tels étaient, dans cette grande cité déjà belle et puissante, et dont la vie déjà intéressait la France, les représentants de l'État et de l'Église.

Bientôt on les vit aux prises, et le combat fut poussé jusqu'à la dernière extrémité. Il prit naissance dans un détail qui ne peut être relevé que par la gravité du drame politique qui s'ensuivit. Comme gouverneur, le duc avait autorité sur le marché aux poissons ; un *vendredi* du mois d'octobre (1633) il fit fermer aux domestiques de l'archevêque la porte privilégiée du marché et voulut les contraindre à stationner devant la grille avec le menu peuple et dans une égalité alors bien humiliante pour de tels domestiques. L'archevêque se plaignit aux magistrats; le duc, qui croyait fermement à la féodalité, se moqua du prélat, de ses plaintes et des magistrats, et il fit arrêter par ses gardes le carrosse du prélat. On lui répondit par l'excommunication, dont il ne tint aucun compte. Enfin, un jour, l'archevêque, habitué aux armes, sortit de son palais, la crosse épiscopale à la main, ameuta le peuple et fit une véritable sédition. Le duc vint à lui, et, passant toutes les bornes, le frappa outrageusement. Avant même que le roi connût ces scandales et que le cardinal de Richelieu y eût trouvé une nouvelle et très-bonne occasion d'humilier un des gentilshommes de France qui se mettait le plus volontiers et le plus souvent au-dessus des lois, le parlement de Bordeaux prit parti contre le duc et informa. Le premier président contrastait par sa douceur et par sa piété avec les deux personnages qui venaient de livrer au scandale la plus haute et la plus sainte autorité. Sa conduite donna à l'un et à l'autre la leçon qui lui était due. Tout le monde compara la piété laïque du premier président, si décente, si vénérable, si exemplaire, avec la piété militaire et fougueuse de l'archevêque. Quant au duc, il dut signer un procès-verbal dressé par le premier président dans lequel il reconnaissait ses torts, se déclarait valablement excommunié et se mettait à la merci du roi. Il n'est pas bien sûr qu'en lui faisant signer cette pièce M. Antoine Daguesseau ne l'ait averti que le temps des violences seigneuriales était passé et qu'il y aurait bientôt des lois que tout le monde devrait respecter.

Ce qui est certain, c'est que le premier président parut, dans sa charge, et pendant tout le temps qu'il la remplit, un modèle pour tout le monde. On eût dit, à sa science, à la dignité de sa vie, à son goût pour les lettres, à l'aménité de ses mœurs, qu'il songeait à préparer un admirable exemple pour quelqu'un des siens; car sa modestie l'empêchait de songer à la postérité pour lui-même. Il eût été bien surpris s'il avait su qu'on dirait de lui que la France l'avait regardé *comme une merveille*[1], dans un temps où Richelieu attirait tous les regards, et où, du côté de l'esprit, les merveilles n'étaient pas rares.

L'aïeule du chancelier dut aussi exercer sur lui une douce et salutaire influence. Elle commença

---

[1] C'est ainsi que parle de lui Maichin, l'historien de la Saintonge. C'est en Saintonge et à Saint-Jean-d'Angely qu'a pris naissance la famille Daguesseau.

cette suite de femmes admirables qui se réunirent ou plutôt se succédèrent dans cette famille. Restée veuve de bonne heure de M. Antoine Daguesseau, qu'elle avait épousé en secondes noces, elle se consacra à l'éducation de son fils, et, dès que cette éducation fut terminée, elle se retira aux Carmélites de la rue Saint-Jacques. Elle y passa vingt-cinq ans, affligée de grandes infirmités, mais s'élevant chaque jour davantage au-dessus d'elles par sa résignation, et, couverte de blessures, elle marcha à la mort comme à une victoire assurée. Elle avait laissé au monde, comme un précieux témoignage d'elle-même, son fils, M. Henri Daguesseau, dont la vertu désespérait Boileau, et qui mérita si souvent, comme on l'a dit, le premier rang sans l'occuper jamais.

Placés sous les yeux de la foule, ces portraits l'auraient charmée par leur noble douceur et lui auraient inspiré le respect. Suspendus au toit domestique, ils commandaient l'imitation, et leur regard, comme s'il eût été animé, marquait la route du bien en y poussant tendrement ceux qui les remplaçaient dans la vie. Qui n'a senti cet empire légitime des nobles images, et qui donc, sous les yeux d'un aïeul exemplaire, n'aimerait pas le bien et ne s'appliquerait pas à le faire? Mais le chancelier eut un autre bonheur, moins éloigné, moins idéal, plus réel, plus rapproché de son cœur et de lui.

Son père et sa mère le remplirent pour ainsi dire de toutes les qualités élevées et charmantes qui débordaient en eux.

Je réserve un peu son père dont il a écrit la vie dans les premiers temps de sa disgrâce comme pour se raffermir s'il en eût été besoin. Il faut pourtant indiquer dès maintenant comment il forma le cœur, comment il éclaira l'esprit de son fils, et quelle part d'auteur lui revient dans ce chef-d'œuvre d'honnête homme. Le chancelier vint au monde à Limoges, pendant que son père était intendant de la province. Il le suivit à Bordeaux, où ils trouvèrent encore vivant le souvenir de M. Antoine Daguesseau, puis dans l'intendance du Languedoc, où le jeune homme prit de son père les meilleures leçons de sagesse politique et de tolérance religieuse. Il eut là, sous les yeux, un spectacle qui dut bien vite former sa raison en l'attristant. Quand les protestants des Cévennes et du Vivarais se furent soulevés et que les armées du roi marchaient contre eux, M. Henri Daguesseau partit du Puy avec sa femme et ses trois fils, se rendit à Tournon au milieu des plus graves dangers, et porta de tous côtés les conseils, les avertissements, l'esprit de paix et de concorde. On ne pouvait pas lui reprocher, comme à l'Hôpital, d'avoir quelque penchant pour la religion réformée. Le clergé du Languedoc, touché de sa piété, de sa douce fermeté et de la pureté de ses mœurs, disait qu'il avait manqué sa vocation et qu'il eût été un évêque accompli. Mais il était convaincu que, s'adressant à des consciences émues par la religion, on ne devait pas employer contre elles la force qui triomphe sans persuader et qui ne pénètre jamais au fond des cœurs.

A le voir dans ces contrées, au milieu de cette guerre cruelle, avec sa femme et ses fils, affrontant les périls pour exécuter les ordres du roi, cherchant à contenir les excès des soldats, allant au-devant des rebelles, sans armes, avec sa seule douceur et pour les éclairer, on découvre plutôt la physionomie d'un apôtre que celle d'un intendant. Un jour les officiers, le voyant les suivre au combat, sans qu'il eût rien pour se défendre, se moquèrent de lui ; il marcha sous le feu comme il eût fait ailleurs et secourut tous ceux qu'il put secourir. L'admiration fit place aux railleries, et l'on vit bien qu'on pouvait être intrépide avec de la bonté, de la tolérance, le goût des moyens pacifiques et le respect du sang chrétien. Ou je me trompe, ou ce rôle joué par le père a dû frapper vivement l'âme du fils et y mettre, plus que les paroles et les livres, une sagesse précoce et comme le culte de la modération. Du reste, la vie tout entière de M. Henri Daguesseau a été pour son fils une longue leçon d'honneur en toutes choses.

Le chancelier l'avait perdu quinze mois avant sa disgrâce; et, quelques semaines avant sa mort, ce charmant vieillard laissait deviner ce qu'il avait dû faire pour former son fils, en écrivant à ses petits-fils à Fresnes : « Je vois, écrit-il au fils aîné du chancelier, par les traductions que vous et votre frère d'Orcheux avez faites d'une des plus belles odes d'Horace, que vous et lui n'avez pas perdu votre temps à la campagne. Vous avez voulu en tempérer le plaisir par la pensée de la mort, suivant le précepte de l'Écriture. En effet, il est très-utile, pour bien régler sa vie et sa conduite, d'en rappeler quelquefois le souvenir et de se convaincre intérieurement que toutes les choses de cette vie passent, que nous passons avec elles, et qu'il n'y a que les biens éternels qui méritent nos désirs et nos attachements. Je ne vous dis rien, quant à présent, sur vos traductions, elles demanderaient une trop longue dissertation. Je remets à les lire avec vous et à les examiner, strophe à strophe, la première fois que nous nous verrons. Cependant je suis très-heureux d'apprendre que vous lisez les *Géorgiques* de Virgile... L'essentiel est de s'appliquer à cultiver son esprit, sa raison et *surtout son cœur*, puisque c'est par cette partie supérieure que l'homme est semblable à Dieu et peut espérer d'être éternellement heureux en le possédant. Mais, quoique ce doive être là son principal objet et celui qui doit dominer toutes ses actions, il y a néanmoins des délassements permis par rapport à leur esprit, tel que celui que vous trouverez ci-joint; » et ce disant, il leur envoie une pièce de vers contre les *traitants*, qu'un officier de guerre vient d'adresser au duc de Noailles [1].

Le chancelier avait aussi depuis quelques années (1715), quand la disgrâce l'atteignit, perdu sa mère, qui appartenait à l'une des plus grandes familles de la magistrature française, à la famille des Talon. On prend toujours quelque chose à sa mère. Daguesseau avait pu prendre beaucoup à la sienne. Elle était arrivée dans la vie de famille à la perfection, non sans quelques efforts, et après d'intéressants combats : emportée par sa jeunesse, par ses grâces, par la vivacité de son esprit vers les plaisirs du monde, ayant même (c'est une indiscrétion filiale

---

[1] C'est celle qui commence ainsi :

    Vous qui tenez la foudre prête
    Pour abattre ces fiers traitants,
    Qui, jusqu'aux cieux, nouveaux Titans,
    Portaient leur orgueilleuse tête,
    Seigneur... agréez la requête, etc., etc.

qui nous l'apprend) pour le jeu un penchant alors assez commun et d'assez bonne compagnie, elle avait, guidée par son mari, éloigné toutes ces vanités et les avait remplacées par tous les soins et par toutes les tendresses d'une maternité sept fois renouvelée. Plus tard, et quand son mari eut quitté les charges qui l'entraînaient hors de Paris, quand elle vint habiter, à côté de son fils, sa maison de la rue Saint-André-des-Arts, elle fut la providence des pauvres dans ce quartier. Elle passait ses matinées à visiter les malades : vêtue comme une femme qui n'a pas besoin d'ornements, elle pénétrait dans les réduits pour adoucir les misères, et rapprochait ainsi, dans la seule fraternité qui soit bonne, par le lien divin de la charité, la pauvreté de la fortune, le travail indigent de la richesse bienfaisante et féconde. C'est elle qui, pouvant sur sa fortune économiser chaque année 10,000 francs, comptait les pauvres dans ses économies en leur en attribuant une part d'enfant. C'est elle aussi qui, recevant un jour 25,000 francs de son mari, pour réparer leur mobilier qui laissait beaucoup à désirer, s'en servit pour donner des lits aux malades qui n'en avaient pas.

On vit bien à sa mort ce que valait cette famille dont Daguesseau était déjà devenu l'ornement. A cause de son rang (il était procureur général), de ses enfants déjà nombreux, et aussi parce qu'il avait la première place dans son cœur, sa mère lui fit, dans son testament, un avantage de quelque importance; seulement, elle oublia de signer à la dernière page. Dans une autre famille le testament n'eût obligé personne; mais là le respect d'une volonté connue et l'affection qui remplissait tous les cœurs, complétèrent l'acte incomplet; plus tard, par une délicatesse de conscience et de paternité, M. Henri Daguesseau mit, en mourant, le chancelier à même de rendre à ses frères et à ses sœurs, presque dans les mêmes termes, les marques d'attachement et de confiance qu'il avait reçues d'eux dans cette occasion.

Quels souvenirs pour Daguesseau, dans la disgrâce comme au milieu des succès, que ceux d'une telle maison ! Quelles images autour de lui ! — Il y en avait encore deux que la mort avait réunies à son père et à sa mère; il en a fait lui-même la peinture attendrie. A Toulouse, il avait perdu une jeune sœur « qui méritait une vie plus longue, moins par les agréments de sa personne que par les talents de son esprit dont un homme aurait pu se faire honneur, et surtout par une raison et une douceur qui la rendaient encore plus estimable. » « Mon père la pleura, ajoute le chancelier, comme s'il n'eût pas eu sept enfants, et, pour moi, je la regretterai toujours par la tendre amitié qui nous unissait. » L'année même où il avait été nommé procureur général, et où sa troisième sœur avait épousé M. le Guerchois, il avait vu mourir sa sœur aînée, « qui aurait pu porter la sainteté dans la maison de son père si elle ne l'y avait pas reçue. » Elle s'était d'abord et, par une vocation irrésistible, retirée dans la maison des filles de l'Enfance, établie à Toulouse par madame de Mondoville; mais cette communauté ayant été supprimée, elle était venue rejoindre à Paris son père et sa mère; seulement, pour rester fidèle à ses vœux, elle s'isolait dans la maison paternelle, et, servie par une fille de l'Enfance, elle ne prenait part ni aux repas, ni aux plaisirs, ni aux devoirs que le monde impose. Sa chambre était comme une cellule, et de cette cellule s'exhalait dans toute la maison un parfum que Daguesseau a recueilli pour le répandre sur la mémoire de sa sœur bien-aimée. « Au milieu d'une vie si retirée, elle conservait, dit-il, une douceur, une gaieté et des grâces même dont le monde aurait pu faire cas. Mais son caractère dominant était la raison, et il semblait qu'elle l'eût reçue singulièrement de mon père comme par une espèce de droit d'aînesse. Amie tendre et solide, il n'y avait point de secret qu'on ne pût confier à sa discrétion, comme il n'y avait point d'affaire sur laquelle elle ne fût en état de donner un bon conseil. Elle était bien éloignée de s'y présenter d'elle-même et de succomber à la tentation de faire sentir son mérite. Insensible à tout ce qui flatte la nature et entièrement morte au monde, on eût dit qu'elle ne cherchait qu'à se rendre toujours plus invisible et à cacher sa vie dans le sein de Dieu. Vraiment digne du nom de sainte, que nous lui avions donné, mais sainte aussi aimable que respectable, qui était non-seulement l'exemple, mais les délices de sa famille. Les plus douces heures de ma vie sont celles que j'ai passées avec elle; fatigué du travail et de l'ennui des affaires, je n'avais qu'à monter dans sa chambre pour respirer un air pur et serein, qui me délassait en un moment de l'application la plus pénible, et les charmes de sa société me tenaient presque lieu de tous les plaisirs. »

Des deux frères qu'avait le chancelier au moment de sa disgrâce, l'un surtout mérite qu'on accuse un peu sa physionomie dans ce tableau de famille. Elle était différente des autres sous un grave rapport. Daguesseau de Valjouan était un philosophe assez savant, mais surtout amateur de sciences et ami des savants; il avait un goût d'indépendance personnelle assez rare dans un pays où tout le monde veut servir. Son père lui-même, à son lit de mort, ne put le décider à prendre une place de conseiller d'État. Valjouan, sachant qu'il ne tiendrait pas la promesse que lui demandait son père d'occuper une fonction, ne voulut pas la faire même au mourant. Il y avait dans toute sa personne, dans ses goûts, dans ses mœurs, dans son célibat, comme l'effet de cette philosophie qui naissait à peine et qui devait, avant la fin du siècle, s'emparer de la société tout entière. Son père s'en était aperçu et l'avait regretté ; en lui donnant sa dernière bénédiction, il lui recommanda la lecture de l'Écriture, et le pria, à voix basse, pour que ses frères n'entendissent pas, de n'être *pas si philosophe*. Valjouan resta ce qu'il était, et ne retrancha rien de sa philosophie, ni en théorie ni en pratique ; elle lui inspira même un jour une leçon un peu vive donnée, non pas à l'ambition, mais aux succès de son éclatant frère. Quand Daguesseau apprit, à l'église Saint-André-des-Arts, qu'il était nommé chancelier, et qu'il fut rentré chez lui, il monta chez son frère pour le lui apprendre. Celui-ci lui dit tranquillement : « Vous, chancelier ! et qu'avez-vous fait de l'autre ? — Il est mort subitement, et le roi m'a donné sa place. — Eh bien ! mon frère, dit Valjouan, j'en suis bien aise. J'aime mieux que ce soit vous que moi. »

Au moment de la disgrâce, ce mot était devenu plus piquant, et il a pu se mêler comme un trait un peu dur du stoïcisme fraternel aux autres et plus douces raisons qu'avait le chancelier de supporter dignement le coup qui l'atteignait.

Ainsi, c'est au milieu de cette famille que Daguesseau avait grandi; c'est à l'abri de ces souvenirs et pour ainsi dire sous ces remparts domestiques qu'il tomba. Mais il avait encore plus près de lui, dans sa propre maison, tout à fait sur son cœur, de chers auxiliaires de sa disgrâce, qui la lui adoucirent jusqu'au bonheur.

Il avait su trouver une femme, que nous avons déjà entrevue à la veille et devant la menace d'une disgrâce, et qui était, ainsi qu'il l'a dit lui-même sous une forme heureuse et touchante, la plus douce et la plus solide compagne. Elle était petite-fille de cet Olivier d'Ormesson qui, rapporteur du procès de Fouquet, ne voulut pas être un commissaire et tint à rester un magistrat, ce qui lui valut du condamné passant devant ses juges et silencieux devant les autres, un salut et ces mots : « Monsieur, je suis votre serviteur! » Elle se rattachait par des liens de parenté au plus doux des évêques, saint François de Sales. Ces origines se laissaient voir en elle : il y avait dans sa personne un charme presque évangélique mêlé à une sorte de gravité magistrale. C'est sans doute cette gravité qui a fait dire à sa fille, madame de Chastellux, qu'elle était un peu sévère et

ne tenait pas assez compte de l'âge de ses enfants.
C'est d'elle que M. de Coulanges écrivait le 5 octobre
1694, la veille de son mariage, à madame de Sévigné : « J'ai été ravi du mariage de la petite d'Ormesson avec M. Daguesseau, je n'en ai jamais vu de
mieux assorti, ni de plus désirable. M. le premier
président a dit tout ce qui s'en pouvait dire, et que
c'était l'alliance du mérite et de la vertu. »

Son beau-père la jugeait digne de toute sa confiance, et ce fut avec elle seule qu'au moment de
mourir il régla le sort de sa fortune; il l'institua,
pour ainsi dire, son exécuteur testamentaire; on se
souvient que madame Henri Daguesseau, en faisant un testament imparfait, avait laissé le chancelier à la discrétion de ses cohéritiers et que le
testament avait été validé par la piété filiale.
M. Henri Daguesseau voulait que celui de ses fils
qui avait été enrichi de la sorte ne parût pas moins
désintéressé, moins généreux, moins délicat que
les autres. Deux ou trois jours avant sa mort, il
s'enferma mystérieusement avec la chancelière, et
combina avec elle le touchant artifice qui devait
rétablir entre tous ses enfants l'égalité du bien
faire. Au lieu d'un testament, il dressa un mémoire
qui faisait à chacun une part équitable et réparait
quelques inégalités, particulièrement au profit de
l'abbé Daguesseau, auquel il donnait par préfé-

rence 40,000 livres pour le dédommager de la diminution des rentes sur l'hôtel de ville. Il dépendait du chancelier, qui était légataire universel, de ne pas suivre ce mémoire. Mais l'auteur principal et le complice de ces pieux arrangements savaient, en les prenant, qu'ils ne devaient amener qu'une scène aimable et domestique, la contre-partie de celle qui avait suivi la mort de madame Henri Daguesseau. Quand on vit sortir la chancelière de la chambre du mourant avec un portefeuille sous le bras, quelques-uns des enfants, Valjouan par exemple, en sa qualité de philosophe, purent croire qu'elle tenait ainsi tous les fruits du droit d'aînesse. Mais on sut aussitôt ce qui venait de se passer, et le caractère de madame Daguesseau en eût été rehaussé, si déjà elle n'avait eu au plus haut degré l'estime et l'affection de ses proches.

Une telle femme orne la vie dans les jours ordinaires; elle donne au succès une qualité meilleure; elle en augmente et en améliore la joie. Tout le monde ne s'aperçoit pas des bienfaits que son cœur et sa raison rendent à l'homme qui lui est uni; ce sont des choses cachées au vulgaire et qui ont comme la discrétion d'une bonne œuvre. Quelquefois l'obligé lui-même ne remarque pas le bienfait et en jouit avec une sorte d'ingratitude, tant il est doucement rendu et tant est imperceptible la séparation du cœur qui le reçoit et du cœur qui le donne. Mais quand les biens qui d'ordinaire agitent la vie sans la remplir, viennent à manquer ou diminuent, la sensibilité affaiblie dans le succès renaît alors plus vive, et l'influence d'une ferme et noble compagne se fait sentir comme une consolation ou plutôt comme la plus douce des forces.

Les femmes superficielles, qui voient le bonheur dans les mille riens dont le plaisir est formé, craignent les orages et n'en supportent pas. La vie qui les place sur un théâtre tout plein d'acteurs empressés leur semble la meilleure; elles prennent pour elles, plus aisément encore que nous, les hommages qui sont donnés à ce qu'elles peuvent et non pas à ce qu'elles sont. En un mot, elles s'attachent (et ce n'est pas contre nature), comme à une réalité précieuse, à cette vie artificielle dans laquelle il y a, comme dans leurs parures, des déguisements et des tromperies.

Mais quand une femme joint aux agréments de son sexe les qualités d'un honnête homme, elle est, comme dit la Bruyère, ce qu'il y a au monde d'un commerce plus délicieux; elle est digne de diriger l'ambition de son mari, de le contenir dans les succès, et de lui faire trouver dans la disgrâce des joies qui le ramènent au vrai bonheur.

Telle était la femme du chancelier quand il reçut l'ordre de quitter Paris.

CHAPITRE VI

29 janvier 1718. — Départ du chancelier pour Fresnes. — Le voyage des *exilés*. — Une épigramme en vers latins. — La première heure de la disgrâce. — Le château de Fresnes. — Ce que Mansart y a fait. — Le duc de Nevers, son second possesseur. — Ce qu'on y *adore* avec le duc de Nevers. — Ce qu'il devient avec Daguesseau. — Les deux faces de la société française à ce moment. — Le parti des gens de bien sous la Régence. — La Bruyère a donné plusieurs traits de Daguesseau. — Daguesseau disgracié *s'enveloppe* de son père. — Il écrit sa vie. — Écrit jugé par M. Villemain. — La biographie de M. Henri Daguesseau est une page d'histoire grave et intéressante. — Coup d'œil sur l'administration de Louis XIV. — Les conseillers au Parlement de Paris. — Les maîtres des requêtes. — Les intendants. — L'importance de l'administration alors et aujourd'hui. — Les *tailles*. — Un membre du tiers état. — La liberté en Languedoc. — Les discours parlementaires de M. Henri Daguesseau.

Le 29 janvier au matin, le chancelier quitta l'hôtel de la place Vendôme et partit pour Fresnes. Madame Daguesseau, qui venait d'accoucher de son cinquième enfant (11 janvier 1718), ne l'y suivit qu'au bout de quelques jours. Le voyage des *exilés* se fit avec une gaieté décente, sans aucune trace d'ambition déçue. On assure même que le chancelier s'était déjà isolé des grandeurs qu'il quittait au point de composer dans la route, et sur un de ses compagnons de voyage, une épigramme en vers latins. Si léger qu'il fût, le masque était tombé, et l'homme qui restait s'abandonnait à l'une des plus nobles passions de sa vie, le goût des lettres, et aux entraînements de son esprit qui le poussait quelquefois à une douce raillerie. Cette première heure de la disgrâce est la plus dangereuse pour les faibles; c'est comme un passage périlleux pour la dignité et dans lequel les âmes vraiment fortes sont les seules qui gardent leur équilibre. Il y a dans l'homme bien des choses à admirer, mais l'une des plus admirables est la simplicité de cœur dans un grand changement de fortune. Je n'aime pas ceux qui ne sentent pas les revers parce qu'ils ne sont pas dans la nature; je n'estime pas ceux qui font semblant de ne pas les sentir et qui prennent deux masques, afin de se cacher davantage. Il n'y a qu'une attitude qui soit décente et bonne, c'est celle que nous donne l'état de notre âme quand elle ne monte ni ne descend, et qu'elle se tient à un niveau tempéré et moyen.

C'est à ce moment qu'il faut attentivement regarder l'homme public; c'est son jour décisif, son épreuve, et comme le signe exact de sa valeur morale. — Non-seulement Daguesseau supporte ces regards, mais il les attire et les charme, il n'a ni révolte extérieure, ni colère, ni passion; sa voix même ne s'élève pas plus haut que de coutume; s'il y a en lui quelque chose de troublé, ce n'est pas lui-même, c'est tout au plus le sentiment qu'il a de la justice. Quelque temps avant lui des chagrins privés ont fait un misanthrope; mais, moins passionné et plus sage, il ne se détourne de rien de ce qu'il aime, sous prétexte qu'il est méconnu.

Fresnes est un petit village qui faisait alors partie du diocèse de Meaux, et qui, à ce titre, avait été sous la juridiction de Bossuet. M. de Guénégaud y avait fait construire un château qui avait une place dans l'histoire des arts avant d'en avoir une dans la politique. On sait que François Mansart, qui avait fait les dessins de l'église du Val-de-Grâce et qui les exécutait, fut arraché à ce noble travail par l'envie qui épie tous les succès et les dérobe quand elle le peut; M. de Guénégaud fut assez heureux pour que l'artiste méconnu voulût bien mettre dans la chapelle du château de Fresnes l'art merveilleux et charmant qui avait été dédaigné à Paris, et par là, par ce coup de l'envie, par cette injustice, la chapelle de M. de Guénégaud devint, si l'on en croit ceux qui l'ont vue et ceux qui l'ont décrite, *la plus belle chose du royaume*. Avant d'être à Daguesseau, Fresnes avait appartenu au duc de Nevers, qui l'avait rempli de tous les plaisirs chantés par la Fare, Chaulieu et lui-même. C'était alors le rendez-vous de toutes les galanteries ; on y faisait de délicieux soupers, on y trouvait « les grâces de Mortemart unies à l'imagination de Mancini. » A quelques années d'intervalle, ce château représentait deux côtés bien différents et deux tendances bien distinctes de cette société qui devait finir assez vite par une révolution.

Dans le Fresnes du duc de Nevers, comme à Sceaux chez la duchesse du Maine, comme à Paris chez le régent, on vivait sans s'inquiéter du lendemain et comme si l'important eût été de multiplier les plaisirs en y mêlant toutes sortes de recherches, en les délivrant de toute espèce de joug et en leur donnant le train précipité de la licence. Il y a des plaisirs qu'anime quelque pensée, qu'ennoblissent des sentiments élevés, que dirigent et contiennent des mœurs délicates ; ils conviennent aux sociétés les plus graves et font partie de l'existence la plus régulière et la plus honorable. Mais ceux dont je parle étaient loin d'avoir ce caractère et ressemblaient à une ivresse habituelle et chronique. Aperçue de ce côté, la société française laissait voir la langueur maladive qui gagnait son cœur et ses membres et qui la livrait, corrompue de plaisir, aux attaques de la raison et aux révoltes populaires.

Au contraire, chez le chancelier Daguesseau étaient comme réunis et concentrés les éléments de dignité, de vertu, de décence qui, répandus partout, auraient défié, non pas les réformes qui sont dans la nature des choses, mais les révolutions implacables. On y vivait sous l'empire d'un sentiment religieux très-sincère, mais sans excès ; les plaisirs y naissaient des devoirs accomplis ; les divertissements de tout genre n'étaient pas le but qu'on se proposait, et la veille n'était pas employée à préparer les joies étudiées du lendemain. On songeait à Dieu et à tout ce qu'il commande ; les hommes et les femmes elles-mêmes se délassaient dans l'étude des lettres et demandaient à la poésie de pieuses et douces inspirations. Les lettres qu'on aimait et qu'on cultivait chez le chancelier différaient aussi complétement de celles qui assistaient aux soupers du duc de Nevers. Les unes étaient graves, nobles, fécondes, exemplaires, se plaisant au sein des sociétés viriles : les autres étaient légères, indiscrètes, affectées, prétentieuses, couvertes de fard, employées à de mauvais ou à de frivoles usages; elles se mêlaient au bruit des baisers et des verres, et, au lieu d'avoir ce noble caractère de consolatrices que Cicéron leur donne et qu'elles eurent chez Daguesseau, elles se dégradaient dans le désœuvrement.

Je ne me crois pas sous l'empire d'une illusion,

et il me semble que si toute la société française eût vécu comme on vivait à Fresnes, chez le chancelier, elle eût été à l'abri des révolutions; elle n'aurait pas formé cette matière corrompue qui, tôt ou tard, excite contre elle les âmes généreuses, résiste à toutes les améliorations, méconnaît tout ce qui n'est pas elle, et finit par user la force même sur laquelle elle s'appuie. Un écrivain considérable qui a consacré quelques lignes seulement à Daguesseau, et qui parle en même temps de Rollin, les représente l'un et l'autre comme des modèles, sinon dans les lettres, au moins dans la vie civile; il semble regretter qu'ils n'aient pas eu plus d'influence sur leur temps et qu'ils n'aient pas dirigé leurs contemporains dans le sens de leur honneur, de leur droiture, de leur bon sens, de leurs mœurs intègres et pures, j'allais dire de leur perfection civile; mais il pense que ce qui leur manqua pour répandre l'amour du bien et de la probité, ce fut le génie. En cela nous ne sommes pas d'accord. Le génie dont il parle n'est pas nécessaire pour communiquer les bons sentiments ou les bonnes habitudes ni pour montrer leur supériorité sur les égarements et sur les vices. Les grands esprits d'ailleurs, ceux qu'on appelle ainsi, les esprits originaux, puissants, communicatifs, ne s'attachent pas beaucoup à servir la morale, qu'ils ne jugent pas une souveraine digne d'eux. Ils préfèrent la philosophie, le théâtre, la politique. Ce qu'il faut pour détourner de la corruption une société qui s'y abandonne, c'est le génie du bien plutôt que celui des lettres, et ce génie-là ne peut être, sans injustice, refusé à Daguesseau ; mais, pour qu'il exerçât de ce côté quelque influence sur les mœurs de son temps et sur l'avenir de son pays, il aurait fallu qu'il fût le régent lui-même et non le ministre disgracié de ce prince, ou bien, si c'eût été possible, le Voltaire de la sagesse, de la modération, de la religion et du respect.

Fresnes, habité par Daguesseau, eut donc le sort de ces réunions de sages qui se formaient dans les plus mauvais temps de Rome, auprès desquelles Sénèque, dégoûté de la cour et inquiet de la colère de l'empereur, se réfugiait pour méditer et pour voir vivre d'honnêtes gens.

La vie de Daguesseau rencontre souvent l'esprit de la Bruyère, et met en action les opinions du moraliste. Pour lui, il est bien vrai « qu'un esprit sain puise à la cour le goût de la solitude et de la retraite. » Pour lui, dès qu'il fut à Fresnes, il fut vrai encore que « le meilleur de tous les biens, s'il y a des biens, c'est le repos, la retraite et un enclos qui soit votre domaine. »

Sa disgrâce l'éloignait de ses chers enfants qui

finissaient leurs études à Paris (son fils aîné et son second fils), mais il trouva le moyen de vivre avec eux par la plus aimable, la plus instructive, la plus fréquente correspondance.

Presque aussitôt, et par un sentiment qui ne pouvait naître que dans un noble cœur, il se rapprocha du père qui lui avait donné tous les exemples et se mit à écrire sa vie. Ce fut le premier bonheur de sa disgrâce; il fit comme Montaigne qui, voulant, son père mort, vivre encore avec lui, s'enveloppait du manteau que celui-ci avait porté et se croyait *enveloppé de son père*. Il le dit à ses fils : « Je regarde, mes chers enfants, comme la plus douce et la plus solide consolation de ma disgrâce présente le plaisir de vous parler de mon père et de profiter du loisir qu'elle me donne pour le faire revivre en quelque manière à vos yeux et vous offrir dans sa personne l'exemple le plus accompli que je puisse jamais vous offrir en tout genre de mérite et de vertu.

« ... Je veux me remplir avec vous, me nourrir, et, si j'ose parler ainsi, me rassasier pleinement des vertus de mon père. »

Il y a dans cette idée un souvenir adouci de Tacite qui se détourne du sang et de la tyrannie pour écrire la vie d'Agricola. C'est un besoin pour les âmes honnêtes, quand le mal est autour d'elles, de faire plus que jamais l'éloge du bien. Si on ne trouve, en effet, dans cet écrit de Daguesseau ni amertume ni véhémence contre les vices qui l'entourent, on y rencontre cependant, çà et là, comme des cris arrachés à la conscience, des traits qui marquent ce temps d'un grave stigmate et rehaussent encore le chancelier; il lui arrive de dire sans doute en songeant à Law, l'auteur principal de sa disgrâce : « Malgré l'esprit de servitude qui augmente tous les jours, il est encore des magistrats capables de s'exposer, en faisant leur devoir, à la haine du ministre le plus accrédité. »

Cet écrit a été jugé par M. Villemain avec plus de sévérité que de sympathie; l'éminent critique s'est attaché principalement au style qu'il trouve trop oratoire ou trop raffiné, et dont l'éclat et l'abondance ont pourtant quelque familiarité avec le sien; mais il n'a peut-être pas, comme nous, parcouru cette œuvre dans tous les sens, ni étudié tous ses genres de mérite; toutefois il en dit très-justement, « qu'elle peut éclairer quelques parties de l'administration de Louis XIV, » et convient ainsi que c'est un fragment utile de notre histoire : il ajoute que les dernières pages sur la mort de M. Henri Daguesseau sont belles et touchantes.

Qu'il me soit permis, à l'honneur du chancelier et de sa disgrâce, de tirer de ce discours (c'est ainsi qu'il l'appelle) l'or qui s'y rencontre. Cela fera juger bien des choses et aimer davantage la mémoire du chancelier; par là, d'ailleurs, on pénétrera tout à fait dans l'intimité de cette famille où le bien est enseigné, pratiqué, comblé d'éloges, proposé comme le but de la vie, aimé par tout le monde jusqu'à la passion.

On y jugera aussi le talent d'écrivain du chancelier qui manque un peu d'imagination et de naturel, qui est comme une fortune acquise, mais une fortune brillante et solide. Du reste, en ce moment, il n'écrit pas pour écrire, il laisse de côté la plume des mercuriales et ces solennités de langage que le goût ne consacre pas toujours; puisqu'il n'est plus magistrat, rien ne l'oblige à des démonstrations éloquentes, il est un peintre domestique et fait simplement un portrait de famille qu'éclaire, dans certaines teintes, l'air de la disgrâce. C'est, comme il le dit lui-même, une effusion de son cœur, une conversation sans règles.

Il raconte avec charme comment son père devint riche. Celui-ci avait pour frère aîné et consanguin M. François Daguesseau, président du grand conseil, qui avait pour lui beaucoup d'amitié et beaucoup d'ambition. Pendant que sa mère le poussait vers Dieu, son frère aîné le poussait vers l'étude et allait bientôt lui donner la fortune et les honneurs.

Atteint d'une maladie de langueur incurable et ayant sa jeune femme enceinte, il voulut laisser tout son bien à son frère, pour le cas où son fils ne vivrait pas. Il fit venir à cet effet Mᵉ Auzanet, un avocat d'un grand mérite, et dressa avec lui son testament. Il mourut presque aussitôt, sa femme en couches le suivit le même jour, et l'enfant ne vécut que pour recevoir le baptême. Ce père, cette mère et ce fils unique portés tous trois en terre dans le même convoi, rappellent au chancelier « les larmes de toute la France sur les pertes redoublées de la maison royale. »

Son père, devenu riche par cette catastrophe, trouva dans la succession qui l'enrichissait une charge de maître des requêtes ; mais il aurait mieux aimé être conseiller au parlement de Paris. C'était ce qu'il appelait la pure et véritable magistrature. Rien ne lui paraissait plus heureux que de vivre dans l'indépendance de la cour, au milieu d'une compagnie qui faisait gloire de ne connaître que les règles de la justice, trouvait sa route toujours tracée par des lois immuables ou par des maximes qui ne sont pas sujettes aux variations du gouvernement ou du ministère. L'homme de bien n'y craignait point ces reproches secrets de la conscience dont il est souvent menacé dans les emplois, où il faut trouver ce tempérament si difficile, ce milieu si rare entre la soumission qui est due au prince et la fidélité qu'exige le devoir. Si le conseiller au parlement s'élevait moins haut qu'un petit nombre de ceux qui réussissaient au conseil, il n'était point en danger de tomber aussi bas que le plus grand nombre.

Mais la destinée de M. Henri Daguesseau devait l'entraîner bien loin de cette douce et libre magistrature dans des fonctions administratives importantes et diverses. Maître des requêtes, il ressemblait, a dit son fils, cette fois avec une recherche que je n'entends ni déguiser ni absoudre, aux désirs du cœur humain qui aspirent à n'être plus; il devint président du grand conseil et fut bientôt en rapport avec Colbert. J'ai déjà indiqué comment les relations de ces deux hommes avaient commencé, et cette indication suffirait pour les faire honorer l'un et l'autre.

Mais le chancelier y a joint des traits et des réflexions qui font partie de l'histoire générale. Les intendants étaient tellement décriés au moment où Colbert jeta les yeux sur M. Henri Daguesseau, que celui-ci ne se souciait pas de le devenir. Mais, quand il eut vu Colbert et causé avec lui, il sortit de cette entrevue « content et plein de confiance, moins par les témoignages d'estime qu'il reçut du ministre que par les bonnes intentions qu'il reconnut en lui pour le soulagement des peuples, pour le rétablissement du commerce et pour tout ce qui pouvait contribuer au bien public [1]. »

Les intendances de M. Henri Daguesseau, résumées par son fils, sont des modèles d'administra-

---

[1] Il me semble intéressant de compléter le portrait que Daguesseau a donné de Colbert. Il dit, parlant de la confiance du ministre dans le jeune intendant du Limousin : « Cette âme si ferme et si inflexible dans ses sentiments se rendait sans peine à ceux d'un jeune homme sans expérience, mais qui ne lui présentait jamais que la raison et le bien public. Un tel intendant était fait pour un tel ministre. M. Colbert (c'est d'après mon père que je le dis) joignait à un esprit droit, capable de saisir et d'aimer le vrai, un cœur noble et généreux qui se portait naturellement au bien de l'État; aussi laborieux que pénétrant, il savait soutenir par une application infatigable les grandes vues qu'il avait pour la gloire du prince et pour la félicité des peuples. Tant qu'il en fut le maître, il ne sépara jamais ces deux objets, *qui sont en effet inséparables;* il sentait, ce qui est bien rare dans le ministère de la finance, qu'un roi de France n'est jamais plus riche que lorsque ses sujets le sont... Rien n'était égal à la satisfaction que M. Colbert témoignait des services de mon père. Il le proposait pour modèle à tous ses intendants; il en parlait à ses enfants mêmes. Tous ceux qui travaillaient sous lui étaient témoins du plaisir qu'il avait à lire les lettres de mon père et les mémoires qui les accompagnaient souvent. « C'est ainsi, disait-il, qu'il faut écrire; il n'y a que M. Daguesseau qui sache donner ce tour et cet arrangement aux affaires. » Il portait ses lettres au conseil sans en faire d'extrait; il les lisait au roi... Si les suites de ce ministère (celui de Colbert) n'ont pas été aussi heureuses pour les peuples que les commencements, si M. Colbert s'est souvent vu forcé de s'écarter de ses premiers principes, s'il s'est même repenti, comme on le prétend, à la fin de ses jours, d'avoir trop montré au roi jusqu'où il pouvait porter sa grandeur, il en a subi la peine par les jugements peut-être trop rigoureux du public. Mon père, qui était un juge plus équitable, l'excusait par la conjoncture des temps, plus forte que ses bonnes intentions, surtout par la concurrence d'un ministre ambitieux (Louvois) et peu sensible à la ruine de l'État, pourvu qu'il vînt à bout de détruire son rival.

« En résumé, M. Henri Daguesseau disait qu'il était délicieux de servir sous un tel contrôleur général, qui entrait si pleinement dans tout ce qui tendait au bien public, qu'on était sûr de lui faire sa cour en ne faisant que son devoir. »

tion qu'on peut recommander à tous ceux qui, loin du pouvoir central, représentent et gouvernent des intérêts collectifs et des agrégations d'hommes.

L'administration n'est qu'une partie du gouvernement, mais c'est une partie importante. La question des systèmes politiques ne touche que les hommes très-éclairés, et, si parfois elle atteint les multitudes, c'est par le côté des passions et non par celui de la méditation et des lumières. Il faut s'être élevé singulièrement dans la région des idées pour donner avec quelque discernement son esprit et son cœur à tel principe ou à telle forme de gouvernement. Avoir en politique des sentiments, des aspirations, des intérêts, des affections, c'est la chose du monde la plus simple et la plus commune ; mais s'assurer par les efforts de l'esprit que le bonheur des peuples est plus solide sous un régime que sous un autre, c'est une œuvre rare et difficile. Loin des grands dissentiments qui, dans la théorie, se sont produits à ce sujet, la masse des hommes voit le gouvernement dans l'administration qui le touche ; elle se préoccupe moins de la source du pouvoir que de ses bienfaits. Ce qui l'intéresse et ce qui la frappe, c'est la sagesse ou la violence de ceux qui, à côté d'elle, la dirigent et lui commandent. Je crois que dans une nation bien administrée on ne

trouverait pas beaucoup d'éléments de révolution ;
l'absence de la liberté, si elle était absente, ne se
ferait sentir qu'aux âmes élevées et impatientes, aux
esprits que le bien-être ne suffit pas à remplir et à sa-
tisfaire. On convient que ce qui a rendu la féodalité
odieuse, c'est surtout la proximité de ce pouvoir
plein d'abus et sans règles. Si, touchant les peuples
comme il les touchait, il eût été doux, prévoyant,
tutélaire, la royauté ne l'eût pas détruit aisément :
il se serait longtemps défendu contre elle et contre
la liberté. Une bonne administration est partout
nécessaire, mais elle est en particulier le tempérament des gouvernements qui ne sont pas limités ;
elle rend insensible le poids de l'autorité que les
hommes, arrivés à un certain degré de civilisation,
ont trop de facilité à trouver accablant ; elle fait
pénétrer jusque dans les esprits les plus obscurs
ou les plus rebelles le goût de cette protection publique qui est peut-être la base la plus prosaïque,
mais aussi la plus solide des gouvernements. Sous
l'ancienne monarchie, dans les provinces où il y
avait un bon intendant, on aimait en lui le pouvoir pour lequel il agissait ; et dans celles qui en
avaient de mauvais, la haine remontait comme
ailleurs l'affection. Il en sera toujours un peu ainsi.
Un méchant administrateur peut, dans une contrée,
gâter la meilleure des causes et créer des ennemis

au plus sage des princes ou à la meilleure des républiques.

M. Henri Daguesseau comprenait toutes ces vérités, un peu banales, mais si utiles. Il tâcha d'être et il fut l'un des meilleurs auxiliaires de la monarchie qu'il servait. Au premier rang de ses devoirs d'intendant était le département des Tailles. Sous un régime d'inégalité, il était bien important que l'équité d'un homme modérât les volontés arbitraires et les injustices flagrantes de la loi. C'était un poids énorme que celui de la Taille. Placé sans mesure et à merci, comme on disait, sur le travail, il le rendait stérile; sur la fortune roturière, il l'épuisait. Ce serait une lamentable histoire que celle de ses effets même légaux : ce serait l'histoire d'une des grandes et fondamentales injustices de l'ancien régime, elle rappellerait bien des souffrances et bien des larmes, et nous ferait mieux sentir la douceur de l'égalité qui détermine depuis longtemps toutes nos obligations envers l'État et qui nous fait lui payer un tribut, chacun suivant nos forces.

Du moins, M. Henri Daguesseau fit tout ce qu'il put pour adoucir ce mal. C'était, dit son fils, qui invoque à cet égard des témoins oculaires, une chose admirable de lui voir faire le département des Tailles. Ce n'était point en traversant toute sa

généralité d'une marche rapide et plus convenable
à un voyageur ou même à un courrier qu'à un intendant. Il s'arrêtait longtemps dans le même lieu,
attentif à écouter toutes les plaintes, encore plus à
connaître et à réformer tous les abus. Aucun besoin, aucune affliction des peuples n'échappait à sa
vigilance. Il entrait dans les moindres détails, non-
seulement sur ce qui regardait les impositions et
la levée des droits du roi, mais sur tout ce qui pouvait contribuer à rétablir l'agriculture, à faire
fleurir l'industrie, à faciliter et à perfectionner le
commerce. La justice, sa première inclination, qui
dominait toujours dans son cœur, se mêlait aux
fonctions de la finance sans les retarder. Il veillait,
autant qu'il est permis à un intendant de le faire,
sur la conduite des juges ; il s'informait de leur
caractère et de leur réputation....

Dans le Limousin, qu'il administra d'abord,
M. Henri Daguesseau rencontra sous une autre forme
l'inégalité qui, dans la société d'alors, rendait la
justice si difficile ; plusieurs gentilshommes de
cette contrée commettaient impunément les plus
graves attentats ; « ils avaient des faussaires à
leurs gages » et des agents de leurs violences ; ils
exerçaient autour d'eux cette tyrannie directe, personnelle, de tous les jours et de tous les moments,
qui rend précieuse et qui fait aimer la tyrannie su-

périeure et éloignée d'un Auguste ou d'un Richelieu. Comme on les laissait faire, ils croyaient avoir le droit d'être des scélérats en restant gentilshommes. Le nouvel intendant les poursuivit avec une vigueur qu'il fit approuver par le roi, et le peuple vit couler devant lui, sous la main du bourreau, ce sang privilégié. Son souverain instinct de justice en fut satisfait, et la fermeté de l'intendant gagna des bénédictions au roi.

A ces signes, on reconnaît bien un membre considérable de ce tiers état qui se formait sans cesse et attirait à lui jusqu'à des hommes de noble origine comme M. Daguesseau. Laissant à la noblesse les armes, les faveurs, les élégances, tous les genres d'oublis et l'insouciance la plus impolitique, ils cherchaient à faire pénétrer dans ces couches épaisses d'inégalité et d'injustice qui recouvraient la société, quelques-uns des préceptes du christianisme ; ils y employaient leur bon sens, leur savoir, leur droiture et l'autorité du roi. Colbert, qui était un admirable bourgeois, les encourageait et les soutenait de son génie et de sa puissance. C'est Daguesseau qui le dit à propos de son père : « La politique de M. Colbert soutenait le pouvoir des intendants pour balancer celui que les gouverneurs de provinces et les grands seigneurs s'étaient attribué pendant la minorité du roi. » Le ministre trouva peu d'auxiliaires de sa politique plus sages et plus dévoués que M. Henri Daguesseau. Aussi il l'envoya successivement en Limousin, à Bordeaux et en Languedoc; à Bordeaux, « chez ces Gascons, déliés et remuants, qui conservaient une espèce de liberté par l'exemption de certains impôts, » et qui n'étaient pas faciles à mener par la persuasion ; en Languedoc, au milieu d'hommes « qui ne pouvaient supporter ni une entière liberté ni une entière servitude. »

En Languedoc, M. Henri Daguesseau trouva comme un gouvernement représentatif. Les États y conservaient une apparence de liberté par le pouvoir qu'ils avaient de délibérer sur les secours que le roi leur demandait et sur la manière de les donner. Le duc de Verneuil, « vraiment fils de Henri IV, au moins par la douceur, la facilité, la simplicité de ses mœurs, » y gouvernait pour le roi. Il aimait mieux la chasse que la politique, et il laissait la réalité de son pouvoir à l'intendant. Mais il y avait là un élément nouveau pour le nouvel intendant; c'était plus et c'était moins que la puissance parlementaire qu'il avait éprouvée à Bordeaux; c'étaient les États, une assemblée fière et difficile à contenir quand le roi était faible, plus soumise quand il était fort ; c'était une tribune où la parole avait son importance, où on discutait tantôt bien, tantôt mal, où se lisaient des discours préparés, où s'improvisaient des apostrophes et des répliques ; pour y représenter le roi et pour y obtenir ce qu'on demandait en son nom, il n'était pas nécessaire d'être un ministre très-éloquent, mais il fallait ce tact, la plus fine qualité de l'esprit, qui tient de la justice, puisqu'il donne à chacun ce qui lui appartient, met tout le monde à sa place, et tire des défauts comme des qualités des hommes tout ce qu'on en peut tirer.

Il était plus nécessaire dans les États du Languedoc qu'ailleurs. On n'avait pas affaire à des républicains ni à des âmes tumultueuses, mais à des privilégiés jaloux de leurs priviléges, qui n'avaient pas pour enflammer leurs délibérations les souvenirs de Rome, mais qu'animait encore l'esprit affaibli de la féodalité politique et religieuse. Un léger souffle de liberté communale se mêlait à cet orgueil, et le représentant du roi avait devant lui et quelquefois contre lui toutes les passions d'un petit parlement. « Aussi le roi y demandait ce qu'il commandait ailleurs, et en Languedoc il recevait comme un don ce qu'il exigeait des autres provinces comme une dette. » Cette province avait le droit qui est devenu le droit fondamental des pays libres. « C'est elle qui *imposait* et qui faisait les recouvrements, non avec l'avidité d'un financier qui ne craint point de ruiner les peuples, pourvu qu'il s'enrichisse promptement ; mais avec la modération d'un bon père de famille qui ménage ses débiteurs de peur de les rendre insolvables. » C'est ainsi, ajoute Daguesseau, que, prenant toujours les moyens les plus doux pour s'exécuter elle-même, elle faisait sentir aux peuples combien l'ombre même d'une liberté sage et mesurée leur est avantageuse.

Ce qui augmentait pour l'intendant les difficultés de son rôle, c'était la personne du président des États, qui avait un grand crédit, une grande autorité et un caractère difficile. C'était le cardinal de Bonzy, archevêque de Narbonne, « né avec tout l'esprit d'un Italien et toutes les grâces d'un Français ; » il s'était acquis un tel ascendant dans les États, que, bien loin de lui résister ou de le contrarier en rien, ils ne paraissaient occupés que du soin de lui faire leur cour, aussi bien qu'au marquis de Castries, son beau-frère, un des lieutenants généraux de la province, dont la femme était plus habile encore et plus profonde en politique que le cardinal son frère. Ce n'était pas une si mauvaise école de politique : car le cardinal fut le premier protecteur de l'abbé Fleury, qui reçut des services essentiels de tous les Castries, et s'éleva parmi eux du rang de protégé et de disciple à celui d'ami.

Ajoutez à cela que le roi avait beaucoup d'égards pour le cardinal, qui était grand aumônier de la reine. M. Henri Daguesseau avait donc à faire prévaloir les intérêts de l'État contre des adversaires assez sérieux, sans compter la marquise de Castries, qui avait lu Machiavel dans l'original. Son prédécesseur, M. de Bezons, y avait échoué, bien que ce fût un homme de beaucoup d'esprit et de talent. A toute cette importance, à cette science politique, à cette éclatante autorité qui réunissait les armes aux plus hauts attributs de l'Église, à cette assemblée naturellement et artificiellement agitée comme toutes les assemblées, M. Henri Daguesseau opposa cette dignité un peu républicaine qui était alors l'un des ornements du tiers état, une volonté ferme, mais qui se faisait toujours aider par la raison. Il devint orateur [1] pour ne pas devoir à sa fonction toute son influence sur les États. Son fils raconte même à ce sujet une

---

[1] « Sa voix, sans être forte, avait je ne sais quoi de touchant et d'harmonieux qui frappait les oreilles les plus délicates. Je ne crois pas qu'il se fût jamais exercé dans l'art de la prononciation, mais il avait l'oreille si juste, qu'il savait lui-même conduire, ménager, diversifier sa voix et faire sentir, sans aucune affectation, à ses auditeurs toute la force et toutes les grâces qui éclataient dans ses discours. On y admirait surtout l'usage qu'il savait faire des belles-lettres, quelquefois par des applications aussi justes qu'ingénieuses, et toujours par un goût général qui semblait faire revivre les grâces attiques et l'urbanité romaine. Voulez-vous, mes chers enfants, ajoute le chancelier, en concevoir une plus haute idée, lisez et relisez les harangues précieuses qu'il a prononcées aux États du Languedoc... »

chose charmante dans laquelle le temps, qui d'habitude ne fait rien à l'affaire, a un très-joli rôle. Pendant qu'il était dans le Vivarais, au milieu des protestants soulevés, il fut averti qu'il devait presque subitement assister aux États; il entra à sept heures du matin dans une cellule des Carmes de Tournon, il en sortit à midi; il avait préparé le discours le plus éloquent que les États entendirent, et, si on en croit son fils, qui doit exagérer un peu, « un des ouvrages les plus accomplis que l'esprit humain ait peut-être jamais produits en ce genre. » Dans une de ces harangues, il traite un sujet dont il serait bien curieux d'avoir les développements; il applique à la liberté des États l'idée et les règles de la liberté humaine. — C'est peut-être un discours de 1789. —

CHAPITRE VII

Le canal du Languedoc. — M. Riquet. — Les ingénieurs de ce temps-là. — Un homme de bien devant un peuple soulevé. — Portraits piquants. — Un trésorier de France de Montpellier qui a voyagé avec la reine de Suède. — Le marquis de Saint-Ruhe qui regarde la guerre civile comme une partie de chasse. — Les habitants du Languedoc. — Ceux qu'une longue habitude de dépendance rend amis de quiconque veut les gouverner. — L'intendant du Languedoc reçu par Louis XIV. — Les inspections générales sous Louis XIV. — La direction générale du commerce. Le conseil royal des finances. — L'*inutilité* du chancelier Boucherat. — Le chemin du ministère dans les monarchies absolues. — Encore un portrait de madame de Maintenon. — L'orage du quiétisme. — Un homme juste dans le *règne même de la finance.* — Pontchartrain *disgracié* passe du contrôle général à la chancellerie. — Portrait de d'Argenson l'antiparlementaire. — Sa conduite comme lieutenant de police. — Son courage à l'incendie de la maison de M. Daguesseau. — Le *chrétien mourant*. — Le plus grand des titres est celui d'honnête homme.

Il serait trop long de réunir tous les genres d'exemples que, dans cette administration du Languedoc, M. Henri Daguesseau mit sous les yeux de son fils. Un des chefs-d'œuvre de cette administration fut la continuation et la perfection du canal destiné à la communication des deux mers, à peine commencé avant elle. Le chancelier s'étend sur ce titre de son père à l'estime de la postérité et le relève en termes d'un intérêt tout à fait historique.

« M. Riquet, dit-il, était un de ces hommes en qui le génie tient la place de l'art. Élevé pour la finance, sans avoir jamais eu la moindre teinture des mathématiques, il n'avait pour tout instrument qu'un méchant compas de fer ; conduit par un instinct naturel qui souvent réussit mieux que la science, il conçut la pensée d'unir l'Océan à la Méditerranée par un canal de plus de quarante lieues, projet rendu plus difficile par la sécheresse et l'inégalité du terrain. Tout autre qu'un génie de ce caractère aurait été effrayé d'une entreprise si hasardeuse ; tout autre ministre que M. Colbert en aurait été rebuté ; mais rien ne put vaincre ni la hardiesse de l'entrepreneur, ni la constance du ministre, et ils avaient besoin l'un et l'autre d'un intendant tel que mon père pour couronner leur persévérance. La justesse et la pénétration de son esprit le mettaient à portée d'entendre ce qu'il n'avait jamais appris. Il devenait bientôt capable, par la supériorité de son génie, de diriger ceux qui en savaient plus que lui dans ces sortes d'ouvrages ; souvent ils ne s'accordaient pas entre eux, et il y avait une espèce de guerre déclarée entre les ingénieurs que M. Colbert lui envoyait. J'ai été plusieurs fois témoin de leurs combats, et j'en ai connu deux surtout (c'est un trait de mœurs qui s'étend de cette époque jusqu'à la nôtre) qui étaient bien plus occupés à se décrier réciproquement qu'à avancer le succès de l'entreprise. Mais la raison de mon père était si puissante, qu'il savait en donner à tous ceux qui l'approchaient. Il se transportait souvent dans les lieux où sa personne devait être nécessaire pour terminer leurs querelles, ou pour animer leurs travaux, et n'épargnant ainsi ni sa peine ni ses soins, il en fut bien récompensé par l'entière perfection de l'ouvrage, dont il eut le plaisir de jouir lui-même, en faisant deux fois la navigation du canal, depuis le port de Cette jusqu'à Toulouse; j'eus le bonheur de le faire toutes les deux fois avec lui... »

Dans les guerres religieuses auxquelles son père prenait une part si sage, si réservée, et auxquelles il assistait enfant, le chancelier a recueilli, avec une finesse qui était dans son naturel et que ses fonctions avaient contenue, des traits d'une aimable vivacité. M. Henri Daguesseau croyait beaucoup aux influences morales pour conduire et même pour réprimer les hommes. Il avait lu Machiavel comme la marquise de Castries, sa rivale, et le cardinal de Bonzy, mais il n'avait pris de ce politique que ses bonnes inspirations, par exemple celle qui lui fait dire que rien n'est puissant contre un peuple soulevé comme le visage d'un homme de bien. Cette idée, qui semble venir de Platon, mais que Machiavel adopte et qui jette comme une légère incertitude sur la corruption de son esprit, servait de guide à l'intendant du Languedoc et le conduisait sans armes, ainsi que je l'ai déjà dit, au milieu des plus grands dangers. Quand on voulait parler d'une chose perdue, on disait qu'*elle était avec l'épée de M. l'intendant*. En quittant Bordeaux, il avait pu éprouver le mérite de son système de gouvernement; durant son intendance il avait tout contenu ou tout calmé par la force morale. A peine se fut-il éloigné, qu'une sédition éclata, qui pensa coûter la vie au gouverneur, ce qui fit sentir, dit le chancelier, paraissant à son tour copier Machiavel, « ce que c'est que la présence d'un homme de bien, qui tient en sa main les cœurs de tout un peuple et dont la vertu se fait respecter des factieux mêmes. » — Dans la guerre des Cévennes et du Vivarais, il ne voulut rien changer à son système. Étant arrivé à Tournon, on lui proposa d'en faire garder les portes pour éviter au moins une surprise; mais tout ce qui présentait une image de guerre n'était pas de son goût, et, sans se laisser émouvoir par les bruits qui couraient, il crut n'y devoir opposer au dehors que sa seule tranquillité. — Ici entre en scène un véritable personnage de comédie qui met en relief, par le contraste, la foi de l'intendant dans la force morale, que le chancelier a connu, et dont il a laissé un portrait tout préparé pour le théâtre. « Mon père avait alors avec lui un trésorier de France, de Montpellier, compagnon ordinaire de ses voyages, homme d'esprit et même de sens, qui avait longtemps couru le monde pendant sa jeunesse ; mais, après avoir essuyé plusieurs dangers avec la reine de Suède, à laquelle il était attaché, il avait bien résolu de ne s'y plus exposer, et, l'âge augmentant encore sa prudence, il ne cessait point de blâmer le sang-froid et ce qu'il appelait l'indolence de mon père ; il aurait fallu presque mettre tout à feu et à sang pour le rassurer, et comme mon père lui paraissait médiocrement touché de ses remontrances, il lui déclara enfin qu'il ne pouvait plus soutenir une confiance si téméraire et qu'il lui demandait la permission de se retirer à Montpellier. Mon père y consentit d'autant plus volontiers, qu'il regardait sa peur comme un mal contagieux, qui pouvait gagner ceux qui étaient auprès de lui. Le trésorier de France ne se le fit pas dire deux fois, mais il pensa éprouver ce que dit Horace :

Mors et fugacem prosequitur virum.

Il s'embarqua sur le Rhône, à quelques lieues de Tournon ; deux troupes de fanatiques, qui étaient sur les deux bords de cette rivière, tirèrent sur son bateau ; les balles passèrent si près de ses oreilles, qu'il eût bien voulu, dans ce moment, être encore à Tournon. Son aventure fut bientôt racontée à mon père, et elle ne laissa pas de le divertir, quand il sut que le trésorier de France en avait été quitte pour la peur. »

Un autre et plus grave adversaire des influences morales que rencontra, dans cette guerre cruelle, l'intendant du Languedoc, fut le marquis de Saint-Ruhe, « plus brave soldat que grand capitaine, qui ne respirait que le carnage, et qui ne pouvait souffrir qu'un intendant lui fît manquer ce qu'il regardait presque comme *une partie de chasse* (c'est Daguesseau qui écrit), propre à le délasser de l'ennui de la paix. » — Mais ce colonel de dragons eut une déception comme le trésorier de France. Le duc de Noailles, qui commandait en Languedoc depuis la mort du duc de Verneuil et qui allait tenir les États, précipita sa marche sur le bruit de ce qui allait se passer en Vivarais, et il arriva assez promptement pour enlever au marquis de Saint-Ruhe « le commandement et la gloire du combat, si l'on peut donner ce nom à ce qui ne fut qu'une déroute et une espèce de *boucherie*. »

Voici un portrait des habitants du Languedoc qui a bien son prix, et qui relève encore une des maximes les plus utiles à rappeler à ceux qui gouvernent les hommes à tous les degrés. « Les Languedociens gagnèrent aussi le cœur de mon père, non qu'il ne connût leurs défauts, il savait qu'ils étaient légers, flatteurs, courtisans, et par conséquent intéressés. Personne n'avait plus que lui le don de discerner les esprits, et il n'avait pas besoin de l'avis que Cicéron donne à son frère Quintus, *de se défier de ceux qu'une longue habitude de prudence rend toujours amis de quiconque veut les gouverner;* mais il aimait les bonnes qualités des habitants de sa Province, et il n'en craignait point les mauvaises; ils lui plaisaient par un caractère d'esprit vif, ingénieux, mais encore plus souple et plus docile; assez patient pour les laisser d'abord jeter un premier feu dont ils ne sont pas les maîtres, il savait après cela en faire tout ce qu'il voulait, et il disait quelquefois qu'il n'avait pas connu de pays où il fût plus facile à un intendant de faire le bien. »

Ou je me trompe, ou dans le gouvernement du Languedoc, retracé par le fils, il y a, outre l'honneur du père, un petit traité de politique et d'administration, excellent à consulter en tout pays et en tout temps ; aussi, quoique l'Intendant n'approuvât pas les coups violents portés, après lui, dans cette Province à la religion protestante, et qu'il se moquât des soixante mille conversions obtenues *manu militari*, quand il revint à Paris (à la Saint-Martin, 1685), le roi le reçut comme un homme dont il n'avait jamais entendu dire que du bien.

Dès 1687, M. Lepelletier, contrôleur général, avait conçu l'idée de réformer le système financier de la France ; il envoya des commissaires dans les provinces pour y sonder les abus et consulter, sur les moyens de les faire cesser, les intéressés eux-mêmes. M. Henri Daguesseau fut envoyé dans les Généralités de Tours et d'Orléans ; il emmena avec lui M. d'Ormesson, qui était maître des requêtes et qui devait être un peu plus tard le beau-frère du chancelier. A leur retour, le roi rassembla tous les commissaires, écouta les rapports que chacun lui fit, demanda des mémoires, et fut si satisfait de celui de M. Henri Daguesseau [1], qu'il lui donna presque aussitôt, dans le même but, une sorte d'inspection générale dans la plus grande partie de la France. Cette collaboration royale aurait peut être eu de rapides et d'excellents résultats, sans la guerre qui vint tout gâter et qui désarma le roi con-

---

[1] Le Chancelier a dit de ces Mémoires : Les Mémoires qu'il se donna la peine de faire lui-même sur les matières les plus importantes et que *je conserve précieusement*, suffiraient pour montrer l'élévation de son génie et l'ardeur de son zèle pour le bien public.

tre les abus du régime financier. Sous le ministère de M. de Pontchartrain, M. Henri Daguesseau fut directeur général du commerce et des manufactures, et il apporta dans cette direction un grand esprit d'affaires et de liberté, un esprit économique et presque *semblable à celui des républiques*, a dit son fils; bientôt il fut l'auxiliaire de tous les ministres, et quelques-uns cachèrent leur faiblesse sous sa capacité. Celui qui l'employait le moins était le chancelier Boucherat, « sans doute à cause de l'inutilité dans laquelle il vivait. » En 1695, il remplaça, au conseil royal des finances, M. Dargouges, qui mourut subitement à Versailles. Ce jour-là, ses amis durent croire qu'il touchait au ministère; le poste auquel il venait d'être appelé, à sa grande surprise (son fils assure qu'il pleura d'étonnement et d'inquiétude en en recevant la nouvelle, par une lettre particulière de M. de Pontchartrain), y conduisait naturellement. A ce titre, il excitait l'ambition de tous les conseillers d'État.

Dans les monarchies absolues, on ne peut parvenir au gouvernement qu'à la condition de persuader le prince de son mérite et de lui plaire. Il n'y a pas, comme dans les États libres, ce grand concours de talents, de caractères, d'opinions, dans lequel le souverain reçoit les ministres pour ainsi dire tout faits et tout choisis; alors il faut nécessairement que les ambitieux s'approchent du prince, le mettent à même de les juger, et lui inspirent de la sympathie et de la confiance. Les talens éloignés, fussent-ils les plus grands, ne donnent ni droit ni chance à l'autorité; les dévouements les plus sincères demeurent stériles, s'ils ne peuvent se manifester sous les yeux et à l'oreille du prince.

Les membres du conseil des finances (ils étaient deux) voyaient le roi deux fois par semaine et assistaient au conseil qu'il présidait, avec le chancelier, le chef du conseil et le contrôleur général. M. de Breteuil traduisait leur importance, en disant qu'ils étaient comme de petits dieux placés entre le conseil ordinaire, qu'il comparait à la nature humaine, et les ministres, qu'il regardait comme les dieux de la terre.

Si M. Henri Daguesseau avait tenu à passer du second ciel dans le premier, il l'eût pu très-aisément, en s'adressant à celle qui était alors, ainsi que le dit son fils, comme la déesse de la Fortune, « à laquelle on attribuait, dans le paganisme, tous les effets dont on ne voyait pas de cause apparente; » la gestion des affaires du duc du Maine, qui lui avait été confiée par le roi à la mort du vieux conseiller M. de Fieubet, qui s'était retiré au désert des Camaldules, le mettait très-souvent en rapport avec madame de Maintenon. Elle l'estimait beaucoup, elle lui écrivit même une lettre de compliment sur son entrée au conseil royal, « qui était tournée avec cet air naturel et délicat qu'elle savait donner à toutes ses lettres[1]. » Il avait auprès d'elle de puissants protecteurs ; elle était encore sous le charme de l'abbé de Fénelon, l'ami intime de M. Henri Daguesseau ; le quiétisme, que le chancelier appelle si bien un éblouissement de piété, n'avait pas encore été dénoncé au roi. Le duc de Beauvilliers était en pleine faveur et il avait recueilli de M. Colbert les sentiments de la plus haute estime pour l'ancien intendant du Languedoc.

Un peu plus tard, et quand l'orage du quiétisme eut éclaté sur le cygne de Cambrai, M. Henri Daguesseau aurait encore pu s'assurer le ministère ; mais il aurait fallu renier ses amis, faire contre eux du zèle, suivre le vent de colère et de proscription qui souffla sur eux. Bien loin d'agir ainsi, il calma le cardinal de Noailles qui, « s'il eût été élevé dans les principes de Machiavel, n'aurait pas manqué de saisir cette occasion de perdre le duc de Beauvilliers, » son ennemi irréconciliable. Il le porta à la douceur, et conserva ainsi au duc, qui

---

[1] En s'exprimant ainsi, Daguesseau était bien généreux, et ces éloges ne sauraient convenir aux lettres de madame de Maintenon sur sa disgrâce.

ne lui en fut pas reconnaissant, le gouvernement
des enfants de France. D'un autre côté, la manière
dont il traitait les matières de finances ne pouvait
guère, à ce moment, l'amener au contrôle général.
La France s'épuisait dans la guerre, il fallait déjà un
peu d'empirisme, et le chancelier nous assure que
son père sut toujours être juste *dans le règne même
de la finance*. Il semble dès lors tout naturel que le
roi lui ait préféré Chamillart, esprit aimable et
prompt, courtisan qui savait bien que le premier
titre au ministère était la faveur du prince, et qui
s'était appliqué à entrer dans l'âme de madame de
Maintenon et dans l'esprit du roi par la plus respectueuse familiarité[1]. Quant à la place de chancelier, qui était devenue vacante par la mort de
Boucherat, elle fut donnée à M. de Pontchartrain,
« à qui il paraissait impossible d'ôter le titre de
contrôleur général sans le faire chancelier. » Loin
de se retirer devant une injustice, comme avait fait
Auguste de Thou, M. Henri Daguesseau resta le
collaborateur le plus dévoué, le plus assidu, le
plus éminent du nouveau chancelier, son parent

---

[1] Voici ce qu'en dit le chancelier : Un goût nouveau ne s'était pas moins déclaré en elle (madame de Maintenon) que dans le roi, qui, charmé du respect et de la modestie que celui-ci avait su conserver dans la familiarité intime où il avait été admis, le regardait comme un homme qu'il formerait à son gré et en qui il pourrait se complaire comme dans son ouvrage.

et son ami. A tous les travaux qu'il fit avec lui et pour lui, on aurait pu croire que, dans ce grand ministère de la justice, préparant les matériaux que son fils devait bientôt animer, il pressentait la grandeur de ce fils, et qu'il y travaillait par avance.

On sait que, quand le régent s'était décidé à reprendre les sceaux au chancelier Daguesseau, il était depuis assez longtemps décidé à les donner au lieutenant de police d'Argenson[1]. C'était l'homme qui lui convenait le mieux contre le Parlement, c'est celui que lui recommandait le duc de Saint-Simon ; il acceptait le pouvoir sans con-

---

[1] C'est lui dont Voltaire a si diversement parlé. En 1717, dans son poëme de la *Bastille*, écrit en prison, où il avait été mis pour le s*J'ai vu*, ce grand et changeant appréciateur s'écriait :

> O Marc-René, que Caton le Censeur,
> Jadis dans Rome eût pris pour successeur,
> O Marc-René, de qui la faveur grande
> Fait ici-bas tant de gens murmurer,
> Vos beaux avis m'ont fait claquemurer :
> Que quelque jour le bon Dieu vous le rende !

En 1745, dans son poëme sur la police sous Louis XIV, il a bien changé d'opinion sur le lieutenant de police de 1717, et il en dit, avec cette prodigalité de louanges qui ne coûtait rien à sa passion du moment :

> Colbert et Richelieu, les palmes dans les mains,
> De l'immortalité vous montrent les chemins ;
> Regardez auprès d'eux ce vigilant génie,
> Successeur généreux du prudent la Reynie,
> A qui Paris doit tout et qui laisse aujourd'hui
> Pour le bien des Français deux fils dignes de lui[*].

[*] Il y en avait un qu'on appelait la bête et dont la Société de l'Histoire de France vient de publier les singuliers Mémoires

ditions, et mettait au service du prince, dans le gouvernement, les qualités de travail, de volonté, de patience, d'obstination, disons le mot, d'absolutisme, qu'il avait mises dans la direction de la police. Il avait l'esprit étendu, net, pénétrant, cette clairvoyance qui est si utile dans la partie de l'administration qui lui avait été confiée ; avec cela tous les genres de courage. Ses défauts et ses qualités étaient comme réunis sur sa figure *effrayante* et énergique, qui *faisait peur à la populace*. On a dit, pour le résumer, qu'il était royal, fiscal, et qu'il tranchait en tout. Il était de ceux qui croient, suivant la belle expression de Bossuet, que l'autorité est dégradée quand on lui montre des bornes. Il avait contre le Parlement tous les instincts de sa nature, et de plus une haine personnelle et motivée. Le Parlement lui commandait comme lieutenant de police ; il l'avait plusieurs fois fait venir à sa barre ; il avait blâmé son administration et dirigé contre elle et contre lui des soupçons qui allaient fort loin. On se figure aisément ce qui s'amasse ainsi de colère dans le cœur d'un fonctionnaire contrôlé par une assemblée dont il ne tient pas ses fonctions. Il ne pouvait se dédommager, comme le roi, par le sentiment de sa puissance ; il en était réduit à détester ses juges, et il n'est pas surprenant que cette haine soit devenue chez lui une opinion. Daguesseau était compris dans les rancunes de d'Argenson. On le vit de plusieurs manières. Le nouveau garde des sceaux s'empressa de nommer son fils directeur de la librairie à la place de l'abbé Daguesseau, frère du chancelier. Il excita même ses amis et ses partisans contre son prédécesseur, notamment l'avocat Barbier, qui n'a jamais, dans ses notes journalières, dit de bien du chancelier, et qui en a dit du mal, en le comparant à d'Argenson.

Eh bien ! Daguesseau, à peine disgracié, trouva et prit une occasion de faire l'éloge de celui qui l'avait remplacé. Dans le cours de l'année 1714, un incendie éclata dans la maison de M. Henri Daguesseau, voisine de celle de son fils, rue Saint-André-des-Arts. Son secrétaire, qui était un excellent homme, d'un esprit cultivé, avait la tête si faible qu'un verre de vin déplaçait sa raison. Sa raison ainsi déplacée, il avait mis le feu à ses papiers, dans sa chambre, située au-dessus de celle de M. Henri Daguesseau. Il paya vite son imprudence, car il fut presque aussitôt brûlé sans qu'on pût le secourir. Le chancelier et sa femme accoururent; M. Henri Daguesseau, qui avait plus de quatre-vingts ans, ne montra aucune frayeur et n'exprima d'autre douleur que celle que lui causa la mort de son secrétaire. Tout le quartier vint au secours de la maison, et dans ce pêle-mêle, qui dura toute la nuit, rien ne fut ni dérobé ni perdu, tant il est vrai, dit le chancelier, « que de toutes les gardes, l'affection du peuple est la plus fidèle. »

Le chancelier, qui raconte cet événement le lendemain de sa disgrâce, ajoute : « Tous les officiers de police, soit du Châtelet, soit de la ville, accoururent promptement. M. d'Argenson s'y distingua surtout, soit par une fermeté et une présence d'esprit aussi rare qu'utile dans ces sortes d'occasion, soit par un talent singulier pour inspirer aux autres des mouvements vifs, réglés et efficaces. »

Ce pieux et beau travail se termine par des scènes domestiques bien touchantes et par une peinture qui pourrait s'appeler : le *Chrétien mourant*. M. Henri Daguesseau fait sur son lit d'agonie ses dernières dispositions : il donne à ses enfants groupés autour de lui sa bénédiction en termes généraux, puis il les prend séparément, et à chacun il adresse des prières ou donne des conseils particuliers. Un moment le chancelier amène au pied de son lit ses petits-fils et, à celui qui plus tard s'appela de Plaintmont, qui n'a alors que quatre ans et qui se fera la réputation d'un homme difficile, le vieillard mourant recommande, comme sous l'empire d'un pressentiment, de corriger ses défauts et *les pe-*

tites humeurs auxquelles il est sujet, afin de devenir un honnête homme. Quand la mort fut encore plus proche, et qu'eut commencé tout à fait cette séparation, plus visible qu'on ne pense, de l'âme et du corps, les prêtres se mêlèrent à la famille. M. Guyart, sous-vicaire de Saint-André, l'abbé Couet, un doux prêtre, ami du cardinal de Noailles, son collaborateur, le général des Oratoriens le P. de la Tour, ne quittèrent point leur pénitent et leur ami. Ils se relayaient pour lui lire les psaumes de la Pénitence; ils les lurent pendant quelque temps à son oreille, puis à son âme entr'ouverte et qui seule entendait. Quant à lui, il répéta, tant qu'il put parler, ces mots : *Morietur anima mea morte justorum, et fiant novissima mea horum similia.*

Ce qu'il laissa de plus précieux à ses enfants, ce fut le titre d'homme de bien, que tout le monde lui accorda, qui est, de tous les titres, le plus difficile à obtenir et peut-être le plus grand; il se passe d'acclamations et de statues, et orne à lui seul, plus qu'aucune pompe la tombe sur laquelle il est écrit non par la tendresse prévenue, mais par la vérité; il n'a rien de factice, de passager, de changeant; il est supérieur aux autres, car l'humanité pourrait cesser d'aimer les héros et les poëtes, et, à moins de se détruire, elle chérira toujours, comme sa plus noble image, le véritable homme de bien.

Le chancelier, en écrivant la vie de son père pour remplir sa disgrâce et donner à ses enfants la plus tendre raison de bien faire, répondait aux suppositions de madame de Maintenon, qui redoutait *ses intrigues*, et qui aurait, dans cette crainte, voulu le voir exilé dans un lieu beaucoup plus éloigné que Fresnes. On connaît maintenant le commencement de *ses intrigues*, voyons la suite.

En même temps il entretenait avec ses enfants et quelques amis une correspondance aimable, sans aucun fiel, pleine de bons sentiments et de douces choses.

CHAPITRE VIII

Le bonheur *épistolaire*. — Le rôle des correspondances privées dans l'histoire. — L'opinion de Racine sur les lettres de Cicéron à son frère et à Atticus. — Ce que doit être une correspondance privée. — Les fraudes de sentiment et de langage. — Le mérite épistolaire du père du chancelier. — La correspondance du chancelier avec ses enfants. — Le *badinage*. — La première lettre après la disgrâce. — 15 février 1718. — Il se moque de la *magnificence* du style de son fils. — Les succès de ses enfants célébrés à Fresnes. — Daguesseau *répétiteur de campagne*. — L'ironie de son fils de Fresnes. — Le grotesque de Callot. — Une leçon d'*escrime* philosophique donnée par le chancelier à son fils. — L'âme est-elle dans le corps? — Un docteur noir. — Les thèses de ses fils. — Le chancelier est heureux d'être *lecteur* des événements et non pas *acteur*. — Tout Paris assiste aux thèses. — Celle du chevalier de Saint-Albin, fils naturel du Régent et de la Florence. — Les éloges *pleuvent* à Fresnes sur le succès des jeunes gens. — Éloges en latin de Cassini et en français de Louis Racine. — Joie religieuse du chancelier. — Les vacances interrompent la correspondance.

C'est une grande joie d'écrire à ceux qu'on aime et dont quelque nécessité ou quelque malheur vous sépare. Ce serait le bonheur de l'absence, si l'absence pouvait avoir son bonheur. Une lettre est comme une douce étreinte à laquelle il ne manque que la chaleur des lèvres ; car le cœur s'y met peut-être plus entièrement que dans la réalité. Au moins c'est plus qu'une conversation ordinaire ; tout ce qu'on a d'affection dans le cœur et de délicatesse dans l'esprit se mêle, se concentre comme dans un cadre étroit et précieux ; on donne en pareil cas ce qu'on a de meilleur et on se venge de la séparation par une tendresse plus vive et mieux exprimée. Comme l'eau retenue jaillit plus abondante, la pensée resserrée par le papier est plus nette, plus vive, plus pénétrante ; rien ne se perd pour ainsi dire, et c'est la plus fine et la plus chaude partie de nous-même qui se place et se fixe dans ce creuset où, depuis que les hommes s'aiment et s'écrivent, il s'est fondu bien des chefs-d'œuvre, les uns célèbres, les autres inconnus. — Cependant il arrive presque toujours quelque chose de l'extérieur dans ces épanchements et souvent ils ont, outre leur valeur sentimentale, une importance historique et une destinée littéraire. Dans la correspondance d'un homme éminent avec ses amis et avec ses proches, on serait à peu près sûr de le trouver lui-même et, de plus, des traits qu'on ne rencontre pas dans les livres, des dessins exacts, des portraits fidèles, la vérité *vraie*, ainsi que nous avons été réduits à l'appeler.

On ne connaîtrait ni l'histoire de Rome ni celle de Cicéron, si on n'avait pas lu la correspondance de ce grand homme avec son cher *Atticus* et ses autres amis.

Racine, écrivant à son fils aîné alors en rhétorique, a donné à cette pensée une forme éloquente. Son fils vient de traduire une des lettres de Cicéron à Atticus, mais il l'a mal choisie, c'est une des moins intéressantes ; il l'envoie à son père qui lui répond d'en choisir une autre qui ne soit pas sèche et relative seulement à des affaires d'intérêt. « Il y en a tant de belles, ajoute-t-il, sur l'état où était alors la république et sur les choses de conséquence qui se passaient à Rome, que vous ne lirez guère d'ouvrage qui soit plus utile pour former l'esprit et le jugement. Surtout je vous conseille de ne jamais traiter injurieusement un homme aussi digne d'être respecté de tous les siècles[1]. »

Cette lettre est de 1692. Six ans plus tard, quand son fils est à la Haye, Racine revient sur son admiration pour la correspondance de Cicéron. « Je relisais ces jours passés, écrit-il, pour la centième fois les épîtres de Cicéron à ses amis ; je voudrais qu'à vos heures perdues vous en puissiez lire quelques-unes avec M. l'ambassadeur ; je suis assuré qu'elles seraient extrêmement de son goût, d'au-

---

[1] Cette dernière partie répond à l'opinion du jeune rhétoricien qui a traité Cicéron de *poltron*, sans se douter qu'un jour on traiterait son père de *polisson*.

tant mieux que, sans le flatter (il le flatte pourtant, mais par un effet d'amour paternel), je ne vois personne qui ait mieux attrapé que lui ce genre d'écrire des lettres, également propre à parler solidement et sérieusement des grandes affaires et à badiner agréablement sur les petites choses. Croyez que dans ce dernier genre Voiture est beaucoup au-dessous de l'un et de l'autre (Cicéron et M. de Bonrepaux). »

Malgré ce trait contre Voiture, je le tiens avec Balzac, madame de Sévigné et quelques autres, pour un véritable historien du dix-septième siècle, non pas qu'il compte les canons des bataille, mais il écrit beaucoup sur les mœurs et un peu sur les choses.

Toutefois j'avoue que ce qui me charme le plus dans une lettre, c'est sa partie privée, le côté du cœur; celui de l'esprit ne vient qu'après dans mon admiration. C'est une composition de sa nature faite pour le mystère, dont elle ne doit, poétiquement parlant, sortir que par une indiscrétion. Ceux qui songent au public en écrivant à leur famille absente ou à leurs amis éloignés, et qui travaillent pour lui, sont condamnés à des fraudes de sentiments et de langage qui en font des comédiens et non des acteurs naturels de la vie et des peintres naïfs de leurs impressions.

La correspondance du chancelier avec ses enfants et avec ses amis n'a pas ce défaut, capital à mes yeux, et cependant elle a plus qu'un charme privé et moral ; elle répand sur les événements et sur les hommes des lueurs que le public remarquera certainement. Sous ce rapport encore son père lui avait donné l'exemple. Ce vieillard aimait à écrire à ses petits-enfants ; il leur envoyait ainsi les plus aimables pensées et des caresses pour ainsi dire littéraires. Le chancelier en parle : « Le sel le plus fin et le plus délicat venait s'offrir à son esprit, et l'on voyait quelquefois cet homme, si grave et si vertueux, ne pas dédaigner d'écrire à ses petits-fils, qui savaient à peine signer leurs noms, des lettres d'un badinage si gracieux et si aimable, que Voiture aurait pu le lui envier. »

Les principaux correspondants du chancelier, pendant sa première disgrâce, furent ses deux fils ainés, sa fille qui devait être plus tard madame de Chastellux, son cher Racine, Valincour et quelques autres.

Il avait pour ses enfants la plus vive tendresse, et il en était récompensé par leur conduite et leurs heureuses qualités. Il a exprimé un jour le bonheur qu'il avait de ce côté d'une façon charmante et qui ne va à rien moins qu'au badinage de Voiture et de son père. Sa fille était accouchée, son fils lui écrivait de Paris sous le nom de son petit-fils le nouveau-né, et faisait parler le mieux du monde ce bambin à son illustre aïeul. Le chancelier répond à ce jeu filial : « Je ne croyais pas pouvoir être plus heureux en petits-enfants que je le suis en enfants ; la lettre que j'ai reçue de mon petit-fis, qui vient de naître, m'a fait voir le contraire; je suis fâché d'être obligé de vous avouer (à son fils) que je l'ai trouvée beaucoup plus ingénieuse que la vôtre, et que je crois en vérité que ce petit marmot n'a fait autre chose pendant le temps de sa prison, que lire Voiture, Marot et la Fontaine ; il parle déjà comme eux en venant au monde. Aurait-il trouvé toutes ces gentillesses dans le cerveau de sa mère ? Mais pourquoi ne viendraient-elles pas du père (M. de Chastellux), qui a toutes sortes d'esprit quand il lui plaît. »

Quant au ton de cette correspondance avec ses fils, il le donne lui-même en écrivant à son fils aîné : « J'oublie toujours, mon cher fils, de vous dire ou de vous écrire de retrancher le cérémonial de vos lettres... je fais bon marché de la qualité de père, et je fais encore plus de cas de celle de votre ami. »

La première lettre écrite après la disgrâce porte la date du 15 février 1718. La disgrâce n'a que 17 jours, et le chancelier n'en dit pas un mot à son fils.

Il a reçu de ce jeune étudiant une lettre pompeuse, peut-être une dissertation sur l'inconstance de la fortune, avec des exclamations, des figures, tous les ornements que la jeunesse croit devoir ajouter aux sentiments pour les peindre. Il lui donne une leçon de simplicité, non sans y mettre lui-même quelque recherche. « Quand j'aurais, lui écrit-il, toute l'éloquence des Démosthène et des Cicéron, quand j'aurais dans la tête la logique d'Aristote, la morale de Platon, la physique de Descartes et la métaphysique du P. Malebranche (quoi qu'il en dise, il avait un peu tout cela dans la tête) ; quand je pourrais joindre l'enthousiasme des poëtes à la gravité des politiques et au pathétique des capucins ; quand j'aurais compilé les textes du professeur Normand ; du répétiteur Normand et du précepteur Normand, quand, dis-je, je pourrais tirer la quintessence de tous ces talents différents, je ne crois pas, mon cher fils, qu'à moins de parvenir à être un autre vous-même, je puisse jamais, je ne dis pas égaler, mais même imiter la *magnificence de votre style*. Je me suis donc réduit à en désespérer. Si je me crois obligé de me taire à la vue de tant de merveilles ; si la plume, qui vous sert si bien, me refuse absolument son service ; si l'éloquence m'abandonne pour passer du côté de la jeunesse ; si elle préfère le fils au père ; si, dis-je, le temps et l'*inconstance du sort* me font voir de si étranges révolutions et des catastrophes si bizarres; si, encore une fois, je sais tout au plus allonger une phrase, sans pouvoir l'orner et l'enrichir de ces traits inimitables qui brillent dans vos lettres, je crois, mon cher fils, qu'après avoir confessé ma faiblesse, je dois rentrer dans un silence d'admiration, triste mais unique ressource d'une éloquence usée, pitoyable figure de rhétorique dont vous vous moqueriez, vous autres grands orateurs, si la qualité de père ne me faisait espérer plus d'indulgence de la part d'un fils que j'aime pour le moins autant que je l'admire!

« Je reprends le style simple, c'est-à-dire le mien, après avoir voulu imiter inutilement la sublimité du vôtre, pour vous dire de bien embrasser pour moi tous vos frères, et surtout notre pauvre tête cassée (celui des enfants du chancelier, qui avait subi l'opération du trépan); faites aussi bien des amitiés de ma part à M. le Brasseur, à M. de Maupertuis, sans oublier notre vénérable Rabbe, qui nous manque bien ici, où j'ai tout le loisir de me remetttre dans son école. »

Cependant ce fils dont il se moque termine ses études avec éclat; il est en train « de faire mentir Socrate et d'être à la fois orateur et philosophe; » tous ses maîtres en font l'éloge; M. Binet, son professeur de philosophie, informe le chancelier des progrès de son fils. La joie du père se montre sous les traits les plus doux : « C'est une grande consolation pour moi, écrit-il, de voir que mon absence n'a relenti en rien l'ardeur que vous avez pour vous instruire... Continuez, mon cher fils, à croître en application en science, et surtout en vertu dont je suis persuadé, que vous faites plus de cas que de la philosophie. » La mère envoie au jeune savant une couronne de laurier, au sujet d'une *sabbatine* victorieuse, et le chancelier y ajoute ces deux vers :

Il n'est rien de si doux pour un cœur plein de gloire
Que la première nuit qui suit une victoire.

On prépare à Fresnes un triomphe à l'écolier, et on se réjouit de l'y voir, *non indecoro pulvere sordidum*, traînant à sa suite les sophismes renversés, les paralogismes défaits, et l'erreur enchaînée et captive. Après avoir ainsi rempli son fils et soi-même de la joie de ce succès, il craint que ce fils ne s'endorme dans la victoire, et il trouve que ce n'est pas trop de rappeler à ce jeune conquérant les maximes de César :

Nil actum reputans, dum quid superesset agendum.

Son second fils est malade, et ne peut suivre l'aîné ; il en a un très-vif chagrin ; le chancelier le console en écrivant à son frère : « Je crois que le pauvre enfant a été bien fâché de ne pouvoir être le compagnon de vos travaux, et partager avec vous le plaisir de la victoire, mais, dites-lui que je lui garde une couronne de laurier, aussi vert que celui que votre mère vous envoya hier. »

Malgré tout, Daguesseau souffre d'être séparé de ses fils, et dès le 6 mars, il écrit : « Ma plus grande peine, dans ma situation présente, est d'être séparé de vous, mes chers enfants ; mais il faut se soumettre à l'ordre de Dieu, qui me console de cette privation par le plaisir d'apprendre que vous n'en faites pas moins bien votre devoir. »

Comme il lui est strictement interdit d'aller à Paris, il les attire à Fresnes, et leur promet d'y être *leur répétiteur de campagne*. A ce moment ces deux jeunes gens sont en pleines disputes philosophiques; le second rend compte à son père d'un récent combat qu'il a livré, et dans lequel il a eu contre lui les plus grands savants du royaume, notamment MM. le Brasseur, Maupertuis et de Villefroy, amis du chancelier; il fait de ses adversaires une peinture si vive et si piquante, que son père lui dit : « C'est par modestie que vous m'avez marqué les noms de ceux que vous avez entrepris de peindre ; la précaution était inutile, personne ne pouvait les méconnaître, à ces traits vifs et expressifs dont vous avez chargé leurs portraits. Votre peinture seulement tourne un peu trop du côté du burlesque, et je crois que vous vous êtes exercé longtemps sur le *grotesque de Callot.* » La dispute d'ailleurs était assez curieuse, et il n'est pas sans intérêt de voir le chancelier y prendre part. Ce n'est pas la leçon de philosophie donnée par Molière, mais c'est un jeu de science et d'esprit sur la philosophie. Il s'agit de savoir si l'âme est dans le corps; le jeune Daguesseau a soutenu l'affirmative. Son éloquence a embarrassé M. de Villefroy, sans le convaincre : M. le Brasseur est franchement hostile à cette doctrine, et M. de Maupertuis, dont la conscience est timorée, craint d'être en désaccord avec la théologie, s'il accepte l'opinion du jeune écolier; alors le chancelier donne à son fils une leçon d'escrime philosophique : « Prononcez-lui gravement (à M. de Villefroy) ces trois mots *definitive, non circumscriptive;* ces expressions scolastiques auront plus de pouvoir sur lui que toute la métaphysique de votre éloquence; ce sera un de vos adversaires vaincu; je doute même que M. le Brasseur résiste à la puissance de ces paroles énergiques, et vous apprendrez par là ce que c'est que de savoir donner à la philosophie un habillement théologique. S'ils vous passent ces expressions, vous aurez beau jeu contre eux et vous leur direz que la scolastique même est pour vous; car qu'est-ce que n'être point dans le corps *circumscriptive?* si ce n'est n'y être point enfermé, contenu, en un mot, comme dans un lieu. Or, si l'âme n'est point dans notre corps comme dans un lieu, on ne peut pas dire qu'elle y soit, puisqu'une chose ne peut être proprement et véritablement dans un lieu, si ce lieu ne la renferme, ne l'environne, ne la contient, et en un mot, comme je viens de le dire, si elle n'y est comme dans un lieu. Vous leur expliquerez de la même manière le *definitive*, et vous leur direz que ce terme signifie que, quoique le corps ne puisse être le lieu et la demeure d'un esprit, cependant, comme notre âme a des relations avec notre corps et qu'il est l'objet et le sujet et l'instrument de ses opérations, qu'il les détermine et les modifie; que, de son côté, elle agit sur lui et préside aussi à ses mouvements, on dit que l'âme est dans le corps *definitive*, c'est-à-dire à proprement parler, qu'elle n'y est pas, mais qu'elle est déterminée par le corps et qu'elle le détermine chacun réciproquement dans les opérations qui conviennent à leur nature; en sorte que cela ne signifie autre chose qu'une relation mutuelle de l'âme au corps et du corps à l'âme. Ainsi, par l'admirable effet de trois maigres et sèches expressions, vous saurez mettre la scolastique dans vos intérêts, et il faudra bien alors que vos deux formidables antagonistes se rendent, ou bien, sans façon, nous les déclarerons hérétiques, et ils sentent déjà le fagot. » Je ne sais plus de qui veut parler Daguesseau quand il ajoute : « L'épée de Maupertuis ne vous sera peut être pas inutile, car nous vous renvoyons un *docteur allobroge*, ennemi de toute philosophie, et plus noir que son corps, grand argument pour prouver que l'âme est dans le corps, puisque la sienne a pris la teinture et la couleur de son hôte. Je suis sûr qu'il va remuer ciel et terre contre votre opinion, et qu'il fera dégénérer cette querelle philosophique en une guerre civile où il est sûr d'avoir pour lui tous les crieurs de marmotes en vie. Mais, comme il craint les coups beaucoup plus que la raison, assurez-vous du bras de M. de Maupertuis et ne négligez pas celui de M. Manneville qui est déjà en possession de le faire trembler. Je ne sais, mon cher fils, dit en terminant le chancelier, si vous serez content de moi ; mais il me semble que cela s'appelle entrer dans vos intérêts et faire une ligue offensive et défensive avec vous, envers et contre tous ; ne laissez pas pourtant d'assurer tous vos adversaires de l'estime et de l'amitié que j'ai pour eux. »

Cette collaboration avec ses fils me semble un trait charmant de son exil ; il est comme avec eux et il combat, pour ainsi dire, à leurs côtés. La maladie du plus jeune a cessé, et tous les deux préparent leur thèse, l'un de jurisconsulte, l'autre de philosophe ; on dirait que leur père les prépare avec eux. Au jurisconsulte, qui sait très-bien le droit civil, mais qui sait moins bien le droit canonique, il indique les livres qu'il doit consulter (livres dont peu de savants d'aujourd'hui connaissent même les titres) : le *Sexte*, les *Clémentines*, et les *Extravagantes;* il insiste sur le corps du droit canonique de M. Pithou, mais sur la bonne édition, celle qui contient au bas de chaque chapitre les anciennes *Décrétales*, et que M. le contrôleur général, le Pelletier, arrière-petit-fils de l'auteur, a fait imprimer avec soin. — Il ne néglige pas les détails : « Empruntez de M. Amiot ou de M. Bretonnier (deux professeurs de droit, l'un qui était sans doute le frère du médecin de Boileau, l'autre qui a édité les œuvres de Henrys) un volume des *Espèces* de M. Boscager (ce sont des chefs-d'œuvre en ce genre) et venez ici, écrit-il à son fils, nous les ferons ensemble. »

Dans une lettre inédite du 2 août, il pousse encore plus loin le soin des détails, et discute avec son fils le jour et l'heure de sa thèse ; mais comme celui-ci, en lui écrivant, lui a parlé politique, dans un style étudié et en cherchant à faire de l'esprit comme son frère de Fresnes, le chancelier le réprimande avec beaucoup de finesse, et lui ôte ce masque fraternel qu'un moment il a pris : « Vos lettres me font toujours un véritable plaisir, mon cher fils, et il n'est point nécessaire pour cela que vous empruntiez les talents de votre frère de Fresnes; chacun a les siens, on peut plaire beaucoup sans faire rire, et ce qui réjouit l'âme, ce qui la fait rire, comme quelqu'un l'a dit, vaut bien ce qui fait rire le corps.

« J'ai reçu tout ce que vous m'avez envoyé, et je me trouve en effet fort heureux de n'être que lecteur au lieu d'être acteur dans de pareilles scènes et d'apprendre seulement l'histoire de ce temps de troubles et d'agitation sans en faire moi-même partie.

« Je vois approcher avec plaisir le temps de votre thèse, qui vous délivrera de l'embarras d'un travail purement scolastique et qui n'est que d'une médiocre utilité ; si vous croyez qu'il fût mieux pour vous de la différer jusqu'au mercredi après la Notre-Dame, et si ce délai vous paraît nécessaire ou convenable pour une plus grande préparation, j'entrerais fort dans cette vue, d'autant plus qu'elle ne retarderait que d'un jour votre arrivée ici, où vous viendrez le jeudi au lieu d'y venir le mercredi, mais si vous n'avez d'autre raison pour différer que la nécessité d'attendre le jeudi qui suivra votre

thèse, pour savoir votre sort et prêter le serment
de bachelier, il est aisé de trouver le dénoûment
de cette difficulté en priant messieurs de la Faculté
d'ouvrir votre *capse* extraordinairement, aussitôt
après votre thèse. C'est une grâce qu'ils accordaient très-aisément de mon temps, et qu'ils me
firent à moi-même lors de ma dernière thèse, que
je soutins le mardi ; et afin que je pusse être reçu
avocat le jeudi suivant, on ouvrit ma *capse* sur-
le-champ. Si néanmoins cela est devenu plus difficile à présent, *vous savez que mon caractère n'est
pas de rien forcer*, et le pis aller, dans ce cas, serait
ou de différer votre thèse jusqu'au mercredi après
la Notre-Dame, ou de ne partir de Paris que le jeudi
pour revenir ici : Au surplus, je me flatte que vous
n'aurez pas sujet d'être fort inquiet sur votre sort,
que je crois savoir dès à présent, comme si l'urne
fatale était déjà ouverte. Faites bien des amitiés à
vos frères pour moi. Je souhaite un heureux succès
à mon fils de Fresnes dimanche prochain, et je
l'espère autant que je le souhaite. Je serai seulement fâché de n'en être pas témoin ; *mais l'état
où la Providence nous met doit toujours nous paraître le meilleur ;* je me fais un grand plaisir de
vous voir tous réunis avec nous après la fête, et
j'attends ce plaisir avec une impatience qui répond
à l'extrême tendresse que j'ai pour vous tous, et

pour vous, mon cher fils, en particulier. Assurez MM. le Brasseur, de Maupertuis et de Villefroy de la continuation de mon amitié. Pour ce qui est de M. Romieu, je lui dirais volontiers : *Nec tecum possum vivere nec sine te.* »

Au philosophe, son second fils, deux ou trois jours avant qu'il passe sa thèse, le chancelier envoie les plus fins et les plus aimables conseils ; il l'engage à reporter à Dieu son succès s'il réussit, et il ajoute : « Vous êtes trop bon chrétien pour ne pas joindre toujours la morale et la religion à la métaphysique. *Au surplus*, tenez-vous le cœur gai jusqu'au moment de votre thèse, et imaginez-vous que vous en savez plus que tous ceux qui vous attaqueront.

Ces thèses, qui agitent le chancelier, et qui sont le sujet de ses lettres à ses fils, étaient alors comme de vrais combats auxquels assistaient la cour et la ville. Il y avait des témoins comme jadis aux tournois, et des témoins illustres. Quelques semaines auparavant, l'abbé de Saint-Albin, fils naturel du régent, avait soutenu sa thèse en Sorbonne. Les cardinaux de Noailles, de Rohan, de Bissy, de Polignac, et tous les archevêques et évêques présents à Paris, s'y trouvaient. Sur les deux heures, le Parlement y alla en corps, et toutes les cours supérieures s'y rendirent successivement ; les plus grands seigneurs de la cour y entouraient le répondant. La Palatine arriva à trois heures avec le duc de Chartres et toute sa maison. A son entrée, la dispute fut interrompue un instant, et le candidat reprit ensuite son argument commencé, en le faisant précéder de ces mots : *annuente et favente regia principe*, ce qui n'est du latin pour personne, et ce qu'en tout cas la Palatine n'avait pas de peine à comprendre. Il y eut à plusieurs reprises des applaudissements, et dans ce combat, qui dura la plus grande partie de la journée, le chevalier de Saint-Albin montra la science la plus exacte et l'éloquence la plus précise. Le fauteuil du régent ne fut pas occupé, mais, entouré de gardes, il fit partie de la cérémonie et lui donna une solennité extraordinaire. Pour de simples particuliers une thèse était alors un événement considérable, et attirait l'élite de Paris à la Sorbonne. Tous les amis du chancelier, absent, voulurent assister à celle de ses fils, et la salle fut remplie d'hommes illustres, sans compter les personnages officiels, qui étaient en grand nombre, et le Parlement au complet. Au premier rang des prélats était le cardinal de Polignac, l'ami de Daguesseau, et le cardinal de Bissy, son ennemi. Racine le fils était dans un coin, ému comme le témoin d'un duel. Cassini écoutait et prenait des notes pour écrire en latin au chancelier le résultat de la lutte. Le maréchal d'Huxelles, le marquis de Canillac, Maupertuis, entouraient les candidats; tout près d'eux était placé, sur la recommandation particulière du chancelier, un magistrat étroitement lié avec leur père, et qui est un des plus vifs caractères de la magistrature d'alors, le président Lambert de Vernon. C'est lui qui, un peu plus tard, éclata contre le Système, avec beaucoup de courage et d'esprit, suivant en cela les leçons du chancelier. Comme Law avait trouvé bon de supprimer l'or et l'argent, il avait fait interdire par un édit, à toute personne d'avoir plus de 500 francs en argent et en or. Le président Lambert se présente un matin chez le régent et lui dit : Je viens vous dénoncer un homme qui a 500,000 francs en or. —Ah! monsieur le président, quel f.... métier vous faites-là, s'écria le prince. —Monsieur, répondit le magistrat, j'obéis à la loi, et c'est elle que vous qualifiez ainsi ; au reste, que Votre Altesse se rassure, c'est moi-même que je viens dénoncer, et j'espère ainsi garder cette somme pour votre service.

Le chancelier avait tenu à ce qu'il assistât à la thèse de ses fils. Je ne sais, écrivait-il le 4 août 1718, si je vous ai dit de *prier* M. le président Lambert à votre thèse ; au cas que je ne l'aie pas fait, j'y supplée par cette lettre. Il faudra aussi que votre frère aîné le *prie* à la sienne ; vous savez combien il est de mes amis.

Les thèses furent soutenues avec un véritable éclat, et le chancelier en reçut aussitôt la nouvelle de plusieurs côtés. Sur la thèse du philosophe, Cassini lui écrit en latin une lettre d'éloges à laquelle il répond en latin. Louis Racine prend sa plume fraîche d'académicien (de l'Académie des inscriptions), pour lui apprendre les exploits de son fils de Fresnes. Un autre de ses amis, secrétaire général de la chancellerie, M. Freteau, lui rend compte du succès de son fils aîné, puis chacun de ses fils lui écrit sur la victoire de son frère.

A ces récits *homériques*, le chancelier a peine à contenir sa joie : « Je ne pourrai plus manquer de bons conseils, dit-il, ayant un grand philosophe et un grand jurisconsulte dans ma famille. Mais sa joie ne l'empêche pas de rapporter à qui de droit le succès de ses fils ; il élève leur âme au-dessus de leur esprit, qui vient de remporter ces premières victoires, par ces paroles où se peignent son bonheur, sa piété, sa modestie, sa raison : « Les échos des applaudissements que vous reçûtes hier, mon cher fils (c'est au philosophe qu'il s'adresse, mais il parle pour tous les deux), se sont fait entendre jusqu'à Fresnes, et une voix, que je crois très-sincère, puisque c'est celle de M. le Brasseur, m'assure que vous les avez mérités ; quelque joie que vous puissiez avoir, elle ne saurait égaler la mienne. Vous devez ce succès, premièrement à Dieu, de qui viennent tous les biens, qui donne le caractère, l'esprit, les talents, les secours, la volonté et l'exécution ; vous le devez en second lieu à votre travail et à votre application. Ainsi, vous ne sauriez trop remercier Dieu des grâces qu'il vous a faites... Vous êtes trop bon philosophe, et je vous crois aussi trop bon chrétien, pour ne pas comprendre la vanité des jugements des hommes, et pour vous laisser trop aller au plaisir d'être applaudi ; c'est une des tentations les plus ordinaires et les plus dangereuses dans la jeunesse. Je prie Dieu qu'il vous en préserve, et qu'il vous fasse la grâce de n'avoir en vue, dans le bien, que le bien lui-même. »

En même temps il dit à son fils aîné : « Il ne me reste qu'à rendre grâces à Dieu de m'avoir donné un fils si docile, si laborieux et si digne des succès qu'il vient de lui accorder. Je n'ai pas besoin de vous exciter à lui en rapporter toute la *gloire;* votre religion m'assure que vous m'avez déjà prévenu, et j'espère qu'en ajoutant à vos talents le don de la modestie et de l'humilité, il vous aura fait une plus grande grâce qu'en vous donnant ces talents mêmes. » Mais les mœurs si aimables et si touchantes de cette famille se montrent peut-être encore mieux dans une lettre inédite, qui porte la date du 11 août, et que le père adresse tardivement à son fils, à cause de la négligence d'un messager. Je la donne en entier ; elle résume bien l'état de tous ces cœurs transportés de joie par des succès d'écolier et oubliant, dans leur ivresse domestique, le régent, le pouvoir, Law, le Parlement, la fortune. « Je crois, mon cher fils, qu'il faut que j'aie un éclaircissement avec vous sur une chose qui aura pu vous faire de la peine : c'est que, dans la lettre que j'écrivis avant-hier à votre frère de Fresnes, je n'ai fait mention que de celle de M. le Brasseur, sans parler de la vôtre, où vous me rendez un compte très-exact du succès que mon fils de Fresnes a eu à sa thèse ; j'estime trop votre jugement pour l'avoir passé sous silence (quelle délicatesse de sentiment de la part d'un père!), s'il m'avait été connu quand j'écrivis ma lettre; mais il avait plu à Duparc (le messager) de l'oublier dans sa poche, en sorte qu'elle ne me fut rendue que trois heures après le départ de celui que j'envoyais ; je répare ce contre-temps en vous assurant, mon cher fils, de la grande satisfaction que votre lettre m'a donnée. Le frère de Fresnes ne sera pas en état de vous rendre une pareille justice samedi prochain, au moins avec autant de connaissance de cause, parce qu'il n'est encore que philosophe et non pas jurisconsulte. Mais je suis si persuadé du succès de votre thèse, que je crois pouvoir vous en féliciter par avance : l'aîné ne cédera point sans doute au cadet ; puissiez-vous conserver toujours la même émulation et n'avoir jamais d'autres différends ensemble que par l'envie de vous surpasser l'un l'autre en science, en vertu, en religion ; c'est une discorde qui est louable entre deux frères, d'ailleurs si unis, et qui fera toujours très-grand plaisir à un père qui vous aime tous deux tendrement et qui ne désire que votre perfection, à laquelle vous travaillez si bien, mon cher fils, que ma tendresse ne saurait presque rien souhaiter de plus. »

A la suite de ces succès, les jeunes vainqueurs vont, avec quelques-uns de leurs maîtres, passer leurs vacances à Fresnes, chez leur père exilé, et la correspondance est interrompue.

On comprend très-bien que, dans ce mois d'août qui vient de s'écouler, le chancelier, qui sait tout ce qui se passe à Paris, qui l'apprend par les lettres de ses fils, *ait mieux aimé n'être que lecteur, au lieu d'être acteur*, dans les scènes qui mettent aux prises le prince et le Parlement, et dans lesquelles chacun s'abaisse à son tour.

CHAPITRE IX

Le temps n'avait pas justifié la disgrâce. — Il avait montré l'excellence des conseils du chancelier sur les finances et sur les rapports de la royauté avec le Parlement. — Comment il faut vivre avec un parlement. — L'ardeur et la haine antiparlementaire de d'Argenson. — Appréhensions *constitutionnelles* du régent à l'approche du lit de justice. — Août 1718. — Lit de justice aux Tuileries. — Reproches du prince aux magistrats. — L'opinion de Duclos sur ce point. — Celle du public. — A qui profite le coup d'autorité ? — Accusation calomnieuse de l'avocat Barbier contre Daguesseau. — Le chancelier apprend à Fresnes la conspiration de Cellamare, l'exil de son ami le cardinal de Polignac, l'arrestation de mademoiselle Delaunay, que sa disgrâce a empêchée de se marier. — Projet de Law et de Dubois de détruire la magistrature. — Idée d'une noblesse politique. — Ses avantages. — Le rôle qu'elle pouvait jouer.

Le temps, qui semble quelquefois donner raison aux actes politiques les moins équitables, n'avait pas justifié la disgrâce. On avait éloigné Daguesseau parce que sa prévoyance, son bon sens, sa morale obstinée, faisaient obstacle à ces miracles de finances qui devaient enrichir tout le monde, sans appauvrir ni déshonorer personne; on l'avait jugé un esprit arriéré, timide, embarrassé par son savoir comme un autre par son ignorance, tenant aux vieilles règles de conduite, sans aucune initiative et d'une étroite stérilité en affaires ; on trouvait qu'il mettait de la morale partout, et qu'imitant avec une servilité filiale l'exemple de son père, il voulait être juste, même en matière de finances. Cependant il avait tenu au prince un langage plein de sagesse, et sur ce point il lui avait conseillé la meilleure politique ; il l'avait engagé à se défier plutôt des procédés que des idées de Law, à éviter les mauvais moyens qui mènent si rarement à de bons résultats, à empêcher l'agiotage, à ne pas compromettre la dignité du gouvernement et à ne pas perdre les mœurs du pays dans cette nouvelle espèce d'immoralité ; il lui avait montré les inévitables déceptions qui l'attendaient, et, sans le détourner absolument d'entreprises qui, bien méditées, conduites avec honneur, contenues par la prudence, pouvaient et devaient augmenter la richesse de la France, il lui avait dit : Avancez prudemment sur cette mer nouvelle ; n'y suivez pas aveuglément un homme qu'agite l'esprit d'aventure, qu'aucune moralité ne recommande ni ne dirige, qui veut faire sur la France, qu'il n'aime pas, et qui ne lui est rien, les expériences les plus hasardeuses ; ou du moins tenez compte des dangers, de ce peuple si facile à égarer, qui cède aux mauvaises passions comme aux bonnes, qui court du même pas au travail et au jeu, de cette noblesse appauvrie qui se précipitera sur l'argent comme sur un champ de bataille, et qui peut perdre à cela son honneur, plus précieux que son sang; enfin, dans la poursuite de ces grandes nouveautés, soyez attentif, vigilant, raisonnable et moral.

Ces avertissements avaient été dédaignés, et le système avait suivi son cours, rendu plus rapide par l'éloignement du chancelier. Mais déjà on pouvait voir, si on le voulait, combien il avait été sage et combien on avait eu tort de repousser ses avis et d'écarter sa personne : toutes ses prévisions commençaient à se réaliser.

Sous un autre rapport, le chancelier avait, et très-sagement encore, averti et gêné la politique impatiente et sans moralité du duc d'Orléans. Ce prince avait donné au Parlement des assurances et des promesses qui avaient naturellement ajouté beaucoup à son importance. A peine les avait-il données qu'il voulut les reprendre et faire taire les magistrats qui partageaient contre le système de Law les appréhensions du chancelier. Daguesseau ne trouvait cette conduite ni morale ni politique, et il l'avait dit au régent. Il savait bien qu'il n'existait pas de droit écrit qui conférât au Parlement le pouvoir d'entraver ni même de gêner longtemps l'autorité royale; mais il lui semblait juste et possible de vivre en paix avec les magistrats; sa raison en cela était d'accord avec ses penchants : qu'avait-on gagné, en effet, à préférer la lutte et bientôt la violence?

Voici ce qu'au mois d'août avait produit l'exil du chancelier. Son successeur, M. d'Argenson, s'était mis à l'œuvre avec une grande ardeur dans les détails; en même temps que garde des sceaux, il était président du conseil des finances, et il avait cru qu'en travaillant jour et nuit et en améliorant certaines choses dans les finances, il tiendrait tête à Law, et plus tard l'anéantirait; mais il s'était bientôt aperçu qu'il y avait là une divinité invincible, celle du hasard et du jeu, qui plaisait au régent plus que tout le reste. Il avait mieux réussi contre le Parlement, ou plutôt il avait réussi à lui montrer sa haine. Mais cette hostilité personnelle avait tout irrité, et le Parlement et le prince étaient sur le pied de guerre. Un des plus sûrs moyens de soulever une assemblée et de la pousser au delà des bornes, c'est de mettre devant elle un homme qui soit, non pas l'adversaire de ses prétentions et de ses fautes, mais l'ennemi de son importance et de sa personne, si l'on peut ainsi dire. C'est ce que le régent avait fait en donnant les sceaux à d'Argenson. A moins que dès le premier jour il n'ait voulu prendre un ministre de coup d'État, ce choix était le plus impolitique; mais le Parlement ne s'en effraya pas d'abord et ne partagea pas les sentiments de terreur qu'inspirait au peuple de Paris la figure de l'ancien lieutenant de police. Il se montra au contraire plus irrité et plus hostile : il alla droit à Law, qui était la cause du mal et qui absorbait toutes les forces du gouvernement; il menaça d'instruire contre lui et raviva la vieille exclusion qui défendait aux étrangers de manier nos finances; il invita les parlements du royaume à s'unir à lui et à former une ligue du bien public contre les abus du Système, soutenu par le régent. On était bien loin du but qu'on s'était proposé d'atteindre par l'exil du chancelier; il est vrai qu'on y arriva par un grand coup d'autorité.

Au moment même où les fils du chancelier venaient de passer leurs thèses, le régent méditait un lit de justice pour lever tous les obstacles. Il fut assez longtemps à s'y résoudre, quoiqu'on l'y poussât de beaucoup de côtés; il eut presque les hésitations d'un roi constitutionnel, et on assure qu'il avait peur des magistrats, qu'il craignait leur autorité morale, l'opinion qui les soutenait et les extrémités auxquelles, comme toutes les assemblées émues, ils pouvaient se porter.

Il trouva dans d'Argenson un instrument énergique et passionné de sa volonté quand elle fut arrêtée. Le matin du lit de justice, le garde des sceaux se donna des airs de Turenne ; pendant qu'aux Tuileries tout le monde était inquiet dans l'attente du Parlement et de ce qui allait se passer, il déjeuna très-tranquillement, but passablement, suivant son habitude, à côté du régent, dont l'émotion était visible; puis, quand le Parlement fut arrivé, il traita de haut en bas le premier président, avertit le premier avocat général Lamoignon de Blancmesnil de bien conclure et commanda l'obéissance.

Le Parlement, qui avait appris subitement, dans la matinée, qu'il était mandé aux Tuileries, avait espéré que le peuple l'y suivrait, et qu'il y arriverait fortifié par des manifestations. Mais cela n'eut pas lieu; il fallut courber la tête. Le régent, parlant au nom du roi, leur dit : « Vous avez, à l'instigation de gens malintentionnés, contre l'avis des plus sages d'entre vous, abusé des différentes marques de considération qu'il a plu au roi de vous donner, de la grâce qu'il vous a accordée à son avénement au trône, en vous permettant de lui faire des remontrances sur ses Édits et Déclarations avant de les enregistrer ; vous avez fait de continuelles tentatives pour partager l'autorité royale, vous attribuer l'administration immédiate des finances, vous arroger une juridiction sur les officiers comptables, vous rendre supérieurs aux autres cours souveraines, soit sur le fait des monnaies, soit par rapport aux autres impositions et subsides ; vous n'avez cessé de faire des remontrances hors des délais prescrits par la déclaration de 1715, avec la prétention de les faire prévaloir sur la volonté du roi ; vous vous êtes dit le conseil nécessaire de Sa Majesté et de l'État ; vous avez abusé des exemples des précédentes minorités, dont les divisions ou les guerres étrangères avaient troublé la tranquillité ; vous avez renoncé presque entièrement à la distribution de la justice pour vous occuper de l'examen ou plutôt de la critique des affaires de gouvernement, *au grand préjudice du crédit public* que le Parlement semble avoir voulu altérer par des procédures inconsidérées, par des éclaircissements qu'il n'avait pas le droit de demander et par différents arrêtés sur des matières qui ne sont pas de sa compétence. — Je vous fais défense, au nom du roi, de continuer, et je déclare annulés tous les arrêts que vous avez rendus, particulièrement celui du 12 août ; il vous est fait défense, *sous des peines qu'il appartiendra*, de provoquer l'union des autres parlements du royaume et de vous occuper de matières de finances et d'État. »

Le Parlement se retira, mais pour s'assembler le vendredi et le samedi 26 et 27 août, et pour délibérer sur la volonté du roi. Alors la main de d'Argenson reparut ; deux conseillers et un président furent arrêtés chez eux et conduits, le président Blamont aux îles d'Hyères, le conseiller Saint-Martin à Belle-Isle, et M. Feydeau de Calendes, fils du président Feydeau et allié du premier président de Mesmes, à l'île d'Oléron.

La victoire restait au régent, mais il n'y gagnait pas beaucoup. A entendre parler tout le monde, dit Barbier, chacun ne demandait pas mieux que de se joindre au Parlement, seulement personne n'osait commencer ni se déclarer pour chef.

Les ministres étrangers félicitèrent, au nom de leurs souverains, le régent de son énergie et de la fermeté qu'il avait mise à réprimer des *légistes*, langage de princes, dit Duclos, qui veulent que rien ne résiste à leur volonté ; il est sûr, ajoute-t-il avec un grand sens, « que l'autorité doit toujours être respectée pour la tranquillité des peuples mêmes. Mais si aucun corps n'élève la voix en leur faveur, ils seront donc livrés au despotisme des ministres et même des commis. »

Ce coup d'État ne profita guère qu'à Law, qu'il

arracha à la justice du Parlement, et qui put à son
aise entasser les Édits pour soutenir son système
qui commençait à chanceler ; il profita encore à
un autre favori du régent, qui n'avait alors que la
seconde place, et qui devait bientôt prendre la
première, l'abbé Dubois. Mais quant à d'Argenson,
il n'en tira aucun avantage, il s'était au contraire
privé d'un auxiliaire contre Law, dont il allait être
bientôt l'adversaire déclaré et la victime. Il avait,
il est vrai, satisfait sa passion antiparlementaire,
mais presque aux dépens de son intérêt, ce qui
n'empêche pas l'avocat Barbier de le comparer à
Richelieu.

Daguesseau passa à Fresnes toute l'année 1719.
Dans le dernier mois de 1718 il fut, comme tout le
monde, surpris d'apprendre la naissance et la mort
de cette conspiration ourdie par le jésuitisme et
l'argent espagnols, cimentée en France par les vapeurs et les étourderies de la duchesse du Maine,
qui se faisait lire les *Décades* de Machiavel, et rendue bien solide et bien redoutable par le concours incertain du premier président de Mesmes,
qui appartenait plus sérieusement qu'à tout le
le reste au plaisir et à l'argent qui le procure.
L'avocat Barbier, qui avait, comme je l'ai dit, la
clientèle de d'Argenson, et qui écoutait beaucoup
aux portes, sans entendre toujours très-bien, a

élevé à ce sujet, contre le chancelier, une accusation qui n'aurait aucun mérite sans celui de la singularité. Elle montre combien l'histoire, qui peut prendre plaisir à ces journaux intimes, qui sont comme des petits livres de passion personnelle et de renseignements particuliers, doit se défier de ce qu'ils contiennent. Barbier, qui savait tant de choses et qui a parlé de beaucoup, je le reconnais, avec un sens exact et un esprit exercé, ne connaissait pas la cause de la disgrâce du chancelier, si facile à connaître, et il affirme que personne ne la connaissait : « A l'égard de M. Daguesseau, écrit-il en août 1718, on n'a jamais su la raison de sa disgrâce; rien n'a été plus secret. » Voici maintenant l'accusation ; on se doute pourtant à présent, ajoute l'annaliste, qui veut tout savoir et qui aime mieux calomnier que de rester court devant le secret d'une disgrâce, qu'il y avait des conférences entre *lui* et le duc du Maine, et quelques membres du Parlement (comme était M. le président de Blamont), au sujet de quelque intelligence avec l'Espagne, dont le ministre cardinal Alberoni est un esprit supérieur et qui peut être soupçonné d'avoir ses vues et de jouer sa politique pour tâcher d'assurer à son maître la couronne de France, dans le cas de mort de Louis XV, malgré les prétentions du régent. »

Je ne veux pas réfuter cette note, qui n'est même pas une opinion, et qui, si elle entrait par hasard dans l'histoire, n'y pourrait entrer qu'à titre de ridicule calomnie.

Le chancelier n'avait eu de relations avec le duc du Maine qu'au sujet de la déchéance de ce prince, et ce n'est pas ce qui avait pu les unir. Quant à la duchesse du Maine, qui était l'homme de la maison et le véritable conspirateur, elle détestait le chancelier et ne lui trouvait d'autre mérite que de faire des vers marotiques. Son mari et elle avaient pour Daguesseau les mêmes sentiments que madame de Maintenon.

Le chancelier ne fut donc touché de la nouvelle de la conspiration et de ses suites, que comme le public, si ce n'est par quelques côtés de sentiment et par un souvenir singulier. En même temps qu'on arrêtait à Sceaux la duchesse du Maine, on exilait son grand ami le cardinal de Polignac, et on mettait les scellés sur ses manuscrits. Daguesseau, qui aimait beaucoup dans le cardinal l'homme et l'écrivain, s'en inquiète plus que l'exilé lui-même. Parmi les personnes arrêtées à côté de la duchesse du Maine se trouvait cette femme, dont rien dans la société d'aujourd'hui ne peut donner une idée bien exacte, qui des rangs de la domesticité s'était élevée, en cachant une partie de son esprit, et à travers l'aversion et l'orgueil de sa maîtresse, à un rôle de quelque importance comme femme, comme écrivain, comme personnage à la mode, dans le monde de la politique et des lettres, mademoiselle Delaunay enfin. Au plus fort des rigueurs dont l'accablait sa maîtresse, elle avait été sur le point de se marier avec un receveur général, et c'est la disgrâce du chancelier qui avait en partie empêché le mariage. On sait qu'adorée par Chaulieu, elle était aimée de tout l'entourage de la duchesse du Maine ; elle l'était d'un homme que son esprit seul avait pu gagner, de Valincour, le parfait honnête homme, l'ami de Boileau et l'un de ses rares héros, le garde-malade de Racine, l'ami intime du père du chancelier et du chancelier lui-même. Un jour, voyant les chagrins de cette pauvre femme, et pour l'arracher à cette servitude que la duchesse du Maine rendait accablante, il conçut le projet de la marier à un de ces hommes qui donnent un maintien à une fille d'esprit, veuf avec un enfant et en mesure d'acheter une charge de receveur général. Tout le monde s'était mis à ce mariage, et le comte de Toulouse avait demandé la place au duc de Noailles. Le grave Daguesseau avait été intéressé au succès par Valincour, et il s'y était prêté de bonne grâce. Tout était prêt, la place était accordée par le duc de Noailles ; mademoiselle Delaunay hésitait un peu à mettre son esprit sous le nom d'un autre, et à devenir la femme de quelqu'un qui, suivant elle-même, était en tout au-dessous du médiocre, excepté pour l'économie.

La disgrâce du duc de Noailles et du chancelier arriva. La charge de receveur général ne fut pas donnée, et mademoiselle Delaunay ne retira de ce projet, auquel l'amitié avait mêlé Daguesseau, ni un mari, ni la somme d'argent que devait lui remettre le futur receveur général, au cas où il aurait la place sans le mariage.

Mais ce qui dut toucher le chancelier dans sa retraite, l'émouvoir malgré sa religion et sa philosophie, ce fut le projet concerté entre Law et Dubois de détruire la magistrature par la violence et par la ruse, avec le secours des actions de la banque.

Il était bien naturel que ces deux personnages, dont l'esprit politique se bornait à leur intérêt, voulussent détruire le Parlement. Jamais hommes appelés à l'honneur d'un rôle public ne poussèrent plus loin cette irréligion politique qui, un peu plus tard, faisait dire au roi Louis XV : *Après moi le déluge*, impie et sinistre parole qui eut et qui aura encore dans le monde de douloureux effets. Ils ramenaient tout dans l'État à leurs étranges et honteuses personnes, l'un à sa banque et à la compagnie des Indes, l'autre à sa passion pour le chapeau qui devait couvrir, sans la cacher, sa tête effrontée et cynique. Tout ce qui les gênait était par eux représenté comme un danger public, et, aidés par les circonstances, ils n'avaient pas eu de peine à persuader au régent, alors entêté d'absolutisme, qu'il fallait racheter toutes les charges des magistrats, bien entendu avec du papier, et créer ensuite des magistrats amovibles, c'est-à-dire des commissaires. Qui a fait que ce coup d'État n'a pas réussi? Qui a empêché le Parlement d'être détruit et la magistrature supprimée à l'aide d'un payement frauduleux? D'Argenson, sans être le complice de cet attentat, ne devait pas s'y opposer, à moins que ce ne fût en haine de Law, devenu son ennemi. Le chancelier n'était pas là pour rappeler au régent l'origine de sa puissance, le rôle que le Parlement y avait eu, la nécessité et la grandeur de cette institution qui avait si souvent défendu les rois contre eux-mêmes et introduit dans le gouvernement, avec ou sans droit écrit, mais sous le commandement de l'intérêt public, quelques courants de liberté et le principe, sinon la réalité, du contrôle. Mais l'opinion, quoiqu'elle n'eût pas beaucoup de force, protégeait les magistrats ; indifférente à leurs disgrâces, elle ne l'eût pas été à leur ruine, et on n'osa pas la provoquer à ce point. D'un autre côté les ducs et pairs, et sans doute Saint-Simon lui-même malgré sa haine contre la robe, auraient résisté à une mesure qui les eût dispersés, comme les magistrats, en leur enlevant leur importance politique ; enfin l'histoire et la raison parlèrent au prince et lui dirent : Si le Parlement a quelquefois embarrassé mal à propos la marche du gouvernement, quels services ne lui a-t-il pas rendus ! Si tous les membres ne se préservèrent pas du poison de la Ligue, c'est le corps qui l'a étouffée : ceux même qui formaient le Parlement de la Ligue se déclarèrent, au milieu des Guise et des Espagnols, pour les principes de la monarchie. C'est donc le Parlement qui a conservé la couronne dans la maison régnante. Quelque exagérées que soient ses prétentions, si le roi fait craindre sa puissance, c'est le Parlement qui la fait respecter. Quel avantage n'est-ce pas pour le roi d'avoir un corps dont les principes, toujours subsistants, s'opposent aux entreprises de la cour de Rome, à celles même du clergé de France, séculier ou régulier ! Quel avantage pour les sujets que ce même corps puisse mettre quelques entraves aux excès du crédit ministériel ! Le Parlement peut suppléer à la faiblesse d'un service timide, éclairer un roi puissant.

A côté de ce projet, une idée fut émise dont le

succès pouvait changer les destinées de la société française et qu'un prince doué de prévoyance n'aurait pas entièrement dédaignée. Quelqu'un proposa de séparer les ducs et pairs du Parlement, qui serait alors réduit à l'œuvre de la justice, et de former des ducs et pairs séparés un corps politique, comme une chambre des pairs. Le nom devait venir chez nous beaucoup plus tard, et quand la chose manquait, ou du moins quand la matière était très-modifiée. Mais alors c'était une grande et solide idée. En soi, le mélange de la politique et de la justice n'est pas bon ; il avait produit et devait produire encore beaucoup d'abus. La politique et la justice ne s'entendent pas toujours, et d'ailleurs chacune d'elles mérite un autel particulier et des prêtres exclusifs ; mais le côté le plus considérable de cette idée était la création d'une noblesse politique qui a manqué à la France, et dont l'absence a laissé le champ libre à la royauté absolue, et plus tard à la révolution absolue. Une noblesse militaire peut illustrer un pays et y entretenir ce sentiment exalté de l'honneur qui est un des plus puissants mobiles des sociétés, mais qui n'est pas le seul. Vouée aux armes, à la gloire et au roi, elle n'a ni le désir ni l'aptitude de conduire et de diriger les hommes, par les voies civiles, dans cette route appelée la route du progrès, où il est si facile de s'égarer, et où les marches lentes et protégées sont les plus sûres.

Quand les combats lui manquent, elle est désœuvrée et ne s'attache à rien ; elle court les aventures du plaisir et du jeu, et n'hésite pas à suivre un prince débauché, ni à descendre jusqu'à des financiers sans probité et sans mœurs, dans un espoir d'argent. C'est ce que faisait en ce moment, en attendant Fontenoy, la noblesse française. Devenue un corps politique, elle se serait, j'en suis sûr, fait une vie différente et meilleure; elle aurait cherché la gloire civile, égale à l'autre, moins éclatante peut-être, mais plus durable, et dont le champ de bataille est le bonheur du peuple, qu'il s'agit d'assurer. Alors on n'aurait pas pu dire ce qu'on a dit avec trop de raison : La noblesse française a perdu la puissance, parce qu'elle n'a pas appris à l'exercer.

CHAPITRE X

Daguesseau mathématicien. — Ce qu'il savait et ce que nous savons. — Sa science connue en Grèce.— Un Grec de l'île de Chio lui adresse une épître. — Sa correspondance avec son fils sur les *Incommensurables*. — M. Binet le *majestueux*. — M. Méry. — Fontenelle. — Dispute sur la vision. — Daguesseau sait l'anatomie. — L'anatomie de la lumière. — Le livre de Mariotte. — Plan d'études pour ses fils. — Un Rollin domestique. — Ceux qui élèvent et instruisent bien les jeunes gens sont les premiers politiques du monde. — La religion et l'histoire sainte. — La foi du paysan. — La Métaphysique. — Scène curieuse avec Malebranche. — La grandeur de l'histoire. — Les lettres servent de patrie.

Dans les plaisirs que Daguesseau sut donner à sa disgrâce, figure, et parmi les plus vifs, l'étude, pour lui renouvelée, des sciences-mathématiques. On n'a pas, dit-on, bonne grâce à proclamer la supériorité des anciens sur les modernes ; c'est un goût de vieillard et comme une injustice de l'impuissance. Oui, les magistrats d'aujourd'hui ont peut-être sur ceux d'autrefois quelques avantages particuliers qui viennent du temps et des mœurs générales. Mais en trouverait-on facilement qui sussent la moitié de ce que savait Daguesseau? La science du droit, qui n'absorbe presque plus personne, avait alors de quoi absorber le meilleur et le plus vaste esprit. Daguesseau la possédait dans toutes ses branches si nombreuses et si chargées; il était plein d'histoire, et les lettres grecques et latines, qu'il aimait d'un sentiment voisin de la passion, n'avaient pas de secrets pour lui; il ne les fréquentait pas comme nous par intervalles et selon les besoins du moment; toujours avec elles, il avait fini par en faire comme une partie de son esprit; il savait l'hébreu et pouvait en causer avec son ami M. de Villefroy, secrétaire du régent et *célèbre hébraïsant;* il s'en servait aussi pour lire les livres saints qu'en chrétien sincère il recherchait comme des organes de Dieu et qu'il aimait aussi comme des chefs-d'œuvre de morale; en métaphysique, il embarrassait Malebranche; il discutait les théories de Newton avec son ami le cardinal de Polignac; enfin, il avait étudié les mathématiques de manière à pouvoir les enseigner aux autres; il les appelait les *avenues naturelles de l'esprit humain*, et de bonne heure il avait parcouru ces avenues arides et longues. Dès l'année 1702, avant ses grandes dignités, quand il n'était encore qu'avocat général, sa réputation comme mathématicien avait pénétré jusque dans la patrie d'Aristote. Un Grec de l'île de Chio, épris de cette jeune renommée, la célébrait dans une ode composée de douze stances; après avoir dit que son héros « avait concentré toutes les sciences dans le vaste dépôt de sa mémoire, » il ajoutait dans la septième stance : « Il connaît aussi à fond les lignes tracées par l'immortel mécanicien sur le sable de Sicile. »

On trouve des traces intéressantes de cette connaissance des mathématiques, et en particulier de la géométrie, dans la correspondance du chancelier avec son fils de Fresnes pendant ce premier exil.

Les vacances sont finies; le jeune philosophe, qui a été couronné avec tant d'applaudissements au mois d'août, est rentré à Paris et y poursuit le cours de ses études. Avec l'empressement d'un jeune homme qui met tout de suite dehors ce qu'il vient d'apprendre, il soumet à son père, « à titre de récréation mathématique, » le problème des *incommensurables*; il lui demande s'il est vrai qu'il y ait des lignes et en général des grandeurs incommensurables, et s'il en résulte que la matière soit divisible à l'infini. Pour le passionner davantage, il lui dit que M. Binet et lui sont divisés d'opinion. Le chancelier se moque un peu de lui et de M. Binet, celui que Racine appelait le *majestueux*

M. Binet. Il y a plus de trente ans, lui dit-il, que ces mêmes difficultés m'ont embarrassé pour la première fois; mais mes doutes sont bien augmentés depuis que je vois par votre lettre qu'elles partagent deux auteurs aussi graves que M. Binet d'un côté et vous de l'autre. » Cependant il consent à descendre dans ce labyrinthe des incommensurables, comme il l'appelle, et où son fils l'attire et l'attend; mais en père qui donne une leçon de modestie et de mathématiques, il prend aussitôt l'offensive et dirige contre celui qui l'interroge un feu nourri de subtilités scientifiques. « Qu'entendez-vous par ces mots grandeurs *incommensurables?* est-ce seulement deux grandeurs qui ne sont pas entre elles comme *nombre à nombre?...* ou bien entendez-vous deux grandeurs qui n'ont aucune mesure commune, soit que cette mesure puisse être exprimée par les nombres ou qu'elle ne le puisse pas ?

« Que M. Binet s'explique. Est-ce dans ce sens qu'il soutient que la diagonale d'un carré est incommensurable avec le côté du même carré? qu'il le dise. » Daguesseau dit à son fils : « Tirez de lui, à cet égard, la réponse la moins *normande* qu'il vous sera possible, » et il ajoute : « Tenez-vous qu'il puisse y avoir des unités dans l'étendue ou dans la quantité *continue,* comme il y en a dans la quantité *discrète* ou dans les nombres? ou bien êtes-vous du sentiment de quelqu'un des anciens philosophes, qui a dit, à ce qu'il me semble, que tout était un ou deux? Par un, il entendait Dieu et les êtres spirituels ; par deux il entendait la matière et les êtres corporels, qui lui paraissaient aussi essentiellement multipliés que la nature spirituelle est essentiellement une. — Si vous prenez le premier parti, vous vous déferez en même temps de M. Binet et des incommensurables : les dernières cependant sont plus importunes que le premier, et, vous déclarant bon Gassendiste (car pour Épicurien, c'est un nom que vous ne voudriez jamais porter), vous soutiendrez hardiment que l'atome est la mesure commune de la diagonale et du côté du carré.

« Mais si vous prétendiez que l'être matériel ou étendu ne peut jamais être *un*, et que vous reléguiez toutes les unités qui ne s'appliquent point aux esprits dans la région intelligible des abstractions philosophiques où les nombres ont pris naissance, alors vous demanderez à M. Binet comment il veut mesurer une étendue essentiellement divisible, suivant lui, avec une mesure essentiellement indivisible, telle que l'unité numérique, et comment il croit pouvoir appliquer à la matière, ou à des dimensions, toutes les propriétés des nombres qui en sont si réellement distingués, qu'au lieu que le nombre n'est autre chose que plusieurs unités, la matière ou l'étendue est toujours plusieurs multiples. En un mot, voici ma seconde question réduite à ses termes les plus simples.

« Doit-on conclure que l'étendue réelle n'a pas certaines propriétés, parce que les nombres dont je me sers pour exprimer le rapport de deux parties de l'étendue n'ont pas ces propriétés ? Parce qu'un nombre n'est pas un nombre carré ou qu'il n'a point de racine carrée, défaut qui peut fort bien venir de ce qu'il est composé d'unités indivisibles, suis-je en droit d'en tirer cette conséquence, que l'étendue réelle que je veux exprimer par ce nombre, et qui est au contraire composée de multiples, n'est pas un carré, vu qu'elle n'a point de racine carrée ? »

Daguesseau alors se met au tableau, comme on dit dans les écoles, et de la main qui a signé et qui signera encore les édits du roi, il y trace un triangle isocèle à l'appui de ses raisonnements, et, pour compléter sa démonstration : « Comme je sais que vous autres, *jeunes géomètres*, ne haïssez pas les figures, dans lesquelles votre esprit se repose agréablement, en voici une qui me servira à mettre ma pensée dans un plus grand jour quand vous raisonnerez avec M. Binet :

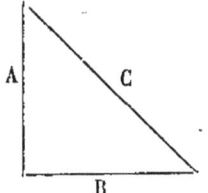

« Soit le triangle rectangle isocèle A B C. Le côté A égal au côté B ; l'angle droit compris entre ces deux côtés et le côté C, l'hypoténuse opposée à l'angle droit ; le côté A a trois pieds, et pareillement le côté B, qui y est égal ; je ne sais combien en a l'hypoténuse B, et vraisemblablement nous ne le saurons pas sitôt, au moins géométriquement ; mais voici comme je raisonne dans cette hypothèse, suivant la méthode de ceux qui veulent juger des propriétés de l'étendue par celles des nombres ; *vous me direz si je raisonne bien.*

« Je dis donc par la quarante-septième proposition d'Euclide : le carré de C est égal au carré de A, plus le carré de B ; ils sont chacun de trois pieds, donc leurs carrés sont chacun de neuf pieds ; or le carré de C est égal à ces deux carrés ; donc il $= 9 + 9 = 18$.

« Si donc je veux appliquer la propriété des nombres à l'étendue, je dois conclure de ce raisonnement que la diagonale d'un carré, ou l'hypoténuse d'un triangle isocèle rectangle, ne saurait avoir de carré ; car, dirai-je, il est impossible qu'un nombre carré soit le double d'un autre nombre carré, et, en effet, 18, qui se trouve ici le double des deux autres, n'est pas lui-même un nombre carré. Ainsi il faut que le carré de l'hypoténuse d'un triangle rectangle isocèle ne soit pas le double du carré d'un des côtés, ou il faut que le produit de l'hypoténuse multipliée par elle-même ne soit pas un carré ; et vous comprenez aisément que le même raisonnement se peut faire, si l'on suppose que ce soit la dimension de l'hypoténuse qui soit connue. Si elle a cinq pieds, par exemple, son carré sera 25 ; mais, suivant la proposition quarante-septième, le carré doit être le double de celui de chacun des côtés ; donc le carré de chaque côté ne pourra être exprimé en nombre que par 12 1/2, qui n'est pas un nombre carré...

« Toutes ces conséquences vous paraissent absurdes, mon cher fils, et elles ne me le paraissent pas moins ; mais la question est de savoir si elles ne sont pas dérivées de propriétés des nombres, comme les raisonnements par lesquels on prouve l'incommensurabilité de la diagonale d'un carré avec le côté du même carré. C'est à vous, mon cher philosophe, de m'en développer la différence ; je vous donne du moins de quoi exercer votre esprit, si je ne puis vous donner de quoi vous instruire pleinement. »

N'est-il pas remarquable que Daguesseau écrive cette langue comme celle du palais, et n'est-il pas touchant qu'il donne, de Fresnes, une leçon de mathématiques à son fils? Il la complète, quelques jours plus tard, en priant son fils de venir à Fresnes et d'y amener M. Binet : « Venez, ici nous *cabalerons* contre les incommensurables. » Il me semble qu'il mérite bien les éloges du poëte de Chio.

Une autre fois, son fils est encore aux prises avec M. Binet sur une question de physique et d'anatomie; le chancelier n'hésite pas à se jeter dans la lutte et montre par quelques lignes qu'il sait aussi l'anatomie.

M. Méry était un de ces savants modestes du dernier siècle que nous ne connaissons guère, parce qu'ils ne se sont pas appliqués à faire beaucoup de bruit. C'est de lui que Fontenelle a dit : « Il n'a rien mis du sien dans sa réputation que son mérite, et communément il s'en faut que ce soit assez. » Le premier président de Harlay l'avait nommé chirurgien en chef de l'Hôtel-Dieu, et lui avait donné un local pour qu'il fît un cours d'anatomie; son mérite consistait plutôt à bien voir qu'à deviner; il n'avait pas l'intuition qui me semble le génie de l'anatomie ; il disait un jour à Fontenelle : « Nous autres anatomistes, nous sommes comme les crocheteurs de Paris, qui connaissent toutes les rues jusqu'aux plus petites et aux plus écartées, mais qui ne savent pas ce qui se passe dans les maisons. » Il n'acceptait pas volontiers les opinions des autres et tenait beaucoup aux siennes. Sa vie retirée, ses habitudes religieuses, jointes à la nature de son esprit, le rendaient opiniâtre et sans ménagement d'expressions dans la dispute. Il avait fait des expériences importantes et publié des travaux sur l'iris de l'œil et sur la structure du nerf optique. M. Binet l'attaqua sur le phénomène de la vision ; c'est cette querelle que le chancelier apprend par son fils et dans laquelle il est appelé à se prononcer. Après avoir dit de l'anatomie, que son fils étudie au cours même de M. Méry : « Vous ne cessez point de vous convaincre de l'existence, de la sagesse, de la toute-puissance de Dieu, en étudiant l'anatomie, c'est à mon sens le plus grand avantage que vous en puissiez retirer, » il vient à M. Méry : « Je vous laisse le soin de décider entre M. Binet et M. Méry la querelle fameuse de la vision ou plutôt de la manière dont elle se fait ; mais je serais curieux de savoir comment M. Méry peut expliquer, dans son système, pourquoi nous ne voyons pas les objets doubles et en quel endroit se fait la réunion de deux rayons visuels. » Ce qui n'empêche pas que M. Méry soit un très-savant homme, puisque Fontenelle le met à côté de Cassini dans cette phrase académique. « Nous avons dit de feu M. Cassini (le père de celui qui était l'ami de Daguesseau) que les cieux lui racontaient sans cesse la gloire de leur Créateur ; les animaux la racontaient aussi à M. Méry. »

Ainsi, pour suivre ses fils dans leurs études, pour répondre à leurs questions, pour n'être pas au-dessous d'eux, Daguesseau, dans son exil, reprenait les études de sa jeunesse, qui s'étendaient à tout. Ne pouvant aller lui-même les chercher à Paris, il se faisait envoyer les livres les plus utiles à ses études; malgré la passion qu'il avait pour Descartes, il avait soutenu la théorie de Newton sur l'attraction et le vide; il ne reculait pas devant les expériences que la physique rend nécessaires, et on voit qu'au mois de mars 1719 il se livrait à ce qu'on a appelé l'anatomie de la lumière, le livre de Mariotte à la main ; il écrit le 6 mars à son fils : « Vous m'avez fait plaisir de m'envoyer le livre de M. Mariotte, et, puisque vous vous chargez du soin de conduire mes études, je commence à en bien espérer. » Mais il est évident qu'outre son goût naturel, ce qui l'excite surtout à ce travail, c'est l'amour paternel et le besoin de donner des exemples en même temps que des leçons. Car il ajoute dans cette même lettre : « La philosophie et les mathématiques ont cela d'avantageux, que, comme elles exercent l'esprit sur les matières les plus abstraites et les plus subtiles, ceux qui ont pu une fois en surmonter les difficultés ne trouvent plus rien de difficile dans les autres sciences, et la méthode à laquelle ils se sont formés est comme un instrument universel qui s'applique également à toutes sortes de sujets. »

Cette assiduité du chancelier auprès de l'esprit de ses enfants, qui est un des traits les plus touchants de sa physionomie, n'avait pas attendu l'exil pour se produire. Pendant qu'il était procureur général, mêlé à toutes les grandes affaires, ayant la direction des hôpitaux, comme l'avait alors le procureur général, consulté sur tout, et qu'il écrivait sans cesse sur la justice et pour le prince, il avait trouvé le temps de tracer pour ses enfants des instructions et un plan d'études. Ce n'est pas seulement une œuvre de piété et de passion domestiques ; c'est un travail qui attire à la fois le cœur et l'esprit.

On peut dire que c'est ce plan d'études que sa correspondance anime; et, puisque j'en suis tout à fait au côté paternel du chancelier, voyons un peu avec quel savoir de bon goût et pour ainsi dire équitable il avait éclairé la marche de ses fils, que maintenant il accompagne dans les moindres détails de leurs travaux d'école. Il n'y met pas le ton pédant du maître; il a besoin de se souvenir de ce que dit l'orateur Antoine dans Cicéron : « *Docebo vos, discipuli, quod ipse non didici;* il appelle cela, en traduisant Horace, le rôle de la pierre qui aiguise le fer, quoiqu'elle-même ne puisse pas couper. Mais cette modestie n'était qu'une leçon de plus donnée à ses enfants; car ces instructions sont comme un chef-d'œuvre resserré de sentiment, de direction morale, de jugements élevés sur la religion, l'histoire, la politique et les lettres. Ce doit être une des plus grandes joies de la paternité de pouvoir l'étendre de cette façon dans toutes les parties de l'âme de ses fils et d'être à côté d'eux comme un camarade d'étude plus instruit qui leur sert de guide. Dans cette attitude, Daguesseau est tout à fait un Rollin domestique, et on ne s'étonne pas qu'une vive sympathie ait existé entre le chancelier et le principal du collège de Beauvais; car ici ces deux hommes de bien se touchent par le plus aimable rapport. Pendant que l'un se donne à la jeunesse publique avec une passion qui l'élève jusqu'au sacerdoce, l'autre sème le bien, le juste et le beau dans sa propre maison. Que les politiques ne se moquent pas d'eux et ne traitent pas sans respect ces soins empressés dont l'un et l'autre entourent de jeunes âmes. C'est, sans qu'il y paraisse aux yeux du vulgaire, la plus utile culture dans l'ordre politique lui-même. N'est-il pas mille fois plus sage, en effet, de former les volontés, quand rien encore ne les arrête, pour tout ce qui est bon et grand, pour la religion, pour le travail, pour la liberté, que de les y contraindre plus tard violemment ou que de s'étonner qu'elles s'en éloignent?

Est-ce que, si tout en ce monde n'allait pas un peu au hasard et si nos vieilles sociétés n'étaient pas semblables à l'artisan qui trouve qu'à chaque jour suffit sa peine; est-ce que la première fonction politique ne consisterait pas à faire des hommes estimables? Me tromperais-je en pensant qu'il y aurait autant d'honneur et de sécurité à composer ainsi des armées civiles qu'à former et à conduire de vaillants et d'innombrables soldats?

En tout cas, je ne veux pas laisser perdre la précieuse semence que Daguesseau a répandue dans le cœur et dans l'esprit de ses enfants. Si on ne la juge pas bonne pour le public, il est impossible que, dans le particulier, on ne la trouve excellente, et peut-être que, attirés par ce que j'en vais dire, quelques-uns la jetteront encore au sein de leurs familles, dans ce doux champ de nos plus chères affections et de nos plus vives espérances. Du reste, c'est une notable portion du poëme domestique qui se forme pour ainsi dire de la vie et particulièrement des disgrâces du chancelier.

La première chose dont il entretient ses enfants est naturellement la religion ; il les invite à étudier les preuves des vérités de la religion chrétienne ; il trouve que « c'est une espèce de crime de ne pas savoir l'histoire sainte, qui nous apprend à connaître Dieu et son Église. » Outre les livres saints, qu'il leur recommande avant tout de lire, d'étudier, de transcrire par extraits, outre les Pères de l'Église, parmi lesquels il est visible que saint Augustin l'attire, il leur signale le traité d'Abbadie, celui de Grotius, les pensées de Pascal, la seconde partie des discours de M. Bossuet, évêque de Meaux, sur l'histoire universelle, portant sur ces deux premiers auteurs un jugement excellent et plein de finesse, disant de l'un (Abbadie) qu'il pense plus qu'il ne dit ; de l'autre (Grotius) que, quoiqu'il pense bien, il parle néanmoins encore plus qu'il ne pense. Il veut que ses fils s'instruisent sur les matières de la religion, « pour pouvoir dans le monde tenir tête à ces jeunes gens qui se font un faux honneur de douter, qui croient s'élever en se mettant au-dessus de la religion, à ces prétendus *esprits forts* qui blasphèment ce qu'ils ignorent. »

Mais il ne leur laisse pas perdre de vue que cette science, propre à faire reconnaître Dieu, ne remplace pas la foi qui le fait aimer; il le leur rappelle, au contraire, d'une manière touchante et avec une humilité presque poétique : « Cette conviction et cette espèce de foi humaine, qu'on acquiert par l'étude des preuves de la vérité de la religion chrétienne, est d'un ordre fort inférieur à la foi divine, qui est le principe de notre satisfaction; et la simplicité d'un paysan qui croit fermement tous les mystères de la religion, parce que Dieu les lui fait croire, est infiniment préférable à toute la doctrine d'un savant qui n'est convaincu de la vérité de la religion que comme il l'est de la certitude d'une proposition de géométrie. »

On retrouve, comme je l'ai déjà montré, dans sa correspondance plus d'une leçon de philosophie; mais ses idées générales sont dans ses instructions. Il avait beaucoup aimé la philosophie; la métaphysique avait été pour lui « une espèce de débauche d'esprit; » il s'était laissé entraîner à cette *débauche* par le P. Malebranche. L'auteur des *Entretiens sur la métaphysique et sur la religion* pensait que « l'homme raisonnable ne doit s'occuper que du vrai considéré en lui-même ; il avait, comme on l'a dit, déserté l'histoire pour la *matière subtile* et les *mondes tombants*, et son amour des vérités abstraites l'avait poussé jusqu'à un long et terrible combat contre le grand Arnaud. Son âge, sa réputation, le charme incontestable de son esprit, sa candeur philosophique, avaient aisément gagné le jeune avocat général, porté de lui-même « aux sciences de raisonnement ; » Daguesseau avait donc beaucoup donné à cette partie de la philosophie dont l'école avait fait cette sotte image, triste, querelleuse, dépitée, menaçante, placée sur un rocher parmi des ronces et dont Montaigne s'indigne avec un si vif accent de raison et de bon sens. Mais bientôt et de lui-même il avait quitté ces chemins arides, et, au risque de perdre l'amitié du P. Malebranche, il s'était principalement occupé de la philosophie morale, comme il l'appelle, la plus digne de l'homme et surtout de l'homme public. Il entre pour n'en plus sortir dans le goût et dans l'étude approfondie de l'histoire. Mais ce passage lui coûte l'admiration et jusqu'à l'amitié de Malebranche. On mettait alors une si ardente bonne foi dans ces passions de l'esprit, qu'on leur sacrifiait les plus doux sentiments du cœur. « Le P. Malebranche, dit le chancelier, perdit presque en un moment la bonne opinion qu'il avait de moi, à la vue d'un Thucydide qu'il trouva entre mes mains, non sans une espèce de scandale philosophique. » Mais en revanche cette conversion valut à ses fils cette belle page sur l'histoire : « Quoi qu'en puissent dire ou penser le P. Malebranche et ses semblables, outre les usages infinis que l'homme public sait tirer de l'histoire pour les lois, pour les mœurs, pour les exemples, je ne craindrai point de vous dire aujourd'hui, *bien revenu des erreurs de ma jeunesse*, que l'histoire est vraiment une seconde philosophie qui mérite mieux qu'Homère l'éloge qu'Horace donne à ce poëte, c'est-à-dire,

Quæ, quid sit pulchrum, quid turpe, quid utile,
Plenius ac melius Chrysipo et Crantore discit.

« La véritable nature de l'homme y est dévoilée bien plus clairement que dans la philosophie la plus sublime; nous y découvrons le principe et le mélange de cette contrariété étonnante de passions et de vertus, de bassesse et de grandeur, de faiblesse et de force, de légèreté et de profondeur, d'irréligion et de superstition, de crimes atroces et d'actions héroïques, qu'on trouve partout dans l'histoire, et souvent dans les mêmes hommes, en sorte qu'il y a eu peu de ceux mêmes qui y brillent avec le plus d'éclat dont on ne puisse dire ce que Tite-Live a dit d'Annibal : *Ingentes animi virtutes ingentia vitia æqua-*

bant, et que rien n'est plus rare que les deux extrêmes opposés, la vertu sans vices, et le vice sans vertu, ou, ce qui est presque la même chose, l'homme entièrement bon, et l'homme souverainement mauvais, principe fécond dont un politique moderne s'est servi si utilement pour expliquer la véritable cause d'une grande partie des événements qui nous surprennent... Je regarde donc l'étude de l'histoire comme l'étude de la Providence, où l'on voit que Dieu se joue des sceptres et des couronnes, qu'il abaisse l'un, qu'il élève l'autre, et qu'il tient dans sa main, comme parle l'Écriture, cette coupe mystérieuse pleine du vin de sa fureur, dont il faut que tous les pécheurs de la terre boivent à leur tour... L'étude des événements humains nous ramène à la première cause de morale de tout ce qui arrive parmi les hommes, en sorte que ceux qui ne trouvent pas Dieu dans l'histoire sont aussi inexcusables que ceux dont parle saint Paul, qui, à la vue de l'univers, de l'ordre, du concert et de la proportion de toutes ses parties, s'arrêtaient à la créature sans remonter au Créateur. C'est ainsi que l'étude de l'histoire, fondée sur les principes de la vraie philosophie, c'est-à-dire de la religion, nourrit la vertu, élève l'homme au-dessus des choses de la terre, au-dessus de lui-même, lui inspire le mépris de la fortune, fortifie son courage, le rend capable des plus grandes résolutions, et le remplit enfin de cette magnanimité solide et véritable qui fait non-seulement le héros, mais le héros chrétien. »

Il n'est guère possible de mieux penser, et il est difficile de mieux dire. C'est un sentiment de l'histoire plus élevé même que la notion qu'en avait Cicéron, puisque Cicéron s'attache à la sincérité humaine de l'histoire et ne regarde pas si avant dans son but moral et religieux. Quand Daguesseau parle des historiens, voici ce qu'il dit avec autant d'imagination que de goût de Mézerai : C'est un Rubens qui frappe les yeux par la force des traits et la vivacité du coloris, mais qui est quelquefois confus dans sa disposition; d'un autre : C'est un Poussin pour la partie de la composition, mais il pèche comme ce peintre par la couleur.

A Fresnes, pendant son exil, en même temps qu'il rappelle à ses fils ces précieux enseignements, il s'en nourrit, il reprend cette étude de l'histoire qui met l'homme au-dessus de lui-même, fortifie son courage et lui inspire le mépris de la fortune; il recommande bien à l'un de ses fils (16 juillet 1719) de lui apporter son *Tite-Live* de Leclerc, l'édition d'Amsterdam, et son *Hérodote*.

Quant aux lettres, il y revient comme à ses plus chers amis, éloignés quelque temps ; il y revient comme à la source de joies sans cesse renaissantes, et, ce qui augmente le charme du retour, sous l'influence du besoin qu'ont ses fils de s'en entretenir avec lui. Aussi dit-il avec une aimable recherche : « On aime à revoir les lieux qu'on a habités dans son enfance ; une ancienne habitude y fait trouver des charmes qu'on ne trouve point ailleurs, et c'est ce que j'éprouve aujourd'hui en rentrant avec vous comme dans ma patrie, c'est-à-dire, dans la république des lettres où je suis né, où j'ai été élevé et où j'ai passé les plus belles années de ma vie. »

CHAPITRE XI

Les théories politiques du chancelier. — L'*Imperium Jovis in reges.* — L'*attrempance* à la souveraineté. — Il ne veut pas d'un pouvoir *plus que monarchique.* — Sa morale politique. — Son écrit sur l'origine et l'usage des remontrances. — Le *juste milieu.* — La tyrannie en détail. Il s'attaque même à Richelieu. — Il ne faut jamais pousser le gouvernement *à bout.* — Charmante leçon de politique pratique à son fils l'avocat du roi. — On assemble un *congrès* pour savoir si le jeune homme donnera sa démission. — Membres du congrès. — L'abbé Couet. — Le maréchal d'Huxelles. — Le marquis de Canilhac. — On *se faisait écrire* chez les Supérieurs. — Les deux filles du chancelier. — Celle qui sera Madame de Chastellux. — Ce que son père en fait. — La femme instruite et la femme savante. — La seconde fille au couvent de Sainte-Marie. — Elle y lit la *Batrachomyomachie.* — Les frères Boivin. — L'amour du grec. — Ce que coûtait en 1680 un procès de 24 sols de rente et ce qu'il durait en *Normandie.*

Le chancelier donne même à ses fils des leçons de politique, mais avec une grande discrétion ; il était en politique ce que j'ose encore appeler un sage, quoique les événements aient épuisé toutes les théories et donné successivement tort et raison à tout le monde ; il y avait dans son esprit, à côté d'un grand respect pour le pouvoir, ce goût de liberté qu'on trouve dans le cœur et dans l'esprit des légistes français, qui est le fruit de leur conscience et non de leurs passions, et qui, leur ayant valu tour à tour les dédains de la monarchie absolue et de la démagogie, ne doit pas être très-éloigné du juste et du vrai.

Il donnait Dieu plutôt comme règle que comme source de la puissance monarchique, et de cette religion, dont d'autres tiraient le despotisme comme une conséquence et comme un droit, il ne faisait sortir que des avertissements et des freins. Ce qu'il aimait sur la tête des rois de France, c'était bien plutôt une couronne de chrétien qu'une couronne de fer. On ne peut pas dire que la crainte de Dieu soit précisément une garantie constitutionnelle, mais, dans une nation qu'anime la foi, c'est, contre les excès de la puissance, un rempart qui peut suffire, et Daguesseau comptait beaucoup sur lui. Sans y mettre autant d'éclat que Bossuet, il répétait souvent qu'il y a une justice supérieure aux rois, ce qu'Horace appelait l'*imperium Jovis in reges*, et il s'attachait, en chrétien sincère et en homme amoureux d'une juste liberté, à cette première limite de l'autorité. Mais ce n'était pas tout, il ne croyait pas vivre dans une monarchie absolue; il s'est élevé plus d'une fois contre le dogme de la monarchie patrimoniale qui avait été soutenu, dans les dernières années du règne de Louis XIV, par les docteurs de Sorbonne, les courtisans et les financiers réunis ; son père n'y avait jamais adhéré non plus et, seul, dans le conseil des finances, à propos de l'impôt du dixième, il avait protesté, au moins par son silence, contre cette théorie erronée et servile. Le fils transmet aux petits-enfants, et leur communique l'opinion de leur aïeul qu'il partage. Daguesseau, qui connaissait aussi bien que personne l'origine du Parlement, sa formation et son histoire, voyait en lui, non pas un adversaire institué de la monarchie, mais un modérateur et, comme l'avait dit Étienne Pasquier dans son vieux langage, une *attrempance* à la souveraineté. Sa raison se refusait à admettre qu'en demandant au Parlement l'enregistrement des lois, la royauté lui demandât de le faire « ainsi qu'un tabellion qui est destiné pour grossoyer les minutes et brevets des notaires sans connaissance de cause. » Il s'appropriait cette définition métaphorique, mais belle en soi, substantielle et expressive de la monarchie française : « Les lois tirent leur origine du roi, comme les eaux du grand Océan, mais elles n'ont vogue parmi nous, si elles n'ont passé par l'alambic des cours souveraines. » Du reste, il disait lui-même à ses fils : « La plupart des monarchies de l'Europe ont toujours été tempérées, soit par un reste des anciennes mœurs des Germains et des Gaulois, qui, dans le sein même de la barbarie, avaient presque tous un gouvernement modéré, soit parce que les sciences et la politesse, qui ont établi depuis longtemps leur demeure en Europe, y ont aussi adouci la rigueur du gouvernement, en rendant les hommes plus susceptibles de respect pour la raison et pour les lois, soit enfin par un effet de la religion chrétienne qui enseigne la modération à tous les hommes. Il semble même penser, comme Montesquieu son contemporain, que le gouvernement qui répond le mieux à la raison est celui qui assemble les trois éléments de puissance sociale qui sont dans toutes les sociétés humaines, car, suivant lui, la république romaine a péri parce que « l'équilibre, ou, si l'on veut, l'harmonie des trois espèces de républiques dont elle était formée a été rompu, et que l'une des espèces a pris le dessus sur l'autre. » Une autre fois, parlant de cette même république romaine, il dit qu'elle fut remplacée par un pouvoir, d'abord presque monarchique, et ensuite plus que monarchique. Il est évident qu'il n'aimait pas « le pouvoir plus que monarchique. » Mais c'est dans un travail qu'il a fait au commencement de sa seconde disgrâce, et qui a pour titre: *Fragments sur l'origine et l'usage des remontrances*, qu'on trouve assez nettement exposée sa théorie politique. Suivant lui, la nation française était « un peuple qui avait été originairement libre et auquel il reste toujours un souvenir secret de son ancien état. » Après avoir cherché dans l'histoire et au milieu des faits la légitimité du pouvoir exercé par les Parlements, il remonte à la source et la cherche dans la notion philosophique du droit politique ; son style, à cette recherche, s'élève avec sa pensée, et Cicéron n'a pas mieux dit : « Toute autorité humaine, écrit-il, et qui s'exerce sur des hommes, est comme un vaisseau qui flotte toujours entre deux écueils opposés : d'un côté l'excès ou l'abus de la domination de la part du souverain ; de l'autre l'excès de l'abus et de la liberté de la part des sujets. Ces deux écueils contraires sont cependant très-voisins l'un de l'autre. C'est principalement dans cette matière qu'il est vrai de dire que, les extrémités se touchant, jamais la domination n'est plus proche de sa chute que lorsque, franchissant les bornes de la raison et de la loi, elle veut que sa seule volonté en tienne lieu, et excite par là ses sujets à se souvenir qu'ils sont nés libres. Jamais, réciproquement, la liberté des citoyens n'est plus près de sa fin que lorsque les désordres, les troubles, les guerres intestines qui

en naissent, obligent enfin les peuples fatigués à
chercher leur sûreté et leur tranquillité, en se donnant ou en recevant un maître qui les fasse passer,
souvent sans milieu, de l'excès de la liberté à l'excès
contraire de la servitude. Le salut commun des rois
et des sujets, et la stabilité du gouvernement, exigent
donc que, dans les monarchies mêmes, on puisse
trouver un *juste milieu* entre les extrémités contraires... » Mais quel est ce milieu si nécessaire? A
cette question, il répond : « Nos pères ont cru, et c'est
ce qui leur attire les éloges des plus célèbres politiques, qu'il n'y en avait point d'autre que de rendre
l'obéissance douce et constante, en la rendant juste
et raisonnable, en accréditant les lois auxquelles
elle est due, par les suffrages libres de ceux qui
en sont établis les ministres et les exécuteurs; en
rendant la puissance la plus absolue non-seulement
supportable, mais aimable, par ce caractère extérieur de raison et d'équité, que l'examen et la vérification des ordonnances qui se faisaient dans les
Parlements y attachaient; en sorte que les peuples
les reçussent comme dictées par la justice encore
plus que par l'autorité du roi. » Il développe ensuite les divers avantages d'équité, de raison, de
stabilité, que cette barrière intérieure et si véritablement monarchique, donnait à la royauté; puis,
se plaçant dans des hypothèses qu'il avait déjà vues

se réaliser vers la fin de Louis XIV, qui se réalisèrent encore plus complétement depuis ; songeant à ces ministres qui, dans les monarchies absolues, n'ont qu'à tromper le prince pour être tout-puissants et distribuer, comme on l'a si bien dit, la tyrannie en détail, il dit : « Les parlements sont le seul frein qui puisse mettre quelque borne à l'excès d'une puissance *empruntée* qui veut s'approprier et appliquer à ses seuls intérêts cette autorité qui n'a été établie que pour le bien commun de l'État.

« Ces grands corps, rassurés par leur nombre, et d'ailleurs animés par l'intérêt de leur réputation ou de leur autorité, sont les seuls qui osent faire entendre leur voix et la prêter à la vérité pour arriver jusqu'au trône des rois; et, quand même elle parlerait inutilement, *apud occupatas aures principis*, un favori ou un ministre craint toujours qu'elle ne parle et ne se fasse entendre... Abolir l'usage des remontrances, c'est délivrer les favoris ou les ministres surtout d'une frayeur qui a été et qui peut être encore salutaire à l'État, c'est rompre la barrière et ôter le seul frein qui puisse les contenir dans de justes bornes et laisser une libre carrière aux passions, non-seulement des favoris et des ministres, mais de leurs familles, de leurs créatures, de tout ce qui les environne, pour disposer de l'État ou plutôt en jouir comme d'un bien qu'ils regardent comme leur patrimoine ou leur fortune particulière. » Il y a dans cette étude comme un résumé de la politique des grands magistrats français, dicté non par la passion parlementaire, comme l'a dit Saint-Simon, mais par un profond sentiment d'équité qui s'étend des lois civiles aux lois politiques; on y remarque aussi un tact qui, animé par l'ardeur du pouvoir que n'eut pas Daguesseau, aurait pu faire de lui un remarquable homme d'État; quand il a rappelé les efforts du cardinal de Richelieu pour détruire l'autorité des Parlements, qu'il a analysé son *testament politique* et constaté ses succès, il ajoute avec un sens parfait, que cet édifice du pouvoir absolu, élevé avec tant de soin (il aurait pu ajouter avec tant de sang), fut presque aussitôt renversé sans qu'il en restât le moindre vestige, et que jamais l'abus des mouvements extraordinaires des Parlements par rapport aux affaires d'État ne fut porté si loin que dans les années qui suivirent l'Édit de 1641; « tant il est vrai, dit-il avec une sagesse qui parle à tous les temps et qui montre qu'il connaissait bien l'esprit incorrigible de la France, tant il est vrai, comme on l'a souvent remarqué, que nous vivons dans un royaume où les extrémités se touchent et où l'on n'est jamais plus proche de l'excès du désordre que lorsqu'on croit toucher au plus haut degré de perfection. »

Il s'affermit dans sa croyance par les éloges que les *plus grands politiques* ont donnés à cet usage (des remontrances), qu'ils ont regardé comme le fondement le plus solide et le plus *durable* de la perfection et de la félicité du gouvernement français. « Ainsi, dit-il, en a parlé le célèbre Machiavel, qu'on n'accusera pas sans doute d'avoir eu des sentiments républicains (c'était pour Louis XIV qui avait un jour appelé le Parlement une assemblée de républicains), et dont les principes semblaient devoir le conduire plutôt au gouvernement le plus despotique. » A l'autorité de Machiavel, Daguesseau en ajoute une bien peu célèbre et sur laquelle pourtant il insiste, sans doute parce qu'elle vient d'Italie, « l'abbé Siri, dont la réputation n'égale pas à la vérité celle de Machiavel, mais qui en mérite cependant beaucoup. »

Toutefois, pour ne pas manquer de sincérité et pour ne pas donner au chancelier autre chose que ce qui lui appartient, je dois dire que ce travail, dans lequel il prend la défense de la liberté contre le pouvoir absolu, est inachevé, et qu'il s'arrête au moment où l'auteur va réunir et présenter les arguments des adversaires du Parlement. Du reste, comme les esprits les plus généreux et les plus libres de son temps, il reconnaissait aisément l'autorité suprême du roi, « ce dernier degré au delà duquel il n'est pas permis de remonter, » et, dans la conduite, il a répété souvent au Parlement, sans en être écouté, qu'il ne fallait jamais pousser le gouvernement à bout.

Je ne veux pas trop insister sur cette sagesse après que tant d'événements l'ont tour à tour justifiée et démentie. Mais l'esprit, qui n'est pas obligé de subir toutes les contraintes, s'y repose comme dans un asile où la dignité se concerte avec l'obéissance, la liberté avec le pouvoir, et dans lequel le vaisseau, qui a d'abord servi d'image au chancelier, ne court pas de haut en bas, mais s'avance régulièrement au beau milieu de tous nos excès.

Somme toute, il y avait en lui plus de l'honnête homme que du citoyen, et c'est surtout la morale politique qui est sa grande affaire. Il attaque sérieusement Horace, pour avoir méconnu que la justice fût dans la nature et commandât aux hommes sans le secours des lois, et il met en ligne contre lui Platon, Cicéron, Grotius et Domat. Il en voulait beaucoup à l'intérêt que le grand Frédéric, réfutant Machiavel, appelle le dieu de la politique et du crime. Par exemple, l'idée de révolution n'entrait pas dans son esprit, et il pensait, comme la Bruyère et Montesquieu, « que ce qu'il y a de plus raisonnable et de plus sûr, c'est d'estimer la forme de gouvernement où l'on est né la meilleure de toutes, et de s'y soumettre. » Mais, comme eux, il aimait « cette douce liberté, si conforme à la raison, à l'humanité et à la nature. »

Sa disgrâce n'avait changé ni ses sentiments ni ses idées ; il ne se laissa pas, ce qui est un grand signe de modération, irriter par les événements.

Cette immobilité de sa conscience, vis-à-vis du pouvoir qui l'avait injustement éloigné, parut dans un incident domestique, plus expressif, il me semble, que ce que nous avons appelé une profession de foi. Dans les derniers temps de sa disgrâce, son fils aîné était avocat du roi au Châtelet, et le fils du garde des sceaux, M. d'Argenson, avait été nommé lieutenant général de police. Quelle conduite fallait-il tenir ? Le jeune magistrat ne se souciait pas de rendre au lieutenant de police les devoirs qu'il lui devait. Il avait à cœur l'exil de son père et trouvait légitime la passion qu'il ressentait contre la famille d'Argenson, qui était pour beaucoup dans cet exil. Sa dignité lui conseillait de quitter ses fonctions plutôt que de donner au lieutenant de police ce qu'il lui devait comme avocat du roi. Toutefois, avant de le faire, il consulta son père.

Si le chancelier n'avait pas été ce que j'ai dit,

l'homme de la modération et des tempéraments, s'il avait seulement écouté cette voix de l'orgueil qui dans la vie publique s'élève plus souvent qu'aucune autre, il eût aussitôt approuvé la jeune et naturelle ardeur de son fils ; il eût saisi avec empressement l'occasion qui s'offrait à lui de faire ce que nous avons appelé de l'opposition ; au contraire, il en profita pour donner à son fils une leçon de conduite politique, dont la sagesse est relevée par un sentiment de dignité exprimé avec une hésitation pleine de grâce et de modestie. Ce n'est pas qu'il soit indifférent au *dégoût* que son fils éprouve pour servir avec le nouveau lieutenant général de police ; il l'a senti comme lui et avant lui; ce n'est pas qu'il ait « assurément sujet de se louer d'un homme comme le garde des sceaux, » il a eu au contraire à s'en plaindre, et cette nouvelle rigueur du sort qui atteint sa dignité et l'amour-propre de son fils l'a ému et le préoccupe.

Toutefois il écrit : « Pour moi, qui suis persuadé que la conduite la plus simple et la plus unie est toujours la meilleure, je serais assez porté à penser comme M. d'Ormesson (le beau-frère du chancelier), que les personnes ne doivent jamais influer dans ce qui regarde les fonctions publiques... Ce sont les places qu'il faut envisager dans le service du public, et non pas le goût et le dégoût que nous pouvons avoir pour ceux qui les remplissent, surtout quand on y est déjà et qu'on délibère, non pour y entrer, mais pour y demeurer ou en sortir... Il semble qu'il y a une espèce de déshonneur ou de faiblesse à quitter une charge parce qu'on craint les dégoûts qu'un autre peut nous y donner. C'est marquer en quelque manière que l'on ne se sent pas assez fort pour s'y soutenir et pour s'y faire considérer ; c'est avouer la supériorité de celui que l'on évite. »

Malgré la gravité et la sagesse de ces raisons, le chancelier ne s'en rapporte pas à elles; il ne veut pas juger seul la question de dignité qui, après tout, est délicate ; il suppose qu'il peut y avoir des gens sensés, « instruits dans la science du monde et délicats sur les bienséances, » qui ne trouvent pas convenable que le fils du chancelier serve avec le fils de M. d'Argenson dans une place inférieure; si philosophe qu'il soit, il songe un peu à l'opinion, et alors il dit à son fils ce qui paraîtrait puéril, si ce n'était charmant, de réunir un véritable congrès de politiques pour résoudre la question. — Il faut convoquer à ce congrès l'abbé Couet, qui s'exerçait à la partie la plus difficile de la diplomatie, puisqu'il cherchait à rapprocher du pape le cardinal de Noailles, dont il était l'ami; le maréchal d'Huxelles, qui était président du conseil des affaires étrangères, et qui avait signé la paix d'Utrecht; le marquis de Canillac, celui des compagnons habituels du régent, que Saint-Simon représente comme étant toujours sur les échasses pour la morale, l'honneur, la plus rigide probité et que sans doute le chancelier ne voyait que dans cette posture. Après avoir donné un sourire à la solennité de cette assemblée rapprochée du but de ses délibérations, on remarquera que le chancelier choisit pour conseillers les hommes les plus instruits dans la science du monde et les plus délicats sur les bienséances. On remarquera aussi que, lié d'estime et d'amitié avec le marquis de Canillac, qui avait sur l'esprit du régent une grande influence, il le consulte bien pour savoir si son fils doit rester avocat du roi, mais qu'il ne lui dit pas un mot de lui-même, de sa disgrâce, du désir qu'il a sans doute de la voir cesser. — On devine aisément ce que le congrès décida ; mais le jeune Daguesseau attendit la visite du lieutenant général de police, et n'alla pas, comme son père le lui avait dit d'ailleurs, *se faire écrire*, avant de l'avoir reçue, chez le supérieur que la politique lui avait donné et qu'elle allait lui ôter dans quelques semaines. (Ceci se passait en janvier 1720.)

C'est ainsi que de toutes manières, pendant son exil, Daguesseau suivait pas à pas ses enfants sans que rien le détournât de ce ministère moins orageux et plus doux que celui qu'il avait rempli et qu'il devait remplir encore.

De ses deux filles, l'une était auprès de lui, l'autre, encore enfant, était au couvent des Filles de Sainte-Marie, dans le faubourg Saint-Marceau; l'aînée, qui devait bientôt épouser le marquis de Chastellux, était déjà, au moment de la disgrâce, d'un âge et d'un esprit à occuper dans cette disgrâce une douce et sérieuse place. Son père ne l'avait jamais entièrement cédée à ceux qui étaient chargés de l'instruire : attentif auprès d'elle comme auprès de ses frères, il l'avait un peu façonnée à son image et, sans y mettre de pédantisme, il l'avait utilement disputée aux frivolités qui assiégent toujours l'esprit des jeunes filles; de bonne heure, en se proportionnant à son âge, il l'avait élevée des jeux de l'enfance à de graves et nobles études; à quinze ans, au lieu de jouer à la poupée, elle dévorait l'*Histoire ecclésiastique* de l'abbé Fleury, et son père lui écrivait un peu en riant : « M. l'abbé Fleury ne pourra pas suffire à vous fournir des volumes, de l'air dont vous vous y prenez. » (15 octobre 1712.) Elle échangeait avec son père des questions et des réponses sur le sujet de ses études; elle lui envoyait un jour un parallèle entre les deux empereurs Constantin et Théodose, et le chancelier, plus heureux qu'il n'osait le dire, de ce premier fruit de leur collaboration, se déclarait son créancier, faisait l'ignorant, lui demandait pourquoi, en s'éloignant du temps de la prédication de l'Évangile, on trouve moins de miracles dans l'histoire de l'Église, l'assurant que pour lui il l'ignorait entièrement.

Il y avait bien à ces jeux de science prématurée chez une jeune fille un réel danger, et mademoiselle Daguesseau faillit y tomber ; son père lui disait en riant et pour l'intéresser à ses études : « Prouvez à vos frères, qui se croient d'habiles gens, que la science peut être le partage des filles comme des hommes. » Elle le prit un moment au sérieux et ressentit un peu d'orgueil ; mais le cœur du chancelier veillait autant que son esprit, et il amena sans peine cette aimable et docte enfant « à descendre du haut de son érudition, pour s'abaisser à faire tourner un rouet ; » et il put bientôt lui donner cet éloge : « Je reconnais à cela cette humilité dont vous me disiez autrefois que vous n'étiez pas trop bien pourvue ; mais vous l'avez acquise depuis lors. Je vous en félicite, ma chère fille, car cette acquisition vaut mieux pour vous que celle de toute la science, de toute l'adresse et de toute la bonne grâce du monde. »

Elle sortit donc des mains du chancelier, non pas savante, non pas enlaidie par la science comme l'Armande de Molière, mais instruite, et pleine de cette grâce un peu grave, mais durable, qui, venant d'un esprit cultivé, se répand sur la personne et y reste attachée dans le temps des sourires et dans celui des rides. Elle fut, pendant cette première disgrâce, la compagne assidue de son père, et put le suivre, quoique d'un peu loin, dans ses distractions littéraires. Sa fille, madame de la Tournelle, assure qu'elle profita de cette retraite pour se perfectionner dans la langue *latine;* elle n'alla pas jusqu'au grec, mais ces études, plus communes alors qu'aujourd'hui, l'ornaient sans la gâter. N'est-il pas vrai que cette langue latine, discréditée parmi les femmes presque comme un signe de laideur morale, contient plus de trésors de goût et de poésie qu'aucune de celles dont maintenant on murmure les règles jusque sur leur berceau? L'amour du grec lui-même n'est si ridicule que dans la bouche des *femmes savantes*, et je ne vois pas en quoi le miel d'Athènes ne vaudrait pas pour de douces lèvres l'idiome de Londres ou de Berlin. Nous retrouverons bientôt la fille aînée du chancelier, et nous verrons que, loin de fournir un sujet à la comédie, elle a donné au foyer domestique l'épouse la plus distin-

16

guée, la plus douce et la plus sage des mères.

Sa jeune sœur était comme pensionnaire, pendant la disgrâce, dans un couvent du faubourg Saint-Marceau, d'où elle ne devait plus sortir que pour entrer dans un autre. Ce couvent avait pour supérieures les sœurs du marquis de Gournay, qui s'étaient données à Dieu avec la même ardeur que leur frère à la politique. Il y avait alors peu de grandes familles qui n'abandonnassent à la vie religieuse quelqu'un des siens, et souvent ce qu'elles avaient de meilleur. Les jeunes filles les plus riches, celles pour qui la vie n'avait pas un obstacle, qui étaient sûres de trouver dans le monde le genre de bonheur qu'il peut donner, le quittaient pour des joies plus pures et couraient au cloître, comme leurs frères aux combats; dans ces vocations, il faut bien qu'on l'avoue, tout n'était pas également céleste; la vie religieuse, sans compter ses charmes, qui seront toujours les mêmes, avait alors plus d'importance qu'aujourd'hui, si l'on peut parler ainsi, et les cœurs de femmes, qui se sentaient effacés dans le monde, trouvaient là des agitations, un gouvernement, beaucoup de choses qui remplaçaient les plaisirs extérieurs.

La seconde fille du chancelier resta volontairement toute sa vie, qui fut d'ailleurs assez courte, dans un couvent. Elle y fut assiégée d'infirmités qui rappelaient celles de sa bisaïeule et qui la privèrent même de sa jeunesse. Sa correspondance avec son père, pendant le premier exil, est un véritable badinage ; le chancelier joue avec elle, mais il sait mettre jusque dans ces jeux quelque chose de solide, et comme des provisions pour l'avenir. Une première fois, le 4 juillet 1718, il lui dit, comme à une grande personne : « Vous avez raison, ma chère fille, de regarder le commerce de lettres que nous avons ensemble comme une consolation commune dans un temps où je suis privé du plaisir de vous voir ; j'en ai beaucoup d'y connaître le progrès de votre esprit et de votre raison. » Puis il descend jusqu'à l'enfant : « Quoiqu'il n'y ait que vous qui m'assuriez que vous êtes fort sage, je vous crois de si bonne foi que je n'en demande pas davantage pour en être persuadé. C'est pour vous entretenir dans une si heureuse disposition que je vous envoie les Heures de la reine de Sicile. » Enfin il met dans cet envoi une exhortation qui ne sera peut-être pas perdue plus tard : « Il me semble que cet envoi devrait vous exciter à en donner aussi au public *de votre façon*. Puisqu'une grande reine a bien le temps de s'appliquer à ces sortes d'ouvrages, une pensionnaire de Sainte-Marie serait à plus forte raison en état de le faire, et de répandre parmi les âmes dévotes l'onction dont je suis persuadé que vous êtes remplie. »

Une fois elle est allée à la messe de minuit et elle en rend à son père un compte détaillé et pompeux. Dans une de ses lettres elle parle du catéchisme, qu'elle étudie, et de la *Guerre des Rats et des Grenouilles*, qu'elle vient de lire et qu'elle apprend. Sans s'étonner de cette lecture, le chancelier lui dit : « Comment pouvez-vous concilier ces deux choses, allier le sacré et le profane, la vérité et la fable ? l'une doit combattre l'autre dans votre tête et j'espère que le catéchisme sera le plus fort. »

Mais il faut expliquer cette singulière lecture de la part d'une jeune pensionnaire de Sainte-Marie. C'était pour elle une lecture de famille, dans laquelle Homère n'était pour rien.

Le chancelier avait au nombre de ses amis un de ces savants modestes auxquels l'histoire ne donne pas de place, en quoi il me semble qu'elle a un peu tort et qu'elle manque un peu de sentiment et de goût. Le moindre capitaine qui aura bravement conduit ses soldats à l'ennemi ; le courtisan qui se sera trouvé souvent au lever du roi, sans compter tous les auteurs de scandale, entrent sur ce théâtre, plus brillant que solide, et y attirent les regards, tandis qu'il faut aller chercher ces douces et instructives physionomies de savants sous la poussière des académies et des bibliothèques, qui ne les a pas toujours épargnés. Au commencement du dix-huitième siècle, il y avait à Paris deux hommes, déjà avancés en âge, venus de Normandie pour être savants, et qui avaient atteint au plus haut degré le but de leur voyage. Leur père et leur aïeul étaient les premiers avocats de la Normandie, ce qui n'a jamais été peu de chose. Au lieu de s'en tenir à cet héritage excellent, ils s'étaient épris l'un après l'autre de la science et des lettres ; l'aîné avait communiqué sa passion au plus jeune, qui, enfant, se laissait enfermer avec Homère *tout grec* et un dictionnaire. Il sortit de cette captivité sachant du grec autant qu'homme de France, et il lui dut d'être un peu plus tard l'un des plus savants professseurs du Collége-Royal et l'éloquent commentateur d'Homère. Les deux frères arrivèrent l'un après l'autre à l'Académie des inscriptions et belles-lettres, par le même chemin, avec des nuances dans leur mérite, mais avec un fonds de fraternité qui s'étendait à leur esprit.

L'aîné est une figure tout à fait originale. Après avoir amassé quelque fortune, il eut peut-être l'idée d'anoblir son nom de Boivin, qui était fort roturier, et il acheta, près du lieu de sa naissance, le fief de la Coypelière. Cette fantaisie le ruina de la façon la plus bizarre. Il avait pour voisin l'abbaye de la Trappe à laquelle son fief devait une redevance de vingt-quatre sols; il ne voulut pas la payer; il fut condamné, et ces vingt-quatre sols de rente lui coûtèrent plus de douze années de procédures et de sollicitations, et douze mille livres de frais. Sa philosophie ne l'abandonna pas au milieu de ce carnage judiciaire, et, à ceux qui, plus sévères que lui contre la loi et ses ministres de Normandie, se plaignaient de la perte du procès et de sa durée, il répondait, en véritable membre de l'Académie des inscriptions et belles-lettres : « J'ai gagné mon procès pendant douze ans et je ne l'ai perdu qu'un jour. »

Le plus jeune, qu'on appelait M. Boivin le cadet, pour le distinguer de son frère, devint, par sa science, l'ami du chancelier, auquel il donna en grec une singulière preuve de son respect et de sa reconnaissance. Après avoir aidé Boileau dans la traduction du *Traité du Sublime* de Longin, écrit en latin une vie de Pierre Pithou, dédiée à son arrière-petit-fils, M. Lepelletier de Souzy, il se mit à traduire la *Batrachomyomachie* en vers français, la fit imprimer sous le nom de son fils, qui venait de naître, et la dédia au plus jeune des enfants du chancelier, alors âgé de quatre ans (c'était en 1717). Il disait dans la dédicace que la muse qui avait fait parler les *rats et les grenouilles* avait bien pu faire parler un enfant de deux mois, le docteur *Junius Biberius Mero*.

C'est ce livre, dédié à son jeune frère, que la fille du chancelier lisait au couvent en même temps que le catéchisme. Elle doit sembler, par là, bien excusée, et son père ne pouvait ni trop s'étonner ni trop se plaindre d'une lecture qui était pour tous les siens un devoir de famille.

CHAPITRE XII

1719. Ivresse pécuniaire de Paris. — Comment la Palatine appelle le nouvel argent. — La *solitude* de Fresnes. — Les frères du chancelier. — L'abbé Daguesseau. — La direction de la librairie — Valjouan. — *Le* Romieu. — Les Oratoriens à Fresnes. — Le P. de la Tour, le P. Rabbe. — Lettre inédite du 17 mars 1718. — Les visites à Fresnes. — Le carrosse à Livry. — La *Forge* de Fresnes. — Les livres de piété. — Les savants à Fresnes. — Les gens de lettres. — Valincour. — La science du monde. — Le bon sens. — La droiture menait à l'Académie. — Lettre de Daguesseau à Valincour. — Louis Racine ruiné par le Système. — Le chancelier l'attire à Fresnes. — Le manuscrit du poëme de la *Grâce*. — Le danger d'écrire sur ces matières. — Les conférences religieuses au bord du canal de l'Ourcq. — Daguesseau hypercritique. — Les importuns et les gens de cour à Fresnes. — M. Feydeau de Brou. — Vengeance *marotique* du chancelier. — Ses vers à sa fille *Claire*. — La duchesse d'Estrées importune. — La France est *bouffle*.

Pendant qu'à Paris la cour et la ville se précipitaient sur le nouvel argent, que la Palatine appelait d'un nom si bas et si expressif, et que tout faisait place, au nom du roi, à cette ivresse pécuniaire, qui devait empoisonner tant de gens et tant de choses, Fresnes réunissait les plus douces jouis-

sances du cœur et de l'esprit ; on y vivait étranger
à ce tumulte d'improbité, et, hors une de ses victimes que le chancelier y attira, le Système ne s'y
fit guère sentir. Les visiteurs de Fresnes, pendant
ce premier exil, n'appartenaient pas en quelque
sorte à cette société dégradée que se disputaient
le plaisir sans réserve et le jeu sans honneur. En
les groupant, ainsi que je vais le faire, on aura
comme un monde à part de tous ces entraînements
et de ces honteuses faiblesses, dans lequel le lecteur, s'il a le goût du bien, se plaira particulièrement.

Naturellement les hôtes les plus habituels du
chancelier étaient ses fils, dont la conduite le rendait si heureux, et qui rivalisaient alors d'application à tous les genres de devoirs. Le cadet se gâta
un peu plus tard, en voulant faire le *petit chancelier* et en usurpant auprès de son père une importance, qui est presque toujours un ridicule chez les
fils comme chez les serviteurs des ministres.

Mais à cette époque il attirait, plus que son frère
aîné, l'attention et les faiblesses de son père ; c'est
lui qui avait dans l'esprit cette légère dose de raillerie qui était un trait de famille : animé, vif, raisonneur, il paraît avoir souvent charmé la solitude
de Fresnes. C'est à lui que le chancelier adressait
cette lettre, qui n'a pas été publiée et qui donne

une idée du calme absolu dans lequel on vivait dans cette douce retraite : « Le philosophe et l'orateur marchent toujours d'un pas égal chez vous, mon cher fils, et l'un et l'autre seront également bien reçus dans notre *solitude,* où sans vous nous pourrions bien passer à l'état des brutes que vous croyez sans doute n'être que des machines. Venez donc ici nous apprendre ce que c'est que l'esprit, la raison, l'imagination, la mémoire. Les cahiers mêmes de M. Binet nous paraîtront fleuris entre vos mains, et un peu de fleurs ne nuit pas pour faire entrer plus aisément la sécheresse de la métaphysique dans des âmes grossières et terrestres comme sont celles des habitants de la campagne... Je souhaite que la santé de M. le Brasseur lui permette de vous accompagner ici, où je serai très-aise de le voir et de le voir guéri ; *je crains les eaux de Passy,* qu'on veut lui faire reprendre, et M. de Valjouan doit lui proposer un autre régime qui me paraît beaucoup meilleur par les expériences qu'on en a faites. Nous comptons que vous amènerez aussi M. de Maupertuis et même l'ami Rousseau, qui a grande envie, à ce qu'on dit, de venir ici... 25 mars 1718. »

Aux fils du chancelier se joignaient souvent ses frères et les professeurs de ses enfants. L'un de ses frères est l'abbé Daguesseau, qu'il avait fait directeur de la librairie. C'était, au milieu du clergé d'alors, si agité, si bruyant, si porté à la guerre, un prêtre sans parti pris; il n'était ni jésuite, ni janséniste, ni sulpicien, ce qui était très-rare ; de mœurs irréprochables, ce qui le distinguait encore, il servait Dieu avec cette simplicité qui est la véritable arme de l'Évangile, et au lieu de rétrécir sa foi dans un parti, de dessécher son cœur dans des controverses et des luttes, de détester ceux-ci pour avoir l'air de mieux aimer ceux-là, il exerçait son ministère sans disputes et répandait sa charité sur tout le monde. Directeur de la librairie, il avait dans le gouvernement des choses de l'esprit, un rôle considérable ; il devait juger si la religion, la loi, l'autorité, la morale commandaient de proscrire tels livres, tels écrits, telles pensées. Quand on songe à ce que ce devoir exigeait, et à ce qu'il exigera toujours, de supériorité et de justesse d'esprit, d'impartialité souveraine entre l'intérêt élevé de conservation qui anime toute société et l'intérêt de mouvement, de progrès, de légitime agitation et de légitime nouveauté, on s'étonne qu'il n'ait pas toujours été confié aux meilleurs et aux plus sages des hommes, comme l'abbé Daguesseau et M. de Malesherbes.

L'autre frère du chancelier était le philosophe Valjouan, qui n'avait pris part à son élévation que pour s'en moquer, mais qui, en revanche, prenait beaucoup de part à sa disgrâce ; il avait, à cause d'elle, afin de remplacer auprès de ses neveux leur père absent, renoncé à sa paresse et à sa philosophique insouciance ; il les dirigeait dans leurs travaux, étudiant avec eux les sciences mathématiques, qu'il avait apprises pour son plaisir comme le régent. Il les conduisait souvent à l'Observatoire chez son grand ami Cassini, et il était très-souvent des parties de Fresnes, dans lesquelles il jouait le rôle d'un aimable esprit fort. Le chancelier recevait aussi chaque semaine les professeurs de ses fils, M. Binet, M. le Brasseur, tous plus ou moins philosophes, et, parmi eux, un épicurien égaré, un Provençal un peu gascon, spirituel, familier, et dont Daguesseau exprimait l'humeur légère avec une légèreté singulière ; il l'appelait *le* Romieu, ajoutant à son nom un article dont le sens est plus connu au théâtre que dans le bon langage. Quand tous ces maîtres et leurs élèves étaient réunis à Fresnes, on se promenait au bord de l'Ourcq, on reprenait les leçons de la ville, avec plus de liberté, les professeurs déposaient leur puissance et consentaient à combattre avec leurs disciples comme s'ils eussent été leurs égaux ; le chancelier se mêlait aux combats, ou bien jugeait les coups et donnait la victoire ;

quand les professeurs n'y étaient plus, il devenait, comme il l'a dit, le répétiteur de campagne et préparait les défaites *du* Romieu.

Daguesseau avait une piété qui lui faisait rechercher la société de certains ecclésiastiques et une morale qui lui faisait repousser celle de certains autres. Ceux qui l'entourent à Fresnes sont, comme son frère l'abbé, du tiers parti; leur vie du moins est exemplaire et leur esprit délicat; le premier dans l'affection du chancelier et le plus assidu dans sa disgrâce est l'abbé Couet, dont j'ai déjà parlé, le vicaire général du cardinal de Noailles, et pour ainsi dire le principal ministre de ce prélat, si vertueux et si indécis, que son amitié pour le P. Quesnel fit accuser de jansénisme, mais dont l'âme pieuse et française, au milieu de ses hésitations, ne s'écarta jamais ni de la véritable vertu ni de la véritable religion. Il y avait aussi le P. de la Tour, général des Oratoriens, qui avait été l'ami de M. Henri Daguesseau, qui l'avait assisté dans ses derniers moments et qui avait passé du père au fils comme un précieux héritage, le P. Rabbe, supérieur des Oratoriens de Rouen. On sait ce que cette congrégation de l'Oratoire[1] renfermait d'hommes dis-

---

[1] C'est d'elle que M. Cousin a dit : « Venue après les grands orages du

tingués par le savoir, la vertu, l'éloquence ; c'était l'armée d'élite de l'Évangile, celle dans laquelle le chancelier devait particulièrement rechercher des amis et des compagnons de sa savante piété.

On juge bien du nombre et des caractères de ces visites par la lettre suivante qui n'a pas encore été publiée : « 17 mars 1718. — Mon cher fils, il faudra partir de Paris à une heure avec les chevaux qui sont à Paris, et vous trouverez un carrosse à Livry qui vous amènera ici. Je compte que le P. de la Tour et M. l'abbé Couet se rendront de leur côté à Livry ; car vous ne pourrez pas les amener avec vous à cause de M. de Maneville, qui reviendra ce jour-là dans le même carrossse que vous ; vous vous arrangerez donc sur ce pied-là, mon cher fils, avec M. l'abbé Couet, pour l'heure

---

seizième siècle pour concourir au rétablissement de l'ordre, zélée mais modérée, et sans être incapable de paraître avec avantage et même avec éclat dans la chaire et dans le monde, chérissant par-dessus tout la retraite et l'étude, amie des lumières et d'une liberté tempérée, mêlant volontiers les lettres et la philosophie à une religion généreuse, *libre compagnie d'hommes pieux*, unie par le seul lien de la charité sans aucun vœu particulier, elle a été merveilleusement définie une société « où on obéit sans dépendre, où on gouverne sans commander... » Au dix-septième siècle l'Oratoire a ses hommes de génie. On peut hésiter entre Massillon et Bourdaloue ! Mais c'étaient surtout les capacités moyennes qui abondaient dans l'Oratoire ; les générations d'hommes *instruits*, d'une *piété éclairée* et du *goût le meilleur* s'y succèdent sans interruption et y maintiennent la tradition du véritable enseignement secondaire, celle d'un enseignement plus solide que brillant, sévère sans pédanterie et visant moins à étendre les connaissances qu'à nourrir et fortifier l'esprit à l'aide de quelques études choisies et approfondies. »

du départ, afin que vous ne vous fassiez pas attendre les uns et les autres à Livry, ou du moins que le premier arrivé attende l'autre bande ; le carrosse que l'on envoie à Livry sera assez grand pour vous réunir tous; il n'y a que le poids de toute cette philosophie entassée dans votre tête que je crains qui ne surcharge la voiture ; mais comme la métaphysique s'élève toujours vers les régions supérieures, j'espère qu'elle soutiendra tout le reste et vous fera arriver légèrement à Fresnes. »

Il ne faut pas aller chercher bien loin pour savoir quels étaient les entretiens du chancelier avec ces pieux personnages. Le cardinal Quirini, visitant Fresnes, pendant la seconde disgrâce, supposa que c'était le lieu où *on forgeait des foudres contre le Vatican*, et il le dit à Daguesseau, qui s'en défendit, il est vrai, avec une certaine liberté gallicane. Mais on voit bien dans sa correspondance que ce n'était pas l'esprit de guerre qui animait ses affectueux rapports avec le P. de la Tour et l'abbé Couet. C'était un goût sincère pour la religion et pour les conversations religieuses. N'écrivait-il pas, vers cette époque à l'un de ses fils : « Je vous prie de m'apporter le volume de mon *Missel* qui commence au mois d'août, l'un des *Essais de morale* pour les explications de l'Évangile, et les *Vies des Saints* de M. Baillet? »

Les visiteurs profanes de Fresnes étaient presque tous des savants : M. de Villefroy, le secrétaire du régent, qui professait l'hébreu et qui avait dans Daguesseau lui-même un élève qui se fortifia beaucoup pendant le temps de l'exil; de Maupertuis, le second Cassini, depuis longtemps déjà membre de l'Académie des sciences, puisqu'il y avait été nommé à dix-sept ans, Boivin le jeune. La plupart avaient une piété qui n'était pas faite pour diminuer le charme de leur génie et qui les rapprochait plus étroitement encore de Daguesseau; il s'instruisait avec eux et tenait tête à la science spéciale de chacun d'eux. Lui qui dans la vie publique eut peut-être le tort de ne pas mettre assez de passion, il en mettait beaucoup dans ces fréquentations et dans ces plaisirs intellectuels. Un jour, lisant avec Boivin un poëte grec, il lui dit: Hâtons-nous; si nous allions mourir avant d'avoir achevé ! »

Un homme qu'on trouve quelquefois à Fresnes, qu'une amitié ancienne et solide unissait à Daguesseau, et sur lequel on s'arrête avec un plaisir à la fois littéraire et moral, c'est Valincour. Valincour n'est pas un grand esprit, ni un grand écrivain, non plus qu'un grand savant, ni un grand politique; mais il a mis dans les lettres, dans les sciences, dans la politique un esprit si juste, tant de goût, de sens et de droiture, que ses plus illustres contemporains l'ont pris pour ami et pour juge. On a dit de lui que sa droiture et sa justice lui avaient fait un nom, et rien n'est plus vrai. Ses travaux littéraires ne l'auraient pas d'eux-mêmes porté à l'Académie ; il n'avait publié, quand il y fut appelé à remplacer Racine, que quelques vers de moyenne valeur et la *Vie du duc de Guise*. Mais Boileau le recommandait déjà à M. de Maurepas comme l'homme le plus digne et le plus capable de faire un bel éloge ; il lui avait donné l'année précédente une recommandation autrement éclatante ; on avait contesté à Boileau ses titres de noblesse. Il n'y tenait pas plus qu'un homme d'esprit n'y doit tenir ; il savait aussi bien, et il avait mieux dit que personne, en quoi consiste la vraie noblesse ; mais recherché sur ce point par des financiers, il défendit par convenance un avantage dont, plus qu'un autre, il pouvait se passer. Un arrêt le déclara *gentilhomme*. Alors il eut la pensée d'attaquer le faux honneur, *si chéri dans le monde*, de défendre le véritable et de faire en quelques vers comme un poëme de l'équité. C'est à Valincour qu'il l'adresse ; c'est lui qu'il a devant les yeux quand il écrit, et c'est en lui qu'il voit cette probité de l'âme que rien n'imite, dont aucun masque ne présente l'image, et qui seule donne l'air d'un honnête homme :

> Pour paraître honnête homme, en un mot, il faut l'être.

De ce jour-là Valincour fut consacré, non-seulement comme un honnête homme, mais comme l'*honnête homme*. Il l'était en effet, et il le paraissait. Il en avait le fond et la forme, les sentiments et les manières, sans prétention, sans rudesse, sans misanthropie, au contraire en plein monde, en pleine cour, et avec une aimable élégance. Un trait suffit pour peindre cette aristocratique honnêteté qui appartenait à l'esprit comme au cœur. Bossuet, sur ses premiers travaux, avait pris Valincour en affection et l'avait donné comme secrétaire au comte de Toulouse. Il resta à côté de ce prince pendant quarante-cinq ans sans l'avoir flatté une seule fois. Ce n'est certainement pas la probité courante qui suffit pour un tel mérite ; il faut une honnêteté délicate, élevée, rare et beaucoup plus attrayante que l'autre. Valincour avait aussi à un haut degré ce bon sens dont on se moque pour avoir le droit de s'en passer, et qui est pourtant la grâce naturelle de la raison. Quand il prit à l'Académie française le fauteuil de son cher Racine, dont, avec l'abbé Renaudot, il avait été le garde-malade, il y fit un discours que Voltaire proclame excellent, l'un des plus sages, l'un des meilleurs, l'un des plus utiles qui y aient été prononcés. « Il tâcha de guérir l'essor de ce nombre prodigieux de jeunes gens qui, prenant leur fureur d'écrire pour du talent, vont présenter de mauvais vers à des princes, inondent le public de leurs brochures, et qui accusent l'ingratitude du siècle parce qu'ils sont inutiles au monde et à eux-mêmes. » L'imagination a souvent reçu, sans l'accepter, cette leçon du bon sens; mais il est vrai qu'elle lui a été rarement donnée avec un sentiment plus juste, plus sincère, plus affectueux.

Valincour possédait encore cette science du monde, si précieuse en tout temps, qui suppose les plus solides avec les plus fines qualités de l'esprit, qui est à l'intrigue qui donne aussi trop souvent le succès, ce que la probité est au jeu, le travail à la mendicité; c'est avec elle que Molière accable Trissotin et son savoir obscur; il exagère en disant qu'elle tient lieu de tout, et, la confondant avec l'esprit de cour, il l'altère un peu par une flatterie. Mais il est certain que cette science peut, en beaucoup de choses, remplacer les autres, et que, dans tous les cas, elle fait vivre dignement. Ainsi on trouve Valincour assez souvent à Sceaux, chez la duchesse du Maine;

il y prend sa part de ces plaisirs d'esprit qui y abondaient, mais sans y gâter son jugement et son goût ; il y vit au milieu des complots, sans s'y mêler en rien, sans que personne l'y mêle ; il garde une demi-gravité, juste ce qui convenait, avec mademoiselle Delaunay qui l'appelle son *solide ami*. C'est lui qui conseille le comte de Toulouse, et on sait s'il l'a bien conseillé. Partout il est dans la mesure ; pour y rester toujours, il commande à une disposition de son esprit qui lui était commune avec le chancelier et avec le père du chancelier. Un certain sel qu'il avait dans l'esprit l'eût rendu fort propre à la raillerie, a-t-on dit de lui. Mais il s'est toujours défendu courageusement d'un talent dangereux pour qui le possède, injuste à l'égard des autres. Il a même un peu de jansénisme, comme ses plus illustres amis, mais pas assez pour exciter la colère de qui que ce soit.

Avec ces qualités, il serait tout simple de le voir se placer de lui-même dans l'estime et dans l'amitié du chancelier ; mais il y avait été mis par M. Henri Daguesseau, qui était tout à fait son contemporain et pour qui, dans la société de Boileau, on avait une véritable vénération ; car c'est de lui, et non pas du chancelier, comme l'indiquent par erreur presque tous les éditeurs de

Boileau, que celui-ci, parlant précisément à Valincour, dit :

> Chacun de l'équité ne fait pas son flambeau :
> Tout n'est pas Caumartin, Bignon ni *Daguesseau*.

Valincour aimait beaucoup l'ancien intendant du Languedoc, mais il reconnaissait que la vertu de M. Henri Daguesseau avait un degré de plus que la sienne. Il le rencontrait souvent sur la route de Versailles, allant au conseil des finances dans une voiture plus que modeste, conduite par deux chevaux très-modestes aussi. Il lui fit un jour remarquer que ses collègues allaient dans des voitures à quatre et à six chevaux; il lui fit même renouveler cette remarque par le P. de Lachaise, qui allait à six chevaux. Mais la simplicité de M. Henri Daguesseau tint bon, et Valincour fut forcé de céder.

On peut apprécier l'affection que le chancelier avait pour Valincour par cette lettre qu'il lui écrivait à l'occasion d'une douleur privée : « De toutes les consolations humaines je n'en connais pas de plus touchantes pour moi que celles qui me viennent d'un ami tel que vous. »

Cette affection se montra un peu plus tard dans une circonstance qui en relève le charme. On sait que Valincour, comme pour reconnaître ce que les lettres et les sciences (car il était aussi de l'Académie des inscriptions) avaient fait pour lui, leur éleva en guise d'autel, dans sa maison de Saint-Cloud, une merveilleuse bibliothèque pour laquelle il avait employé son argent, tout son esprit, et peut-être sa seule passion véritable. Un incendie la dévora. Ce fut un deuil partout où on aimait les lettres. Ce fut, dans la maison du chancelier, comme un deuil domestique. La chancelière elle-même prit la plume, qu'elle conduisait avec tant de grâce et de raison, pour exprimer la douleur commune et plaindre Valincour comme de la perte d'un proche. Ce n'est pas une tristesse feinte : la chancelière est émue jusqu'aux larmes du grand malheur littéraire qui vient d'arriver à leur vieil ami, et elle n'essaye même pas de le consoler d'un si grand mal. Pour lui, il répondit à ces témoignages en se résumant en quelque sorte dans sa réponse, toutefois avec une légère affectation de stoïcisme : « Je n'aurais guère profité de mes livres, dit-il, si je n'avais pas appris à les perdre. »

Valincour fut un des hôtes de la première disgrâce, et nous le retrouverons dans la seconde avec sa nièce, madame Trousset-d'Héricourt. Mais on ne peut pas dire qu'il s'y soit adonné, comme Louis Racine, par exemple, le fils de son plus illustre ami.

Louis Racine avait bien des attraits et de plus
d'un genre pour le chancelier. Ils remontaient
tous les deux à Port-Royal; Racine, plus directement et par une véritable filiation, Daguesseau par
les sympathies de son père et les siennes, par ses
mœurs, par sa magistratrure, par sa religion. Bien
qu'il fût encore jeune quand le grand siècle finis-
sait, Daguesseau avait beaucoup vécu avec lui; il
en avait pris ce qu'il avait de meilleur, le goût
élevé des choses de l'esprit, la grande morale, les
idées méthodiques, la solennité appliquée à tous
les devoirs de la vie. Sans s'avouer janséniste, il
avait respiré jusque dans la maison de son père l'air
de Port-Royal. Il n'avait pas pu admirer et chérir
Racine le père, Boileau, Nicole, le grand Arnauld
son maître de logique, Domat, qui l'avait pris pour
collaborateur et pour ami, sans se laisser un peu
glisser sur la pente de la Grâce jusqu'à la haine de
la Morale relâchée.

Ce n'est pas la doctrine religieuse du jansénisme
qui, soit avant, soit après la condamnation du livre de Jansénius, a conquis l'élite de cette aristo-
cratie intellectuelle qui a entouré et grandi
Louis XIV; obscure et comme égarée dans un gros
livre allemand, elle n'avait pas de quoi séduire
l'esprit français, si net et si précis. Mais, en se cachant derrière la morale, elle attirait à elle un

grand nombre de cœurs froissés par les prédications et par les succès de la Morale relâchée. Beaucoup s'indignaient, comme Boileau, d'entendre dire :

> Qu'un chrétien effroyable,
> . . . .
> *Pouvait*, marchant toujours dans des sentiers maudits,
> Par des formalités gagner le paradis.

Sous ce rapport, Daguesseau, comme son père, était janséniste, il n'aimait pas les jésuites et, comme Français, comme magistrat, comme homme de mœurs sincères et pures, il leur avait fait longtemps la guerre, alors que madame de Maintenon les protégeait et les rendait aussi redoutables qu'elle l'était elle-même. Au parlement, à Versailles, chez M. de Pontchartrain ; à Auteuil, chez Boileau; à Basville, chez M. de Lamoignon, il avait vécu dans un camp qui leur était contraire. C'est dans ce milieu qu'était né et qu'avait grandi Louis Racine. Il n'avait pas pu recevoir, comme son frère aîné, les leçons de son père, qu'il avait perdu à l'âge de sept ans. Il se souvenait seulement d'avoir fait, avec ses sœurs et l'auteur d'*Athalie*, des processions dans lesquelles chaque acteur avait un des rôles indiqués par l'Église. Il aurait pu se souvenir aussi que sa mère lui faisait observer le carême ainsi qu'à sa sœur Madelon, malgré leur jeune âge, tant la religion alors était sérieusement obéie.

Mais presque aussitôt il devint l'élève chéri de
Rollin, qui cultiva avec un soin paternel ce fruit
précieux d'un si merveilleux tronc. A cette savante
et douce école, Louis Racine devait devenir ce qu'il
est devenu en effet, l'un des hommes les plus instruits du monde, un chrétien passionné pour la
religion, un grand versificateur plutôt qu'un grand
poëte. Le goût des vers se montra de bonne heure,
et l'enfant se mit à provoquer tout de suite cette
muse enchantée qui avait rempli de gloire la maison de son père et qui en était à peine sortie. Sa
mère, qui, d'ailleurs excellente et pieuse, ne connaissait pas un seul des vers de son mari, vit avec
inquiétude ces provocations et voulut les empêcher. Avec un sentiment d'ingratitude dont elle
ne se rendait pas compte, envers Dieu, source de
toute poésie, envers son grand et mélodieux époux,
elle fit des efforts presque impies pour détourner
son fils de sa passion si naturelle et si filiale
pour la poésie et pour les vers. Elle appela Valincour, qui répéta au jeune Racine la leçon qu'il
avait donnée en pleine Académie, elle fit venir
Boileau lui-même, le grand juge, qui prononça un
arrêt souverain. — Depuis que le monde est monde,
dit-il au fils de Racine, on n'a point vu de grand
poëte fils d'un grand poëte. — Rien n'y fit, le
jeune homme continua d'écrire et de *rimer;* il finit

par le faire avec une grâce abondante et un talent que son père semblait lui avoir laissé après en avoir retranché son génie; il écrivit le poëme de la *Grâce* sans le publier et l'envoya manuscrit à Daguesseau qui l'emporta à Fresnes. Mais, à côté de cet attrait que le fils de Racine avait pour le chancelier, le malheur lui en donna un autre. Sa mère n'ayant pas de fortune, avec plusieurs enfants, voulut tenter le sort auquel Law venait de donner un si grand rôle; elle ne cédait pas au goût du jeu; elle voyait autour d'elle beaucoup de gens s'enrichir par enchantement; les besoins et les dépenses augmentaient autour de la maison, elle livra au système son modeste avoir, l'or sacré amassé par les plus beaux vers du monde. Mais le jeu n'a pas d'égards pour les calculs maternels, il se plaît avec ceux qui s'entendent à lutter avec lui de fourberie et de ruse; c'est à ceux-là qu'il sourit comme à des complices; il n'aime pas les honnêtes gens, et, depuis qu'il existe, il en a enrichi bien peu; il méprise les poëtes et il a comme du plaisir à ruiner l'orphelin et la veuve; il fit donc passer le patrimoine de cette pauvre et glorieuse maison dans la main de quelque prince qui jouait à coup sûr, ou de quelques-uns des héros improvisés de la rue Quincampoix.

Louis Racine fut forcé d'interrompre ses rimes et

de solliciter un petit emploi dans la finance, qu'il n'obtint pas sans peine. Le besoin fit taire sa muse, qu'il avait suivie malgré tous les conseils :

> De rimer autrefois je me faisais plaisir ;
> . . . .
> Mais depuis que d'un trait de sa plume funeste
> L'impitoyable Law a rayé tout mon bien,
> D'un pénible travail je cherche le soutien.

C'est alors que le chancelier lui écrit : « Je crains bien qu'il n'y ait point d'autre papier qui soit bon pour vous que celui sur lequel vous écrivez vos vers. S'il y avait une rue Quincampoix sur le Parnasse, je suis sûr que ce papier y gagnerait bientôt deux mille et plus ; mais malheureusement ce n'est pas ce papier qui est à présent à la mode, et les poëtes comme vous sont menacés de mourir de faim au milieu de leurs lauriers. Après tout, le seul remède des maux qui n'en ont point, est de n'y plus penser. Venez donc le plus tôt que vous pourrez à Fresnes,

> *Boire l'heureux oubli* d'un papier qui vous tue. »

Mais bien avant cette lettre, qui porte la date du 27 mars 1720, Louis Racine avait fait un long séjour à Fresnes, tout au commencement de la disgrâce. Il y avait charmé tout le monde ; le bonheur qu'il y avait donné n'est point un bonheur vulgaire, non plus que celui qu'il y avait ressenti lui-même. Voici comment le chancelier, en effet, a exprimé le sien. Louis Racine s'étant éloigné quelques jours vers le mois d'août 1719, à l'occasion de son élection à l'Académie des inscriptions et belles-lettres, il lui écrit : « Je vous fais mon compliment, monsieur, sur la qualité d'académicien que vous venez d'acquérir (8 août), et je me le fais à moi-même sur le goût que vous conservez pour Fresnes au milieu des nouveaux honneurs qui vous attachent à Paris. Je m'étais toujours bien flatté qu'ils ne changeraient pas vos mœurs, et je ne sais si, sans cela, mon amour-propre eût été capable de désirer pour vous une place que vous n'auriez pu obtenir qu'à mes dépens, si elle vous eût dégoûté du séjour de Fresnes ; *vous en avez fait les délices*, et, quoique absent, vous les faites encore par la lettre que vous m'avez écrite. — C'est peu de vous parler du plaisir qu'elle a fait aux humains. — Les *canes* même voudraient pouvoir rompre ce silence qui a fait jusqu'à présent leur principal mérite pour exprimer combien elles sont enchantées de votre prose et de vos vers, que les échos de Fresnes leur ont appris à répéter ; mais, comme elles s'imaginent que vous entendez leur langage muet, vous aurez le plaisir, quand vous serez ici, de recevoir d'elles des louanges que la simplicité de leurs mœurs ne vous rendra pas suspectes, et qui vous flatteront presque autant que les satires de Romieu. Loué par les canes et blâmé par les corbeaux, que vous restera-t-il à désirer? Venez jouir au plus tôt de cet honneur! L'entrée de ces lieux attend avec impatience l'académicien, le poëte, et encore plus le père de l'Église, sauvé miraculeusement du naufrage à la porte Saint-Denis. Né pour de grandes choses, et conservé pour de plus grandes, il ne pourra vous manquer dans votre gloire qu'un encens aussi délicat que celui que vous donnez à M. de Fresnes. Pour moi, qui ne me flatte pas de parvenir à une aussi grande délicatesse, je me contenterai de vous assurer toujours très-grossièrement, mais très-véritablement, qu'il n'y a point de lieu où l'on sente mieux qu'à Fresnes tout ce que vous valez, et que, dans Fresnes, il n'y a personne qui en soit plus touché que moi. »

De son côté Racine déclare que les plus doux moments de sa vie sont ceux qu'il passa à Fresnes, dans cette grave et savante retraite d'exilé. Il remercie son poëme de la *Grâce* qui, avant ses infortunes financières, lui a valu la précieuse amitié de Daguesseau. Il s'adresse à Valincour, ami des deux côtés, pour lui exprimer dans la langue paternelle son bonheur de Fresnes :

« Par mes premiers accents la Grâce célébrée,
Rend ma timide voix déjà plus assurée,

A ses commandements ses bienfaits m'ont soumis;
C'est elle à qui je dois tant d'illustres amis,
C'est elle de mes vers, récompense honorable,
Qui conduisit mes pas dans ce lieu respectable
Où son souffle fécond faisait toujours fleurir
Ces fruits de la vertu que rien ne peut flétrir,
Le solide bonheur, la joie inaltérable,
La tranquille constance et la paix délectable !
O Fresnes ! lieu charmant, cher à mon souvenir,
Du bien que tu m'as fait prompt à m'entretenir,
Mon cœur reconnaissant me rappelle à toute heure
Ces jours délicieux coulés dans ta demeure,
Ces exemples si saints dont je fus le témoin,
Et sans cesse m'anime à les suivre de loin. »

Ces douces relations ne semblent pas d'abord appartenir à l'histoire ; toutefois elles ne lui sont pas étrangères. Il ne peut lui être indifférent que le fils de Racine, ruiné par Law, trouve chez Daguesseau, disgracié par Law, une maison plus douce que celle de sa mère et qui s'ouvre pour lui comme aurait dû s'ouvrir le cœur de la France devant l'infortune d'un nom plus grand que celui des princes. D'ailleurs ce qui se passe à Fresnes entre l'exilé et le poëte se rattache, par un côté intéressant, à la vie morale et religieuse de la société française à cette époque. Ils y discutent sur ce poëme de la *Grâce* qui sera un événement religieux autant que littéraire. Ce n'était pas alors une chose facile ni sans danger d'écrire un mémoire ou un poëme sur les affaires de l'Église, au milieu du feu qu'échangeaient sans cesse les jansénistes et les jésuites.

Malgré la protection de madame de Maintenon, l'auteur d'*Athalie* lui-même n'avait pas pu toucher à ces matières sans soulever la colère des jésuites, et cette colère était allée si loin, qu'un régent de troisième avait fait un discours sur ce thème : *Racine est-il poëte ou chrétien ?* A quoi il avait répondu, avec une grâce particulière et un goût délicat : Ni l'un ni l'autre. —Racine eut la faiblesse de s'en plaindre et d'écrire au P. Bouhours : « Comme ma conscience ne me reproche rien à l'égard des jésuites, je vous avoue que j'ai été un peu surpris d'apprendre que l'on m'eût déclaré la guerre chez eux. »

Mais pour Boileau ce fut plus grave encore. Il avait composé son épître sur l'*Amour de Dieu*, dédiée à son ami l'abbé Renaudot ; il l'avait soumise à l'archevêque de Paris et au plus grand des juges, à Bossuet; « non pour être loué, mais pour être jugé. » Loin d'y rien trouver à reprendre, Bossuet l'avait appelée l'*Hymne céleste* de l'amour de Dieu. Boileau, comme on sait, y combattait dans des vers émus, qui furent ses vers de prédilection, la doctrine de la fausse attrition ; il y soutenait que la crainte de l'enfer ne suffisait pas pour ouvrir le ciel et qu'il fallait *aimer Dieu pour lui-même.*

> Docte abbé, tu dis vrai, l'homme au crime attaché,
> En vain, sans aimer Dieu, croit sortir du péché.

> . . . .
> Dieu ne fait jamais grâce à qui ne l'aime point.
> A le chercher la peur nous dispose et nous aide,
> Mais il ne vient jamais que l'amour ne succède.

Il mit un soin, que lui commandaient sa croyance et les rigueurs que Fénélon venait d'encourir, à éviter le quiétisme ;

> C'est ainsi quelquefois qu'un indolent mystique,
> Au milieu des péchés tranquille fanatique,
> Du plus parfait amour pense avoir l'heureux don,
> Et croit posséder Dieu, dans les bras du démon.

Cependant il y eut dans le camp de l'attrition une levée de boucliers, et, un jour que Boileau était à Basville, chez le premier président Lamoignon, le jésuite Cheminais lui déclara que ses vers étaient coupables et sa théorie contraire aux dogmes. Boileau, ému, en écrivit immédiatement au P. Gaillard, qui le rassura, en lui disant que le petit théologien qui l'avait attaqué était un des soldats perdus de la milice, *le dernier des hommes;* néanmoins la chose était sérieuse; le P. Lachaise, le confesseur du roi, en était tout occupé, et il en avait parlé à Racine avec un vif sentiment d'estime pour Boileau, mais en blâmant sa doctrine et ses vers. Boileau fut obligé d'aller le voir avec son frère aîné, le docteur de Sorbonne. Il lui lut son épître avec autant d'art qu'il put, et le lecteur, loin de gâter les vers, les fit tous admirer par le P. Lachaise qui s'écria pendant la lecture : *Pulchre, bene, optime!* et qui fit répéter jusqu'à trois fois les huit vers suivants :

> Qui fait exactement ce que ma loi commande,
> A pour moi, dit ce Dieu, l'amour que je demande,
> Faites-le donc ; et sûr qu'il nous veut sauver tous,
> Ne vous alarmez point pour quelques vains dégoûts
> Qu'en sa ferveur souvent la plus sainte âme éprouve ;
> Marchez, courez à lui : qui le cherche le trouve,
> Et plus de votre cœur il paraît s'écarter,
> Plus par vos actions songez à l'arrêter.

Mais, avant de se laisser vaincre, le confesseur du roi avait dit au poëte que la matière qu'il avait traitée était fort délicate, et qu'il fallait pour la traiter beaucoup de savoir, qu'il y avait une grande différence entre l'amour *affectif* et l'amour *effectif*, que l'amour effectif n'avait d'effet qu'avec l'absolution du prêtre. Il n'avait pas osé aller jusqu'à dire que l'amour de Dieu, absolument parlant, n'était pas nécessaire pour la justification du pécheur ; mais il avait épuisé toutes les raisons de scolastique contre l'épître, à quoi Boileau, avec son grand bon sens, lui avait répondu en prose que « ce serait une chose bien étrange, si soutenir qu'on doit aimer Dieu s'appelait écrire contre les jésuites. »

C'est un sujet du même genre que Louis Racine

avait traité, plus délicat encore, puisque la question de la grâce était ce qui séparait profondément les jansénistes de leurs adversaires.

Nourri de Port-Royal, plein de flammes religieuses, sorti de l'Oratoire où il n'avait fait que passer, protégé par le cardinal de Noailles, élevé dans le respect du P. Quesnel, réfugié en Belgique, à qui son père ne manquait jamais d'envoyer, plus ou moins mystérieusement, l'assurance de son estime et de son amitié, Louis Racine était attaché à la grâce par tous les liens imaginables; aussi n'hésite-t-il pas à dire :

> Oui, l'homme qu'une fois la grâce a prévenu,
> S'il n'est par elle encor conduit et soutenu,
> Ne peut, à quelque bien que son âme s'applique...
> Mais à ce mot j'entends crier à l'hérétique !
> *Ne peut*, c'est là, dit-on, le jansénisme pur.
> Dans ses expressions, Luther est-il plus dur ?
> Ainsi la loi divine, à l'homme impraticable,
> Impose sans la grâce un joug insurmontable.
> Ah! c'est là le premier des dogmes monstrueux,
> *Le pouvoir suffisant*... Au jargon scolastique,
> Pour l'amour de la paix, le style évangélique,
> Doit-il céder ? Eh bien! que ce mot soit proscrit,
> J'en accepte l'arrêt de tant de noms souscrit.
> Mais vous, qui transportés d'un zèle charitable,
> Voulez me mettre au rang des noirs enfants du diable,
> Signalez par vos cris votre sainte douleur,
> (Telle est de *vos pareils* la chrétienne chaleur,
> Tout ce qui leur déplaît leur devient hérésie;)
> Répondez-moi pourtant : le Sauveur qui nous crie :
> *O vous qui gémissez sous le faix des travaux,*
> *Accourez tous à moi, je finirai vos maux,*

Ne dit-il pas : *Sans moi vous ne pouvez rien faire,*
Vous ne pouvez venir qu'attirés par mon Père?
. . . .
O suffisant pouvoir, qui ne suffit jamais !
Non, malgré ses efforts, la brebis égarée
Ne retrouvera point la demeure sacrée,
Si le tendre pasteur ne la prend dans ses bras,
Et jusqu'à son troupeau ne la rapporte pas,

Ces quatre derniers vers, d'un ton si doux et d'une si pure poésie, contiennent et résument le poëme ; je ne parle pas de ses autres beautés ni de ses côtés faibles que tout le monde connaît. Je veux seulement indiquer la part de collaboration ou de contrôle qui revient, dans cette œuvre, au chancelier exilé. Personne n'a mieux que lui jugé le talent de son jeune ami, personne n'était plus à même de juger son orthodoxie et les dangers religieux que son poëme pouvait présenter, aussi les voit-on tous les deux, dans la correspondance du chancelier, se promenant au bord du canal de l'Ourcq, le manuscrit à la main,

Ut Lugdunensem Rhetor dicturus ad aram.

Daguesseau, il en convient lui-même, est pour le poëte un hypercritique, comme Patru pour Boileau. On convoque le P. de la Tour, l'abbé Couet, l'abbé Daguesseau, le P. Rabbe, et on examine minutieusement si le poëme est conforme à la doctrine de saint Augustin. Mademoiselle Daguesseau, qui avait pour la poésie un goût très-vif, était admise quelquefois à ces promenades et elle y disait son mot, qui n'était pas toujours favorable à Racine qu'elle n'aimait pas beaucoup ; enfin le poëme sortit vainqueur de ces épreuves, et il allait être publié sous ce rassurant patronage, quand le chancelier lui-même arrêta l'exécution de l'arrêt qu'il avait rendu, et retarda la publication d'une œuvre qui pouvait susciter dans l'Église de nouvelles agitations.

Pendant la durée de cette première disgrâce, il vint à Fresnes peu de gens de la cour et presque pas d'importuns ; on eût dit que les uns et les autres comprenaient qu'ils n'avaient rien à faire dans cette aimable et savante retraite. Cependant on en trouve un ou deux qui mettent un peu d'ennui dans le plaisir des exilés, et qu'on tâche d'éviter par la fuite, les épigrammes, et même, si je ne me trompe, par quelques légers mensonges.

Un jour, le beau-frère du premier président de Mesmes, M. Feydeau de Brou, conseiller d'État et chef de la chambre des vacations, vint à Fresnes avec sa famille ; on les aperçut d'un peu loin ; sur un signal donné par la chancelière, ce fut une fuite générale dans le parc ; on se cacha le mieux qu'on put, on affronta la pluie qui se mit du côté des importuns, et le chancelier lut, en marchant, la *Vie du chevalier Bayard*; mais il fallut rentrer dans la maison assiégée, et on y trouva les Feydeau qui avaient tenu bon pendant deux heures et qui attendaient tranquillement les fugitifs. Cette importunité valait une vengeance; le chancelier se la donna : il avait fait dans sa jeunesse bien des vers français et latins, de bons et de mauvais ; assez souvent l'occasion le ramenait à ce goût de jeune homme ; elle l'y ramena cette fois très-vivement, et il décocha contre les importuns les traits marotiques que voici :

> Deux points tenait notre dame en cervelle :
> L'un des Feydeaux l'ennuyeuse séquelle;
> L'autre, la pluie; et tous les deux voulait
> Bien esquiver, si faire se pouvait.
> Or que ne peut dame de haut corsage,
> De doux maintien et de gentil courage !
> A l'œuvre donc, avec toute sa cour,
> D'un pied de biche elle suit maint détour,
> Use d'astuce et contre marche oblique,
> Même soutient un siége méthodique
> Contre la pluie, et, qui pis est, l'ennui.
> Le preux Bayard semblait être aujourd'hui
> Dans le corps gent de si prude héroïne,
> Fors qu'elle avait plus gracieuse mine.
> Quel fut le fruit de si rudes travaux?
> Fûmes mouillés et vîmes les Feydeaux.

Quoique l'avocat Barbier prétende qu'il était *sarcastique*, le chancelier appliquait rarement ses vers à la satire ; il en faisait plutôt pour célébrer les joies domestiques et ces petits bonheurs qu'on raille quelquefois au nom du plaisir. Ainsi, pour la fête de sa fille qui s'appelait Claire et qui avait toutes sortes de charmes, sauf un défaut de prononciation qui finit par disparaître, il fit encore parler Marot :

> Beau nom de Claire au baptême vous vint
> A bon escient ; car Claire êtes de teint,
> Claire de mœurs, de vertus transparente,
> Claire d'esprit et de raison brillante.
> Donc à ces traits quand par attention
> Claire joindrez prononciation,
> Alors irez Claire en toute manière
> Ne serez plus que rayons de lumière.

Mais il ne laissait voir qu'à ses plus chers amis ces doux fruits de sa verve, et il était si éloigné de vouloir en cela changer son nom d'honnête homme contre celui d'auteur, qu'il n'écrivait même pas ses productions. Il avait une mémoire prodigieuse, comparable à celle du cardinal du Perron qui, ayant entendu lire un poëme par son auteur, le récita de manière à faire croire qu'il l'avait composé et donna au poëte les plus vives inquiétudes sur sa paternité. Mademoiselle Daguesseau avait, comme son père, une mémoire qui retenait tout. A eux deux, ils servaient de livre aux compositions poétiques du chancelier, qu'on ne trouve en effet dans aucune partie de ses œuvres.

Une autre visite qu'on paraissait éviter à Fresnes était celle de la duchesse d'Estrées. Daguesseau, le plus poli des hommes, poli de cœur et d'esprit, se plaint d'avoir été *obsédé* par elle. C'était pourtant mademoiselle Lucie-Félicité de Noailles, et de plus la femme du lieutenant général de la mer. Il est vrai qu'elle recevait dans sa maison de Bagatelle, au bois de Boulogne, le régent et madame d'Averne, et donnait asile à l'une des immoralités du prince ; en outre, elle avait gagné des biens immenses dans la rue Quincampoix. Son mari était un des huit directeurs de la compagnie des Indes ; il eut même, dans le camp de la place Vendôme, appelé par dérision le camp de Condé, le rang de général et venait immédiatement, parmi les agioteurs, après le duc de Bourbon. On voit cependant que la duchesse s'obstine à aller à Fresnes ; mais on l'y goûte si peu, que la chancelière charge ses fils qui sont à Paris de trouver, pour l'empêcher de faire le voyage, des subterfuges et, s'il le faut, même des *mensonges*.

A cela près, l'exil de Fresnes n'est pas troublé ; on n'y pense même pas au retour. Le bonheur, assaisonné de doux travaux et de douces relations, fait oublier complétement la cour et Paris. La cour, fatiguée de plaisir, s'adresse à la débauche ; elle est avec la ville en proie à l'agiotage et aux vices qui ne se séparent pas de lui. La Fortune, un moment entraînée par l'audace, a donné à la société française un faux air de prospérité; dans un pays où on aime tous les genres de succès, sans regarder aux moyens qui les amènent, on a pris un escroc pour un enchanteur. Mais Montesquieu écrit de Smyrne à Ibben, le 1er de la lune de Zilcadé 1720 : « La France, à la mort du feu roi, était un corps accablé de mille maux…. Un étranger est venu qui a entrepris la cure. Après bien des remèdes violents, il a cru lui avoir rendu son embonpoint, et il l'a seulement rendue *bouffie.* »

CHAPITRE XIII

1720. On songe à rappeler le chancelier.—Pourquoi. — Le sort de la morale dans la politique. — Ses ennemis. — Les indifférents. — Ce que Daguesseau représente au moment où on le rappelle. — Law va le chercher lui-même pour rassurer l'opinion. — Ce qu'il y a d'honneur dans ce rappel. — Le chancelier pouvait-il refuser ? — Il l'aurait dû dans un gouvernement libre. — Des droits et des devoirs des ministres suivant la nature des gouvernements. — A-t-on offert les sceaux à Saint-Simon? — Effets divers du retour. — Joie du maréchal de Villars qui croit voir finir le règne des fripons. — On blâme le retour du chancelier. — On écrit sur sa porte : *Homo factus est.* — Le camp de la place Vendôme ét l'horizon de Fresnes. — La *légitimité* du mal. — La liquidation du Système. — Le chancelier repousse éloquemment tous les moyens injustes. — Il est encore vaincu par la loi du salut public. — De juin 1720 à février 1722. — L'exil du Parlement à Pontoise. — Résistance du chancelier. — Le duc d'Orléans veut envoyer le Parlement à Blois. — Le chancelier lui porte sa démission. — Étonnement du régent, qui la refuse.

Vers le milieu de 1720, cette *bouffissure* elle-même commençait à disparaître et la réalité du mal n'était déjà plus dissimulée. Tout ce qui avait été fait contre l'avis du chancelier échouait avec fracas; on touchait au dernier acte de cette comédie pécuniaire, récemment ensanglantée par le comte de Horn. La défiance commençait à souffler sur ce château de cartes visiblement altérées, que Law avait élevé à grands renforts d'expédients et d'arbitraire ; elle l'avait plus qu'à moitié renversé. On venait de réduire par une déclaration du roi la valeur des actions, on poursuivait l'argent comme un ennemi public, et quelques jours plus tard il fallait rétracter ces mesures. Le mois de mai vit toutes ces convulsions du charlatanisme, de l'improbité, du pouvoir absolu aux prises avec la fortune des citoyens.

On chantait dans les rues sur l'air des *Pendus* :

> Lundi j'achetai des actions,
> Mardi je gagnai des millions,
> Mercredi j'ornai mon ménage,
> Jeudi je pris un équipage,
> Vendredi je m'en fus au bal
> Et samedi à l'hôpital.

Excepté ces joueurs favorisés qui gagnent toujours, tout le monde était au *samedi*. La colère publique éclatait contre Law, le régent le faisait garder à vue pour protéger sa vie ; sa voiture était brisée par le peuple, et le premier président de Mesmes en était si heureux, qu'il en apportait en courant la nouvelle à la Grand'Chambre, et la donnait en deux vers faits par lui sans le secours de son secrétaire :

> Messieurs, messieurs, bonne nouvelle,
> Le carrosse de Law est réduit en cannelle.

Le régent, qui avait soutenu le Système, même aux dépens de la monarchie, qui avait, pour le soutenir, fait au Parlement une guerre d'ingratitude et de lits de justice, commençait à *caler*, suivant l'expression de l'avocat Barbier. D'Argenson, le *Richelieu* de 1718, avait échoué dans ses doubles efforts contre Law et contre les magistrats; contre Law, de l'aveu même de son fils, il avait employé des hommes et des moyens subalternes; contre les magistrats, il avait sans succès essayé la rigueur. On assure qu'à ce moment il s'en repentait un peu et qu'il aurait voulu pour beaucoup se retirer dans la place de premier président. Mais les événements lui interdirent cette désertion, et le Parlement n'eut pas le sort étrange d'être conduit par l'homme qui l'avait le plus maltraité. Au milieu des graves difficultés qui s'étaient élevées, quand le mépris arrivait de toutes parts, atteignant le prince et ses ministres, quand la cause du Système était déshonorée et perdue, on songea à rappeler Daguesseau pour rassurer ou pour tromper l'opinion. N'est-ce pas là une page intéressante de notre histoire et de celle des hommes en général? Quand une immoralité n'a pas réussi, on pense à la morale. Tant qu'on peut compter sur le succès, on la traite dédaigneusement et comme une inférieure, on l'écarte comme un obstacle, on l'éloigne comme un ennui, et, si par hasard elle insiste et qu'on soit le maître absolu, on la relègue ou on l'exile. A l'ordinaire, elle a contre elle beaucoup d'ennemis, quelques ennemis personnels, si l'on peut ainsi parler, des hommes qui la méprisent et qui la méconnaissent, pour qui elle n'est qu'un nom, et qu'on peut, sans excès d'idée et sans effort de langage, appeler les athées de la morale. Mais ce sont les moins nombreux; il y en a beaucoup au contraire, qui sentent en eux, dans cet intérieur où nous ne pouvons pas nous cacher à nous-mêmes, la loi morale comme on sent battre ses artères et son cœur, mais qui, la trouvant presque toujours opposée au succès, la prennent en dégoût, la font taire, et la réduisent à peu de chose s'ils ne l'étouffent pas entièrement. Enfin il y a cette cohue d'indifférents qui, sans y mettre de calcul personnel, laissent passer les immoralités comme les hérésies, n'ont pas de haine du mal et ne se dérangent pas pour le bien; presque tous les événements, presque toutes les causes, tous les succès se les attachent et font grand bruit de leur attachement. A ce compte, il n'est pas surprenant que la morale soit souvent en disgrâce, qu'elle n'ait pas toujours eu de rang à la cour, de place parmi les grands, de faveur dans le peuple. Cependant elle a plus de droits que personne à gouverner le monde; tout ce qui n'est pas moral est sans droit, et les grands et beaux noms de droit et de morale sont si étroitement unis, qu'on ne les sépare que par des subtilités dogmatiques, ou par cette fameuse religion de succès qui fait des sociétés comme un champ de négoce, où tout semble s'acheter par l'argent ou se gagner par le hasard.

Aussi, au milieu de ses adversités, la morale ne perd jamais tout à fait son empire; le malheur lui ramène de temps à autre les gouvernements et les hommes qui lui avaient montré le plus d'indifférence et de mépris; elle devient la politique des mauvais jours et des heures périlleuses; on veut alors lui prendre sa vigueur, sa santé, sa force légitime, ses nobles instruments, et vivre et se soutenir par elle. Mais souvent il est trop tard, et on est réduit à dire ce que Duclos dit précisément du moment de l'histoire dont je parle. « Une administration sage aurait pu rétablir les affaires; mais les mœurs une fois dépravées ne se rétablissent que par la révolution d'un État. » Toutefois, du milieu de cette société qui avait paru se livrer presque sans réserves à tous les genres d'immoralités, qui s'était passionnée pour l'agiotage autant et plus qu'autrefois pour la guerre, aux premières déceptions du système, il s'éleva comme un cri d'honneur intéressé; la raison, la probité, la sagesse, qui depuis quelque temps n'avaient plus la parole, se préparaient à la reprendre. Law et le régent étaient aux abois ; les supercheries de l'un, l'autorité arbitraire de l'autre, ne suffisaient plus pour soutenir une entreprise dont la fraude et les conséquences funestes éclataient en même temps; l'opinion, ramenée à la probité par les revers mêmes de l'improbité, réclama Daguesseau, et le régent et Law, à bout de mauvais moyens, sans être eux-mêmes convertis, mais forcés de donner un gage aux plaintes des honnêtes gens et au réveil tardif de la morale, se décidèrent enfin à rappeler le chancelier. — Ce rappel, dont la cause est certaine, semble un des plus enviables succès que puisse obtenir un ministre homme de bien, et ce succès paraîtra très-grand à tout le monde, si on songe à la nature du gouvernement sous lequel il est obtenu et aux obstacles qu'il avait rencontrés. Daguesseau représente la probité, la sagesse, la morale, plus délaissées encore que lui dans son exil de Fresnes, et voici que tout à coup, précisément à cause de ce qu'il représente, dans un moment de halte au milieu de la corruption, le sentiment public s'attache à lui, s'incarne en lui et l'impose aux auteurs mêmes de la corruption, qui, sincèrement ou non, s'abritent et se cachent derrière son honneur. On peut aimer dans la vie polilique des rôles plus actifs, on y trouve des individualités qui jettent aux yeux de la foule un plus vif éclat, parce qu'elles sont davantage dans ses passions et dans ses entraînements ; mais c'est un rare et précieux honneur de représenter dans un pays le parti de la morale et de la probité. Qu'importe que le chancelier ait été pris par le régent et par Law plutôt comme un masque que comme un drapeau ; l'hommage est le même, aussi grand dans un cas que dans l'autre.

Law alla lui-même à Fresnes avec le chevalier de Conflans, pour y remettre les sceaux au chancelier (7 juin 1720). On vit cet homme, qui avait eu à ses pieds la cour et la ville, qui ne s'était encore courbé devant personne, qui avait semblé le dieu de la fortune, supplier Daguesseau de leur prêter, au prince et à lui, sa réputation et son intégrité, pour ranimer la confiance ou du moins diminuer les soupçons, le mépris et la colère[1].

Que devait faire Daguesseau rappelé dans de telles circonstances ? Devait-il consentir à jouer, à côté de Law, le rôle qu'on voulait lui faire prendre ? Cette question fut alors résolue avec une

---

[1] Faisant allusion à cette démarche, Law écrivait de Venise au régent, le 1ᵉʳ mars 1721 : « ...En travaillant, j'avais envie d'être utile à un grand peuple... M. le chancelier pourra me servir de témoin à son retour... *Je lui offrais mes actions qui valaient alors près de cent millions, pour qu'il les distribuât à ceux qui en avaient besoin...* »

grande vivacité, et les politiques, découvrant sans peine la comédie pour laquelle on rappelait le chancelier et on l'envoyait chercher par Law lui-même, s'indignèrent de voir un tel homme de bien mis à pareil usage, et ils auraient voulu qu'il s'y refusât. Ils comprirent, qu'entre le régent et Law, Daguesseau ne pouvait pas grand'chose et ne servirait guère qu'à colorer le mal. Comme eux, j'aurais voulu que le chancelier ne revînt pas ainsi sans demander ou sans arracher des gages. Je trouve que le contact de Law à ce moment l'entame et le diminue; je pense qu'avec de la perspicacité il était aisé de voir qu'on ne voulait que son nom et qu'on ne suivrait pas plus qu'auparavant ses conseils et ses exemples. J'ai de la peine à croire que le chancelier ne l'ait pas vu. Mais pouvait-il refuser de revenir à Paris et d'y reprendre les sceaux? Dans un gouvernement libre, il le pouvait et il le devait sans doute. Là les ministres, outre leur valeur personnelle, ont celle que leur attribue l'opinion publique, à raison même de leurs idées politiques et de leur système de gouvernement, et j'ose dire que celle-là est plutôt à leur pays qu'à eux-mêmes; ils ne doivent la sacrifier à rien, et ils n'en peuvent pas pour ainsi dire disposer; il faut qu'ils l'amènent avec eux dans le gouvernement ou qu'ils n'y entrent pas. C'est la religion et l'honneur des véritables hommes d'État dans les pays libres. Quand ils y manquent, on a le droit et le devoir de les blâmer; d'ailleurs, par cette infidélité ils descendent presque toujours du rang d'hommes d'État à celui d'hommes d'affaires. Qu'on ne dise pas qu'il est impossible de se soustraire au désir, à la volonté, à la prière d'un prince, et qu'à l'aide de tempéraments on parvient à tout concilier! Par exemple, je suppose que Daguesseau eût été dans un État libre la personnification de la probité publique et privée, il aurait trahi ses devoirs, manqué à son honneur, mal servi son pays et son prince, s'il était rentré dans le gouvernement sans son drapeau ouvert, ses adversaires éloignés et un plan de conduite arrêté. Mais, d'un ministre à un prince absolu, les droits n'étant plus les mêmes, les devoirs changent aussi. On ne peut pas ouvertement avoir la prétention de mieux comprendre que le souverain les intérêts du trône et du peuple, et dans tous les cas on n'a ni le droit ni les moyens de lui imposer la sagesse dont il s'écarte, la raison qu'il oublie, la probité qu'il dédaigne. C'est par lui-même, par lui seul ou par les instruments de sa volonté que tout se dirige ou se perd. Sans doute et à la rigueur un homme peut se refuser à devenir l'instrument d'un pouvoir qui s'égare, et, sous tous les régimes, il le doit à son honneur; mais, dans les idées de dévouement et de soumission monarchiques, un homme politique a moins d'importance, de liberté d'action et en même temps des obligations moins étroites envers le public. Les écrivains politiques du dix-septième siècle discutaient encore très-sérieusement la question de savoir si on ne devait pas au roi le sacrifice de son honneur. Sans me mêler à ce singulier débat, je veux dire que Daguesseau n'avait ni le droit ni le devoir de refuser au prince le service qui lui était demandé. Son nom était une promesse, une garantie, une force morale. Le duc d'Orléans en avait besoin; le chancelier ne pouvait guère lui dire : vous ne l'aurez pas ou vous ne l'aurez qu'à telle condition; je ne rentrerai dans le gouvernement que pour y faire le bien et non pour en simuler l'apparence; je n'y rentrerai pas à côté du ministre auquel j'ai été sacrifié et qui est devenu l'objet de la haine publique. Ce langage est celui des pays libres; on ne le tient pas dans les monarchies absolues. Saint-Simon lui-même, qui avait avec le régent une grande familiarité, n'a pas osé le tenir; il prétend bien qu'il a refusé les sceaux qu'on lui aurait offerts en les retirant à d'Argenson; mais l'offre et le refus ne sont pas certains; d'ailleurs, Saint-Simon n'avait pas (il faut que son orgueil s'y résigne) la haute signification de probité, de religion, de morale, presque de vertu qui à ce moment appartenait au chancelier plus qu'à aucun autre. Dès lors il est permis de croire que le régent et Law, qui savaient à merveille ce dont ils avaient besoin, n'ont pas beaucoup insisté auprès du duc et lui ont rendu un refus naturel et facile.

Le retour du chancelier produisit un moment l'effet qu'on s'en était promis; les honnêtes gens et le peuple déçu, qui l'avaient réclamé, ne pouvaient pas croire que sa présence serait vaine et sans résultat, et ils étaient disposés à se rassurer sur la liquidation du Système. Le maréchal de Villars exprima cette confiance et dit à l'occasion du retour du chancelier : « Les qualités les plus nécessaires à un homme actuellement en place sont l'honneur et la fermeté, puisque les fripons sont présentement un des grands malheurs de l'État. » Mais le plus grand nombre s'aperçut bien vite que le chancelier succomberait inévitablement dans ses efforts pour rétablir la fortune publique et réparer le mal incalculable qu'avait fait le Système. Quelques-uns même crurent pouvoir l'accuser de faiblesse et de complaisance, et à peine était-il rentré à Paris, qu'on lut sur la porte de son hôtel de la place Vendôme ces mots qui, à côté du blâme, contenaient encore un grand et singulier éloge : *Homo factus est.* Chose étrange, instructive et un peu consolante, dans une société perdue de corruption il y avait un homme public qui, par la dignité de sa vie, méritait d'être rapproché du divin modèle de toutes les perfections ; le prince l'avait éloigné parce que sa vertu était incommode ; la France pendant son exil avait aussi mal vécu que possible ; on le rappelle pour avoir au moins l'air de revenir au bien ; ce peuple démoralisé ne s'y trompe pas ; dans ce rappell il devine comme une fraude, il découvre la vanité de ce retour, et, en blâmant le chancelier que ses soupçons atteignent, il exprime sur l'honneur public un sentiment aussi vif et aussi délicat que s'il eût été le pleuple encore introuvé d'une république vertueuse. Sans doute la plupart de ceux qui blâmèrent le chancelier de son retour, de son contact, sinon de son alliance avec le contrôleur général, auraient fait comme lui, et ils se seraient trouvés plus heureux que lui d'avoir à le faire. Mais leur blâme est encore un hommage rendu à la dignité humaine, tant il est vrai que les hommes, s'ils ne sont pas attachés au mal par leur intérêt, s'en détournent avec vivacité et le voient même, regardant chez les autres, dans des faiblesses pardonnables et dans des fautes relatives.

Avant de quitter Fresnes, Daguesseau, qui montra à Law sa profonde douleur de l'état des choses, en obtint des assurances et des promesses qui purent un instant le tromper. Mais, à peine de retour à Paris, il vit, sous les fenêtres mêmes de son hôtel, l'armée des agioteurs qui, repoussée de la rue Quincampoix, s'était établie sur la place Vendôme. Au lieu du doux et riant horizon de son exil, il put apercevoir sur tous les murs de cette place l'ordre du jour suivant, qui résumait, sous une forme ironique et française, tout le mal social qu'avait fait et que faisait encore l'agiotage.

CAMP DE CONDÉ.

État-major.

MM. le duc, généralissime.
le maréchal d'Estrées, général.
le duc de Guiche, commandant les troupes auxiliaires.
le duc de Chaulnes, lieutenant général.
le duc d'Antin, intendant.
le duc de la Force, trésorier.
le marquis de Lassé, grand prévost.
le prince de Léon, greffier.
Simarcon et Dampierre, archers.
Lafaye, secrétaire de M. le duc, bourreau.
l'abbé de Coëtlogon, aumônier.
Law, médecin empirique.

Vivandières.

Mesdames de Verue, à la suite du régiment de Lassé.

Mesdames de Prie, à la suite du régiment de Condé.
de Locmarie, à la suite du régiment de Lambert.
de Parabère, à la suite du régiment d'Orléans.
de Sabran, à la suite du régiment de Livry.
la femme Chaumont, à la suite du camp volant.

Filles de joie,

Mesdames de Monastéral, de Gié, de Nesle, de Polignac, de Saint-Pierre.

Il dut regretter bien sincèrement l'honneur et l'intégrité de sa disgrâce, au contact de cette orgie sociale qu'il avait combattue comme ministre, comme magistrat, comme écrivain, de toutes les forces de sa raison, de l'autorité de son exemple, et dont, vaincu par elle, il avait annoncé les excès et prédit le terme inévitable et honteux. Il comprit tout de suite qu'il n'aurait pas le pouvoir de guérir ni même de calmer ce mal qui, par un jeu du sort, s'étalait devant lui. Si rien, en effet, n'est plus facile que d'arrêter à leur naissance une mauvaise mesure ou une mauvaise passion, rien n'est plus difficile que de revenir sur leurs conséquences, et la sagesse elle-même commande quelquefois de ne pas détruire tout ce qu'elles ont fait. Quand une chose, si regrettable qu'elle soit, a pris pendant un certain temps place dans nos intérêts, dans nos habitudes, qu'elle s'est mêlée au mouvement social, elle a bien vite acquis une sorte de légitimité immorale; elle est un peu partout, et il semble que, si on y touche, pour la détruire, on atteint les parties saines de la société avec lesquelles elle s'est plus ou moins confondue. Aussi le chancelier, eût-il été le maître absolu, se serait vu forcé de composer avec le Système.

Mais il ne put même pas faire prévaloir quelques idées de justice dans cette grande et lamentable liquidation de l'agiotage. Elle fut, comme le Système lui-même, livrée à l'empirisme, à toutes sortes d'iniquités et de violences. On eut l'idée de créer une vaste inquisition pour connaître les titres des divers créanciers de l'État, de faire des *compulsoires* chez tous les notaires du royaume, d'exiger des porteurs de titres un serment sur l'origine et la cause de leurs créances ; on se proposait ainsi de légitimer la banqueroute de l'État, en découvrant les agioteurs et en ne les payant pas. Daguesseau s'éleva avec force contre ce remède arbitraire et odieux ; il parla, il écrivit, il protesta contre lui ; sa protestation est restée comme un nouveau témoignage de son impuissance à défendre, à faire triompher la cause du droit, de l'équité et de la saine politique. A ces financiers qui se croient les plus habiles des hommes, à ces hommes d'affaires qui se prennent pour des hommes d'État, à ceux qui pensent que l'injustice est légitimée par le but et qui sont toujours en grand nombre, il adressa vainement cet éloquent appel et ces nobles paroles: « Il y a une justice distributive qui est due aux particuliers. Mais il y a aussi une justice d'un ordre supérieur qui consiste principalement à conserver les premiers principes de la société civile, en maintenant cette sûreté des engagements et cette confiance réciproque qui en est le fondement. C'est une justice que le souverain doit, pour ainsi dire, à l'État entier. Il la doit non-seulement à cette grande société qui renferme ses sujets, il la doit même au genre humain puisque les étrangers contractant avec ses sujets, sur la foi de ces lois générales, qui sont reçues de toutes les nations policées, on peut dire que cette justice fait partie du droit des gens et qu'on ne peut y manquer sans rompre les liens qui unissent les sujets d'un même empire, non-seulement entre eux, mais avec tous les autres hommes. »

Il est aisé de juger par ce seul principe de la justice ou de l'injustice de l'opération proposée. Est-il juste, pour aider un certain nombre de citoyens, de violer les règles fondamentales, d'introduire une inquisition générale de toutes les fortunes particulières, de révéler ce qui doit demeurer inconnu pour la sûreté et la tranquillité des familles, de forcer un dépôt qui a toujours été respecté, d'obliger les notaires, c'est-à-dire les dépositaires du secret des familles, à en devenir, malgré eux, les délateurs, d'ébranler par là les fondements de la foi publique, et d'ôter enfin aux malheureux la seule ressource qui leur reste, par l'ignorance où l'on est du véritable état de leur fortune ? » Un peu plus loin, il parle, sans plus de succès, en véritable financier et en excellent politique : « On sent bien que le rétablissement des affaires du roi et l'arrangement des finances est le moyen le plus sûr et le plus efficace que l'on puisse employer pour faire vivre le crédit public et particulier. Mais rien n'est plus contraire à une fin si juste et si nécessaire que de prendre, pour y parvenir, des voies qui ne sont propres qu'à détruire la confiance et à l'éteindre, pour ainsi dire, dans sa source. Si le crédit était bien établi dans le royaume, cette seule opération serait capable de le faire disparaître. Le crédit est fondé en grande partie sur la sûreté dans laquelle chacun croit être de sa fortune ; c'est ce qui fait que les hommes ne font point de difficulté de contracter et de s'engager les uns envers les autres, et c'est ce qui produit le mouvement et la circulation de l'argent dont l'État profite encore plus que les particuliers. »

Sa voix ne fut pas plus écoutée alors qu'à la naissance du Système, et depuis, quand il avait publié son mémoire sur le commerce des actions. Comme auparavant, on lui opposa cette loi des mauvais princes et des mauvaises républiques, que personne n'a flétrie plus éloquemment que lui, cette loi si improprement appelée de salut public, masque derrière lequel la vérité souffre, la justice étouffe et la violence seule se réjouit et fait ses affaires.

Mais je ne me suis pas imposé la tâche, que j'ai d'ailleurs déjà remplie dans un autre livre, de décrire l'agonie du Système, ses dernières convulsions, toutes les iniquités et tous les maux durables dont ses revers comme ses succès remplirent la société. J'avais à dégager le rôle qu'en tout cela a joué le chancelier Daguesseau et je crois l'avoir fait.

Je devrais maintenant, pour atteindre rapidement mon but, passer sans transition à la seconde disgrâce. Mais on pourrait me reprocher, en même temps qu'une partialité sentimentale pour les jours d'exil, une sorte d'embarras à parler des jours de puissance; d'un autre côté, les enseignements que ce livre se propose d'assembler dans l'ordre politique et moral ne seraient pas complets, si je ne faisais du moins entrevoir le chancelier pendant son second ministère, du mois de juin 1720 au commencement de 1722.

Il est réduit au rôle des gens de bien dans les

mauvais jours des monarchies qui s'égarent et n'écoutent plus la voix de la raison.

Son caractère ne le portait pas à la domination; il n'avait pas cette passion du commandement qui lève les obstacles par les mauvais moyens quand les bons ne suffisent pas ou ne sont pas goûtés. Sans doute il voyait bien par quel chemin Dubois était arrivé à s'emparer de la volonté du prince et du pouvoir, ce qui était alors la même chose, mais pouvait-il seulement avoir la pensée de rivaliser avec un tel homme, si ce n'est en lui opposant la dignité de sa vie? Il est rare que sous un prince absolu l'influence politique s'obtienne par des voies éclatantes, on y arrive presque toujours en étudiant et en caressant des faiblesses qui s'ouvrent comme les portes d'une forteresse habilement attaquée. Si le prince a l'amour et la volonté du bien, il faut encore de la prudence et pas mal de petites choses pour réussir; mais si, comme le duc d'Orléans, on ne peut le surprendre que du côté de ses vices, il n'y a place auprès de lui, dans la conduite réelle des affaires, que pour ceux qui savent le parti qu'on peut tirer des défauts d'un prince, et qui, n'étant pas assez élevés en eux-mêmes, marchent à la puissance et à la grandeur par ces serviles degrés. C'est ainsi qu'on s'explique comment dans cette monarchie française et chrétienne, la première place, et de beaucoup, est à l'abbé Dubois et comment celle qu'y occupe le chancelier Daguesseau est effacée, secondaire, incertaine et jusqu'ici à peine remarquée dans l'histoire.

Le rôle politique du chancelier pendant ces deux années n'a donc rien qui doive surprendre; il est surtout occupé à se défendre des excès où on veut l'entraîner, des fautes dont on veut le rendre complice, de cette corruption qui s'étend partout, et qui finit par sembler naturelle, tant il y a peu de gens qui la repoussent.

Les choses étaient au point qu'il n'y parvint pas complétement et que, si l'homme moral ne fut pas entamé pendant ce temps, l'homme public le fut quelquefois; on le fit participer à quelques actes que sa vie antérieure paraissait démentir; il s'y prêta avec une indécision et, si l'on peut ainsi parler, une nonchalance qui montraient que son âme n'y était pas tout à fait et qu'il agissait par soumission ; il signa, après avoir beaucoup hésité et, suivant Saint-Simon, offert de reprendre le chemin de Fresnes, l'exil du Parlement à Pontoise. Mais bien qu'à ce moment le Parlement poussât le gouvernement à bout et qu'il eût aussi lui des torts considérables, Daguesseau ne cacha pas au prince le danger et l'inutilité de cette mesure de rigueur : il nous a laissé sur ce point son sentiment, qui doit aider à juger sa conduite : « A peine le roi (il parle de Louis XIV) eut-il les yeux fermés, que M. le duc d'Orléans, qui voulait alors gagner entièrement le Parlement, *lui jeta presque à la tête* une déclaration qui rétablissait l'ancien usage des remontrances avant l'enregistrement. Mais le prince s'en repentit bientôt après. *Le despotisme qui lui était nécessaire pour faire valoir le Système auquel il se livra*, lui fit supporter impatiemment le joug qu'il s'était imposé à lui-même; les remontrances du Parlement devinrent si fréquentes et si importunes, qu'il chercha à s'en affranchir par la déclaration qu'il fit publier dans le fameux lit de justice qui fut tenu au Louvre le 26 août 1718; mais ce fut un coup de foudre qui fit plus de peur que de mal et dont l'effet ne dura presque autant que le bruit qu'il avait fait. Le Parlement regarda cette nouvelle loi comme non avenue; on voulut l'exécuter, à la vérité, soit à l'égard de l'édit qui réduisait les rentes au denier cinquante, soit par rapport à la déclaration qui fut faite pour *transférer le Parlement à Pontoise* ; mais la réconciliation dont elle fut suivie effaça le passé, et la loi de 1718 est tombée tellement dans l'oubli, pour ne pas dire dans le *mépris*, qu'on n'a pas osé en parler dans tous les mouvements qui sont arrivés au Parlement. »

Un peu plus tard, le régent, passant toute mesure, voulut exiler le Parlement à Blois pour arriver plus aisément à le détruire. Cette fois Daguesseau envoya sa démission au prince, qui en fut très-étonné, presque ému, la refusa, se contint devant cette loyale et salutaire leçon, et laissa vivre le Parlement. Le duc de Bourbon trouvait qu'il y avait de l'*héroïsme* à quitter le pouvoir noblement quand le roi vous l'ôtait; que dut-il penser d'une démission volontaire inspirée par le sentiment du devoir, dictée par l'intérêt public, donnée pour empêcher une faute et comme un ferme et respectueux avertissement? Du point de vue démocratique, cette démission paraît toute simple; mais quand on sait avec quelle facilité les hommes s'habituent à tout admirer dans ceux qui commandent, on ne peut refuser d'honorer la démission du chancelier. Il y a mieux, dans un gouvernement monarchique et absolu, l'honneur, la fermeté, le désintéressement des ministres sont les seules garanties des citoyens; s'ils ne s'opposent à rien, s'ils tremblent devant le prince au lieu de l'éclairer; si, occupés d'eux-mêmes, ils ne songent pas au public, et si, au lieu de faire pénétrer dans le gouvernement les besoins du peuple et ses sentiments, ils les dédaignent dans l'espoir de rester plus longtemps ministres, s'ils ne savent pas, en s'éloignant au besoin du pouvoir, lui donner les seules leçons qu'approuvent le dévouement et le respect, le prince n'a pas de conseillers, le public n'a pas de protecteurs, et le gouvernement s'abaisse et s'égare en même temps.

CHAPITRE XIV

1721. Dubois. — Souffrances morales du chancelier. — Portrait de Fénelon par Daguesseau. — L'archevêché de Cambrai. — Les saintes usurpations de la pourpre romaine. — Dubois jugé par mademoiselle de Seine, de l'Opéra. — Patience de Daguesseau. — Le cardinal de Rohan *menuisier*. — Le chancelier quitte le conseil. — Le duc de Noailles. — Février 1722. — Seconde disgrâce. — Le maréchal de Villeroi l'annonce au roi, qui pâlit. — Le chroniqueur Barbier. — Mariage du marquis de Chastellux avec mademoiselle Daguesseau. — Propos du régent. — Une opinion de joueur. — Voyage des exilés raconté par la chancelière. — Installation à Fresnes. — Les premiers sentiments de la disgrâce. — Lettres inédites. — Le sacre du roi. — M. de Fresnes, conseiller. — Le président Chauvelin.—Les *Ardélions*. — Louis Racine calomnié. — Le *financier malgré lui*.

On en était là en 1721, et, malgré tout son honneur personnel, D'aguesseau reçut des atteintes de cet abaissement général. Il vit s'élever à côté de lui et bientôt au-dessus de lui cet abbé sans religion, cet homme sans probité et sans mœurs, ce pédagogue devenu ministre, cet aventurier du vice, qui allait s'appeler le cardinal Dubois. Une des plus grandes souffrances morales pour un homme de bien, c'est de voir la puissance, cette image de la supériorité, arrachée aux mains des princes par des hommes méprisables, et de se sentir commandé directement ou indirectement par des gens qu'on ne peut estimer, malgré la faveur dont ils jouissent. Daguesseau dut la ressentir pendant ces deux années, et je regrette qu'il ne l'ait pas exprimée. La discipline monarchique l'en aura empêché. C'est elle aussi qui lui a fait porter jusqu'au commencement de 1722 ce lourd fardeau d'un pouvoir qu'on n'exerce pas, qui, au lieu de vous honorer dans le présent et dans l'histoire, vous compromet et quelquefois vous dégrade. Il avait vu, pendant son premier ministère, Law exploiter la crédulité du régent; il vit, pendant le second, Dubois exploiter ses faiblesses et ses vices, jusqu'à devenir cardinal et premier ministre.

Le chancelier avait dans sa jeunesse aimé et admiré beaucoup l'abbé de Fénelon. Il avait été, comme tout le monde, charmé par cette piété plus attendrie que grave, plus aimable que sévère, partagée entre la discipline et la liberté, se donnant à l'une par goût, à l'autre par devoir et par humilité. Chez son père, où il le voyait souvent, il avait avec lui parlé de religion, d'éloquence, de l'amour des hommes, des devoirs des princes. Le jeune magistrat, avec les grâces de son esprit, la solidité de sa raison, sa science précoce, son onction civile, dut plaire à Fénelon et provoquer les séductions de cette âme enchanteresse. Le charme qu'exerçait le prélat devait être bien grand, si on en juge par l'émotion religieuse que sa seule mémoire causait à l'un des cœurs les plus tristes et les plus irrités de ce monde, celui de Jean-Jacques Rousseau. Daguesseau n'a laissé échapper aucun des traits de ce brillant et sympathique apôtre, et il a fait de lui une peinture dont les couleurs sont moins vives, mais plus fidèles et peut-être plus correctes que celles de Saint-Simon : « L'abbé de Fénelon, depuis archevêque de Cambrai, était un de ces hommes rares, destinés à faire époque dans leur siècle et qui honorent autant l'humanité par leurs vertus qu'ils font honneur aux lettres par leurs talents excellents : facile, brillant, dont le caractère était une imagination féconde, gracieuse et dominante, sans faire sentir sa domination. Son éloquence avait, en effet, plus d'insinuation que de véhémence, et il régnait autant par les charmes de sa société que par la supériorité de ses talents, se mettant au niveau de tous les esprits et ne disputant jamais, paraissant même céder aux autres, dans le temps qu'il les entraînait. Les grâces coulaient de ses lèvres, et il semblait traiter les plus grands sujets pour ainsi dire en se jouant. Les plus petits s'ennoblissaient sous sa plume, et il eût fait naître des fleurs du sein des épines. Une noble singularité répandue sur toute sa personne, et je ne sais *quoi de sublime dans le simple,* ajoutaient à son caractère un certain air de prophète; le tour nouveau, sans être affecté, qu'il donnait à ses expressions, faisait croire à bien des gens qu'il possédait toutes les sciences, comme par inspiration; on eût dit qu'il les avait inventées plutôt qu'il ne les avait apprises. Toujours original, toujours créateur, n'imitant personne et paraissant lui-même inimitable. Ses talents, longtemps cachés dans l'obscurité des séminaires, et peu connus de la cour, lors même qu'il se fût attaché à faire des missions pour la conversion des religionnaires, éclatèrent enfin par le choix que le roi en fit pour l'éducation de son petit-fils, le duc de Bourgogne. Un si grand théâtre ne l'était pas trop pour un si grand acteur, et, si le goût, qu'il conçut pour le mystique n'avait trahi le secret de son cœur et le faible de son esprit, il n'y aurait point eu de place que le public ne lui eût destinée et qui n'eût paru encore au-dessous de son mérite. »

C'est à cet archevêché de Cambrai, aussi illustre que l'évêché de Meaux, que Daguesseau vit appeler, par un des plus grands abus qui aient été faits en ce monde de l'autorité souveraine, et comme par un jeu de la religion, l'abbé Dubois à la place de l'abbé Fénelon. Mais l'ambition de Dubois ne devait pas s'arrêter là, et, voulant par sa grandeur montrer toute la bassesse de son temps, il arriva, suivant l'expression d'une actrice de l'Opéra, mademoiselle de Seine, aux saintes usurpations de la pourpre romaine. Je suis frappé d'une chose en revoyant de près cette partie de l'histoire. J'admire comment dans le cœur du chancelier le respect de l'Église et du prince ne souffrit pas davantage de ces profanations religieuses et politiques.

J'avoue que, pour mon goût, je l'aimerais mieux en révolte ouverte contre un si grand mal, mais il ne s'y mit pas; toutefois il ne voulût pas subir jusqu'au bout l'immorale et scandaleuse tyrannie du cardinal Dubois.

Ce personnage, qui mérite si bien qu'on lui applique l'assimilation qu'Aristote fait du courtisan et du démagogue, fit descendre la royauté jusqu'à lui, y abaissa l'Église, et, non content de la réalité du pouvoir que lui laissait le régent, il voulut en avoir toutes les marques et s'asseoir dans le conseil au-dessus de tout le monde.

Pour y arriver, il se servit d'un homme que, malgré son grand nom, cet emploi couvre dans l'histoire de honte et de ridicule. Il fit avancer avant lui le cardinal de Rohan, qui se plaça au-dessous du régent, au-dessus du chancelier, et qu'on appela dès lors le *menuisier*, parce qu'il fit ainsi la *planche* à Dubois.

Cette prétention de Dubois fit éclater ce qui restait d'honnête au fond des cœurs, et le chancelier fut le principal organe de cette légitime révolte. Il refusa de s'asseoir au-dessous des cardinaux, pour n'être pas assis au-dessous de l'homme le plus puissant et le plus méprisable du royaume. Au fond, la mesure était comble, et la domination du vice allait au moins rencontrer une protestation.

Le duc de Noailles, le maréchal de Villars, le chancelier, cédèrent la place à cet homme de rien, si inférieur, au fond et dans la forme, qu'il ne pouvait même pas atteindre à la politesse, et ils se retirèrent du conseil de régence.. Le duc de Noailles, ayant rencontré Dubois au Louvre, lui dit avec un mépris qui soulage, même à la distance où nous sommes de 1722 : « Cette journée sera fameuse dans l'histoire, monsieur ; on ne manquera pas d'y marquer que votre entrée dans le conseil en a fait déserter les grands du royaume. »

Daguesseau fut pour la seconde fois exilé à Fresnes. Vaincu par Law deux ans auparavant, il fut, dans cette occasion, sacrifié à un homme qui n'avait même pas les séductions de Law, et dont l'importance restera comme une tache ineffaçable sur la monarchie française.

La portée de cette mesure fut sentie même par le roi. Quand le vieux duc de Villeroi lui donna la nouvelle de l'exil du chancelier, l'enfant pâlit et sembla comprendre qu'en éloignant de lui l'homme peut-être le plus honoré de son royaume on en éloignait le respect si nécessaire autour des trônes. Le duc lui dit qu'on exilait un homme bien *respectable* et le pria de se souvenir du chancelier quand il serait tout à fait roi.

Cette fois, l'opinion publique se manifesta avec vivacité. Le chancelier en reçut de nombreux témoignages, et il dut, comme il l'écrivait quelques jours plus tard, croire qu'il avait une vocation pour la disgrâce. C'est ce moment que l'avocat Barbier choisit pour le représenter comme « livré au régent et ne voulant pas faire un second voyage à Fresnes. » Il est vrai que ce chroniqueur, que, suivant moi, on a beaucoup trop exalté dans ces derniers temps, ajoute, quelques jours plus tard, quand l'exil est prononcé : « *Le bon de tout cela* est le régent, qui se f.... d'eux tous, du chancelier et des ducs, et qui n'en va pas moins son train. Ce cardinal Dubois est d'*une politique* étonnante... » Ceci prouve qu'il y aura toujours des esprits médiocres pour admirer les plus mauvais succès et

pour se moquer des plus respectables défaites.
Mais il serait injuste de voir l'opinion publique
dans ces quelques lignes d'un avocat journaliste
qui est presque constamment du côté du plus fort.
Il est certain, au contraire, que le chancelier fut
l'objet d'une très-vive et très-honorable sympathie,
qui éclata à la ville et à la cour. Lors de sa première disgrâce, il n'avait voulu, dans les heures
qui avaient précédé son départ, recevoir personne,
excepté ses proches et quelques amis ; il avait évité
d'être la cause et le sujet d'un blâme indirect
adressé au prince qui l'éloignait ; cette fois, il crut
pouvoir se prêter aux témoignages d'estime et d'approbation qui vinrent à lui, et il en reçut beaucoup,
sous les yeux mêmes du régent. Ce prince ne les remarqua, ni pour en profiter ni pour s'en plaindre,
tant il était devenu indifférent, dans le gouvernement, aux choses d'honneur, de dignité et de morale. Tout cela lui semblait un jeu et comme une
partie dans laquelle l'important était de gagner ou
de se mettre du côté des gagnants ; il prit même
une occasion d'exprimer à ce sujet son opinion de
joueur. Quelques jours avant la disgrâce (16 février), et quand on la pressentait, M. le marquis
de Chastellux avait épousé mademoiselle Claire Daguesseau. Cette famille de Chastellux, aussi vieille
qu'illustre, représentait encore à ce moment cette

solide et rare noblesse de province que la cour n'avait ni altérée ni compromise; elle avait depuis des siècles répandu son sang pour le roi, et la monarchie lui devait plus qu'elle ne devait à la monarchie. Elle avait avec cela des mœurs élevées et pures, et comme une simplicité bourgeoise au milieu de ses grandes actions et de ses grands titres. Tous les historiens, tous les auteurs de mémoires, lui reconnaissent ces mérites réunis et paraissent un peu la louer comme une exception. On peut bien compter comme un éloge son alliance avec la famille du chancelier; car tout fait croire que, dans cette alliance, les Chastellux avaient cherché l'honneur bien plus que les honneurs, les vrais biens et non pas les faux. Le régent, supposant le contraire et n'imaginant pas qu'un mariage fût autre chose qu'une bonne ou une mauvaise affaire d'ambition, plaignit à sa façon le marquis de Chastellux, et, comme pour répondre au sentiment public, ému de l'exil du chancelier, par une raillerie, il dit à ses amis et à ses maîtresses : « Ce pauvre Chastellux a donné dans le pot au noir et s'est fait poissonnier la veille de Pâques. »

Mais le marquis de Chastellux et les siens (c'est le premier trait touchant de cette disgrâce) montrèrent pour le chancelier exilé une sorte de passion. Ils ne lui étaient unis que depuis quinze jours : ils l'entourèrent comme ses propres enfants, et remplirent le carrosse qui conduisit les exilés à Fresnes. Nous avons sur ce voyage une lettre de la chancelière, qui n'a encore été publiée nulle part, qui nous met sur la route de Fresnes au milieu de sentiments nobles, doux, aimables, sincères, et nous fait voir tous les détails de ce départ, ceux du voyage et ceux de l'arrivée. Le plus grand chagrin des exilés, c'est de laisser à Paris leur fils aîné, devenu l'année précédente avocat général au Parlement ; la chancelière, à l'idée de cette séparation, ne peut pas retenir ses larmes : « mes larmes apprirent, dans le carrosse, à M. de Chastellux combien je vous aime ; » mais elle se relève aussitôt, et, toute pleine de l'honneur que cet exil fait à son mari, elle dit à son fils : « Que la gloire et les exemples que M. votre père vous donne vous soutiennent. » Ce fils, dont le chancelier, dans une des lettres de sa première disgrâce, remerciait Dieu comme d'une perfection, est l'objet des premières émotions de l'exil, et c'est à lui, non au pouvoir perdu, qu'on s'attache et qu'on pense.

On arrive à Fresnes dans une maison *très-dérangée*, qui n'est pas, comme le cœur de ses hôtes, préparée pour l'exil ; on y fait un *très-mauvais dîner* qu'on trouve très-bon ; le temps est si beau, qu'à peine descendus de voiture on fait à pied une lieue et demie; le chancelier en a le visage tout *épanoui*. « Il me paraît, écrit la chancelière à son fils, qu'il n'y a que vous que votre père regrette de tout ce qu'il a laissé à Paris... Mais il se console et me console en même temps en m'assurant qu'il n'est nullement en peine que vous ne vous conduisiez très-bien dans les affaires difficiles qui pourraient arriver pendant son absence, et que vous vous formerez bien mieux, pour être un grand homme, en vous déterminant par vous-même... Il compte que vous consulterez beaucoup mon frère (M. d'Ormesson) et M. de Valjouan, *qui ont des sentiments d'honneur et de probité*, et qui ne sont point *outrés*. »

Il y avait des *ultra*[1] que Daguesseau avait souvent signalés au prince; c'est à eux que pense la chancelière, et elle ajoute, avec un grand sentiment de mesure et de dignité, toujours sur le même sujet : « Tâchez, mon cher fils, de ne vous point laisser abattre par l'ennui de notre absence; voyez vos amis souvent; pour vous en faciliter les moyens, je vous enverrai demain matin *un supplément de deux chevaux de carrosse*. Présentez-vous souvent chez le roi, et voyez souvent M. de Fréjus, sans pourtant vous ouvrir trop à lui; et, pour le Palais-

---

[1] Il y en a toujours eu : il y en avait du temps de Pasquier qui lui faisaient dire : Sur ce pied a été bâtie la ruine de notre État de France premièrement par je ne sais quelle invention d'*ultra contents* qui ont rendu tous les gens de bien *mal contents* (le Pour-Parler du prince).

Royal, mon frère vous dira mieux que moi si vous devez y aller souvent ou non... »

A ces sentiments, à cette sagesse, à cette douce fierté, la chancelière mêle des détails qui complètent, non sans charmes, l'histoire de ce voyage et de ce changement d'état. Sans luxe pour lui-même et d'une grande simplicité personnelle, Daguesseau dans le gouvernement avait une existence digne de ses éminentes fonctions; avec la décence de l'homme de goût et l'art exquis de celui qui sait rester simple sous de grands dehors, il avait une maison somptueuse pour le public et grave pour lui-même; les dépenses de sa table, comme chancelier, sont, je crois, historiques, mais sa sobriété l'est aussi. Enfin, au moment de l'exil, la chancelière venait de commander une dépense de luxe; elle renouvelait sa *livrée*, non pas comme madame Fabri, la femme du chancelier Séguier, qui se faisait donner des draps *gratis* par les marchands, mais avec du drap qu'elle avait acheté. Elle n'a pas besoin pour Fresnes de ces splendeurs, il lui faut pour ses gens des habits moins brillants, et elle prie son fils de veiller à la métamorphose.

« Je vous prie, mon cher fils, de dire à M. Maupertuis[1] qu'il fasse bien nettoyer le carrosse de M. le

---

[1] Cela me fait douter que Maupertuis dont il est si souvent question dans l'intimité du chancelier soit Maupertuis le savant.

chancelier et le mien, et que je crois qu'il faudrait après les emballer avec les rideaux de toile qui sont dans la remise ; et, *à l'égard de notre livrée*, qu'il faut qu'il fasse reprendre le drap au marchand, puisqu'il n'est pas coupé, et faire faire promptement les surtouts ; et si les vestes ne sont point coupées, je ne sais s'il ne faudrait point en faire aussi reprendre l'étoffe et faire les vestes semblables aux surtouts, parce que la couleur n'assortirait pas. Je m'en remets à *sa* prudence. »

Enfin, un dernier trait termine ce tableau tracé par la chancelière elle-même ; la disgrâce est prise à la fin de la lettre, presque comme un plaisir ; on attend déjà des visites, et on désire de la musique. « M. Dutillet vient mercredi (la lettre est du 2 mars) ; si M. Delmare a impatience de venir, il pourrait lui demander une place, sinon je le ferai venir en même temps que Plaintmont ; *il faut qu'il nous apporte de la musique.* »

De son côté, le chancelier ouvre tout de suite 5 mars 1722) avec sa fille, qui habite une maison religieuse, une correspondance qui, à elle seule, est un chef-d'œuvre de sentiment, de piété, de résignation religieuse. Cette fille sera toujours malade, et son père, par ses lettres, la soutiendra dans ses épreuves et lui montrera Dieu qui se l'est réservée et qui l'attend. C'est à elle que, dès le

5 mars, il fait connaître combien son cœur est au-dessus de la disgrâce : La Providence sait mieux ce qui nous convient que nous-mêmes, lui écrit-il; je l'ai déjà éprouvé dans mon premier éloignement, et j'espère qu'il en sera de même dans le second. Daguesseau savait son Malherbe par cœur, et je m'étonne qu'il n'ait pas ajouté :

> Vouloir ce que Dieu veut est la seule science
> Qui nous met en repos.

Quelques amis accoururent vers le chancelier sans prendre conseil de la politique, et, parmi eux, au premier rang, on trouve Louis Racine. Il était cependant retenu à Paris par bien des liens. Sa pauvreté n'avait pas diminué, son travail lui était nécessaire, son *Poëme de la Grâce* était encore chez l'imprimeur Coignard, sa sœur était malade, et, pour comble de maux, il était amoureux. Toutefois il n'hésite pas, et il annonce au chancelier qu'il va partir pour Fresnes, à moins que la santé de sa sœur (ce sera le seul obstacle et l'amour lui-même sera sacrifié à l'amitié) ne devienne assez mauvaise pour l'en empêcher. Aussi le chancelier lui écrit, le 9 mars, une lettre qui l'honore plus que les faveurs du prince : « Je m'attendais bien, monsieur, à vous revoir ici avec la disgrâce ; vous marchez volontiers à sa suite, et je *vous mets au nombre des biens qui l'accompagnent*, ou plutôt qui la font oublier. Ne louez pas la tranquillité que vous croyez que je conserve à Fresnes ; vous ne savez pas comment je suis quand vous n'y êtes pas. Vous y apporterez un nouveau mérite en cette occasion, par la préférence que vous lui donnerez sur une passion naissante ; c'est une circonstance dont madame la chancelière sera fort touchée. Je doute même que madame de Chastellux, quoique peu prévenue en votre faveur, puisse lui refuser son admiration. »

Racine, mêlant un badinage au récit qu'il avait fait au chancelier de sa passion naissante, ou croyant vraiment faire de la politique amoureuse, lui avait écrit qu'il était persuadé que son absence servirait son amour et que celle qu'il aimait, en le voyant courir à Fresnes, ne douterait pas de la chaleur ni de la tendresse de son âme. Daguesseau lui répond à ce sujet avec une finesse qui limite à la moquerie : « Je me garderai bien de lui dire (à madame de Chastellux) que vous croyez faire votre cour à votre maîtresse en la quittant, et lui faire voir par là que vous êtes capable d'aimer. Madame de Chastellux ne manquerait pas d'abuser de cette raison, par le goût qu'elle a pour découvrir le faible des vertus humaines. Votre secret demeurera donc, s'il vous plaît, entre votre maîtresse et moi. Vous ne devez pas y avoir de regrets, parce que peu de personnes seraient tentées de vous imiter s'il était plus connu, et vous ne devez pas craindre d'avoir des rivaux qui sachent porter si loin la délicatesse en amour ; vous n'en avez pas moins pour les choses qui peuvent me regarder; je reconnais un ami et un philosophe beaucoup plus qu'un poëte dans la précaution que vous avez prise à l'égard de Coignard. Je doute fort que celui à qui il aura affaire le presse fort de faire paraître un ouvrage dont je prive le public malgré moi depuis longtemps (il s'agit du *Poëme de la Grâce*). Je vous ferai voir à Fresnes des observations qui vous mettront peut-être en état de tirer un jour cet illustre captif de la prison où il languit injustement. » — Le chancelier termine ainsi cette lettre, l'une des premières datées de son second exil : « Vous redoublez les vœux que j'aurais faits sans intérêt pour la santé de mademoiselle votre sœur, puisque c'est de sa guérison que vous faites dépendre, avec raison, votre départ pour Fresnes. Vous me faites d'ailleurs de si grands sacrifices, que je ne me flatte point quand je crois vous revoir bientôt ici libre de toute inquiétude, au-dessus des revers de la fortune, au-dessus même des faiblesses de l'amour, et disant, en dépit de Properce : *Propter amicitiam nunc violandus amor*.

Je vous y attends avec une véritable impatience, et je serai ravi de vous y assurer moi-même que personne n'est plus véritablement à vous que moi. »

Dès le mois de mai, le chancelier est installé dans sa retraite de Fresnes, au milieu de ses livres et de ses manuscrits ; à ceux qu'il a déjà, à ceux qu'il fait venir de Paris, on le prendrait pour un bénédictin séparé du monde et qui se précipite sur la science, objet, après Dieu, de ses plus vives ardeurs. Cependant le ministre disgracié n'a pas entièrement disparu, et voici par quel petit signe il se montre. M. le duc d'Orléans vient d'avoir un *rhume négligé;* Daguesseau a fait régulièrement demander de ses nouvelles, mais il ne sait pas trop s'il est bon que le prince en soit informé, il confie ses hésitations à son fils, et s'en rapporte à cet égard à ce que pensera le chevalier de Conflans, dont la prudence et l'amitié lui sont connues. Mais je m'aperçois que l'analyse ne peut remplacer la lettre dans laquelle le chancelier, deux mois après sa disgrâce, se laisse voir tel qu'il est, amoureux de l'étude, portant l'exil en savant et en sage, un peu tourné vers le prince qui l'a exilé, et lui adressant non pas une flatterie, ce qui gâterait le tableau, mais une prévenance d'honnête homme, qui craint d'être pris pour un courtisan. Je donne donc la lettre en entier[1] :

« 18 mai 1722. — Vous ne perdrez jamais rien avec moi, mon cher fils, en donnant toujours la préférence au devoir, et j'ai encore plus de plaisir à vous savoir dans cette disposition que je n'en aurais à vous voir. Nous vous renvoyons aujourd'hui M. et madame de Chastellux, pour vous tenir compagnie; vous n'en avez peut-être guère moins besoin que nous, car je crois que vos soirées doivent être assez tristes... Vous avez rétabli l'ordre dans notre maison dont nous l'avions banni, et j'espère que vous allez devenir un si habile homme, que mon absence vous aura été plus utile que ma présence ne l'aurait pu être. Cela ne vous empêchera pas pourtant de me venir voir à Fresnes et de me réserver du moins vos distractions; j'attends samedi avec impatience pour vous embrasser, mon cher fils, et vous assurer moi-même de toute ma tendresse. Faites bien des amitiés pour moi à tout ce qui est avec vous à Paris et dites à M. le Brasseur que je le prie de m'envoyer i.i le *Pseautier de Vatable*; je crois en avoir deux à Paris, et j'aimerais mieux qu'il m'envoyât celui qui est relié en veau que celui qui est en vélin. J'attends aussi mes portefeuilles de vélin, que j'avais dit, en partant, à

---

[1] Elle n'a d'ailleurs pas été publiée.

M. Zacharie qu'il fallait m'envoyer. Il me semble qu'il me manque bien d'autres livres que j'avais demandés. Mais c'est peut-être faute d'occasion propre à me les faire apporter. J'ai oublié d'y comprendre le *Masham* et l'*Usserius* qu'il faudra m'envoyer quand on le pourra; j'aurai aussi besoin des grands cartons qui ont pour titre : *Constitution de* 1713. Il faudra avoir soin de les bien lier avec la *fisselle* quand on me les *envoyra*.

« J'ai su depuis votre lettre que le mal de M. le duc d'Orléans n'était qu'un rhume négligé; ainsi il y a lieu d'espérer qu'il en sera bientôt quitte; vous verrez avec M. le chevalier de Conflans *s'il convient qu'il lui dise* que j'ai envoyé savoir régulièrement de ses nouvelles, je m'en rapporte sur cela à sa prudence et à son amitié pour moi. »

Une grande fête monarchique qui se prépare, le sacre du roi, l'enlève un moment au calme de sa retraite et l'attire à une sorte de combat qui est plutôt un combat de savant qu'un empressement de courtisan et un désir de vanité. On lui envoie de Paris des mémoires pour établir que lui seul, et non le garde des sceaux, a le droit d'assister au sacre. Le voici qui cherche dans l'histoire avec une savante ardeur; il n'a pas sous la main les documents qui peuvent l'éclairer; de Fresnes il dicte les recherches avec une précision et un soin étonnants; il dit à son fils de voir dans Sainctot, il lui indique le volume, l'édition et la page, il charge M. Fréteau d'aller copier les documents manuscrits; on ira trouver Clairambault, le généalogiste du roi, qui *devra mettre tout en œuvre* pour trouver les mémoires qui établissent le droit et l'usage; M. de Valjouan, qui est lié avec le conseiller de Mesgrigny, fouillera dans les papiers de la famille de Rhodes; enfin on s'adressera à un de ces hommes obscurs qui savent ce que tout le monde ignore, qui ont recueilli les traditions et *collationné* les précédents, M. Lancelot. Avec cela on devait gagner la bataille, cependant on la perdit, et ce fut le garde des sceaux, M. Fleuriau d'Armenonville, le protégé de Dubois, un de ces ministres qui ne valent pas leurs commis, qui représenta au sacre de Louis XV la justice, à côté du maréchal d'Estrées en connétable.

Sauf ce mouvement vers Paris et la cour, le chancelier, dans cette année 1722, fut tout à ses livres, à ses enfants, à ses amis; il est particulièrement à sa fille qui a passé du couvent de *Sainte-Marie* à celui de la *Présentation*, sous la direction de mademoiselle de Fronsac et qui vient d'être atteinte de ce mal cruel qui ne la quittera plus : elle a des *vapeurs* (c'est le nom que son père lui-même donne à son mal); en réalité, elle est en proie à une maladie nerveuse qui étonnera et déjouera les plus habiles médecins, depuis M. Pousse jusqu'à Helvétius. Il écrit aussi à son fils, de Fresnes, qui devient conseiller et qui est installé à la seconde chambre des requêtes par le président Chauvelin, le futur garde des sceaux. Malgré la disgrâce, le président Chauvelin, en installant le fils, a fait l'éloge du père, et le chancelier le remercie de ses *honnêtetés*. Mais tout le monde n'a pas été aimable pour le fils du ministre exilé; il a eu quelques déboires et se plaint des *ardélions*. Son père lui répond à ce sujet : « Il faut laisser les torts où ils sont, et rien ne me coûte moins à oublier. »

Nous sommes au 7 septembre, les vacances commencent, l'avocat général et le nouveau conseiller arrivent à Fresnes; le conseiller y apporte son Domat pour l'étudier avec son père.

Louis Racine paraît aussi dans cette première année de la seconde disgrâce, et il reçoit du chancelier, comme homme et comme poëte, les plus vifs témoignages de bonté et d'affection.

Le poëte de la *Grâce* avait les ennemis de la *Grâce* elle-même, et ils étaient nombreux ; une étourderie le fit accuser d'immoralité, et, suivant son chemin accoutumé, la calomnie arriva vite à Fresnes chez ses meilleurs amis : elle y fut reçue avec une grave incrédulité. Mais elle y éveilla quelques inquiétudes. Racine, ému, se défend et se justifie. Daguesseau lui répond :

« A de moindres fureurs je n'ai pas dû m'attendre.

« Votre sensibilité ne me surprend pas, monsieur; je serais bien surpris au contraire si vous en aviez moins, quand on vous attaque sur les mœurs. Il y a longtemps que je sais que votre réputation vous est plus chère que votre fortune, et ce sont ces sentiments que j'ai estimés encore plus en vous que vos talents. Ne craignez donc aucun changement de ma part ; votre vivacité ne m'édifie pas seulement, je connais trop votre caractère pour ne pas ajouter qu'elle vous justifie pleinement. Il a couru de mauvais bruits sur votre sujet; ils sont venus *jusqu'ici;* la vertu la plus pure est souvent celle qu'on épargne le moins; elle a contre elle, comme le disait un bel esprit de nos jours, la cabale des sept péchés mortels. » La calomnie avait *rajeuni* Racine pour le rôle qu'elle lui donnait, et tout Paris s'était ému de l'accusation ; Valincour se jeta dans la querelle et défendit l'accusé dans une lettre adressée au chancelier. Celui-ci lui répondit: « M. Racine s'était déjà bien justifié auprès de moi sur les mauvais propos qui m'étaient revenus sur son compte et dont j'avais cru devoir l'avertir. Votre témoignage seul aurait suffi pour les effacer de mon esprit ; ce n'est pas seulement une apologie, c'est un éloge d'avoir un tel défenseur ; personne ne saurait en avoir de meilleur auprès de moi ni auprès de madame la chancelière ; *nous honorons tous deux également votre vertu.* »

Mais craignant de n'avoir pas assez rassuré Racine, le chancelier cède la plume à sa femme, qui écrit au poëte en lui envoyant le plus aimable et le plus affectueux certificat d'innocence.

Malheureusement Racine était exposé à d'autres coups qu'à ceux de la calomnie, et le chancelier n'avait que trop de raison de lui écrire : « Plût à Dieu que votre fortune fût aussi facile à rétablir que votre réputation. » De rares amis cherchaient à améliorer le sort du poëte ; il y avait parmi eux M. de Verneuil, secrétaire du roi, neveu de l'abbé Renaudot ; Racine, pour reconnaître sa bienveillance, compose une épigramme destinée à être mise au bas du portrait du savant abbé. Daguesseau reçoit cette épigramme à Fresnes au mois d'août 1722 ; il la critique avec une sévérité affectueuse et ne passe ni un vers ni un mot à son malheureux ami ; il lui propose même des vers à la place des siens. Ne pourrait-on pas dire, au lieu de ce que vous dites :

« Pour attester la foi d'un auguste mystère,
Jusque dans l'hérésie il trouva des témoins;
L'orient au couchant l'annonce par ses soins;
La sainte antiquité par sa voix nous éclaire,
La nouveauté profane est forcée à se taire. »

Mais, bons ou mauvais, les vers de Racine ne changent pas son sort; ni le chancelier, ni M. de Verneuil, ni M. Valincour, ni le souvenir de son père ne peuvent l'enrichir, et quand il se dispose à aller à Fresnes goûter au moins le repos, les charmes de l'amitié et de l'étude, reprendre les *chalumeaux* qu'il y a laissés, on l'envoie dans une nouvelle et obscure fonction de finances, loin de Paris, en Provence. Le chancelier en a un mouvement de colère; il appelle ce qui arrive *un crime de la fortune*, et il nomme son jeune et cher ami : *le financier malgré lui.*

CHAPITRE XV

Toute-puissance de Dubois. — Il s'empare du jeune roi. — Trois lettres de cachet. — Le chancelier appelle celle qui lui est envoyée à Fresnes la *précaution inutile*. — Le lit de justice du 22 février 1723. — Un garde des sceaux qui n'a rien perdu ni rien gagné. — Les faveurs scandaleuses faites aux enfants des personnes en place. — Un manuscrit de Bossuet légué au chancelier par l'abbé Fleury. — Le roi donne une lettre de cachet pour l'avoir. — La politesse de Dubois. — Le président Hénault *souffleur* au lit de justice. — L'avocat général de Lamoignon ose faire l'éloge de Daguesseau. — M. d'Armenonville au lit de justice. — L'édit des duels. — L'opinion de Daguesseau sur ce point. — Celle de Marat, *l'ami du peuple*. — Le mandement du cardinal de Bissy dénoncé au Parlement par l'abbé Menguy. — *Sainte* colère de Dubois. — Août 1723. — Mort de Dubois. — Son oraison funèbre faite par le régent. — Le régent premier ministre. — Les compliments que lui adresse Daguesseau. — Discours de rentrée de l'avocat général Daguesseau sur la raison. — Grand succès. — Grande joie à Fresnes. — Les vers de Racine sur les *trois* Daguesseau. — La maréchale de Chamilly à Fresnes; elle y meurt. — Son portrait. — Mort du duc d'Orléans.

On pouvait espérer que le roi ne partagerait pas l'engouement du duc d'Orléans pour le cardinal Dubois, et croire que ce ministre allait descendre; mais il n'en fut rien, et son crédit augmenta. Il attaqua le jeune roi par ses mauvais côtés, approuva sa nonchalance, flatta ses premiers caprices et resta le véritable maître. Il avait éloigné du duc d'Orléans tous ceux qui avaient gêné son pouvoir et critiqué l'abus qu'il en faisait. Il avait fait exiler, sans compter Daguesseau, le duc de Noailles et le marquis de Canilhac ; le maréchal de Bezons s'était retiré pour ne pas subir son omnipotence. Au commencement de 1725, il obtint du jeune roi trois lettres de cachet, qui forment comme trois taches sur la première année de cette royauté : l'une contre le maréchal de Villeroy, pour les deux ans qui lui restaient à vivre ; Louis XV, en la donnant, n'eut même pas cette émotion de l'adolescence qu'il devait à son vieux gouverneur, et son ingratitude parut pleine de sang-froid et de maturité ; la seconde était pour le duc de Noailles et prolongeait son exil ; quant à la troisième, elle fut envoyée à Daguesseau, dans le mois de février, au moment du lit de justice (22 février) ; elle donnait à son exil l'authenticité et l'approbation du roi, qui ne se souvenait plus d'avoir pâli en apprenant la disgrâce du chancelier. Voici comment elle fut reçue à Fresnes : « 24 février 1725. Je devrais, mon cher fils, vous rendre récit pour récit (le fils du chancelier lui a envoyé des détails sur le lit de justice) et vous raconter le *détail* d'un *événement* qui s'est passé à Fresnes, lieu où, grâce à Dieu, il ne s'en passe guère ; mais votre frère le chevalier sera une lettre vivante qui vous expliquera les circonstances, et vous fera part des pensées qui me sont venues dans l'esprit à cette occasion, qui après tout n'ajoute qu'*une précaution bien inutile* à la ferme résolution dans laquelle j'ai toujours été de ne point penser à sortir d'ici jusqu'à ce qu'on juge à propos de m'en rappeler [1]. »

Toutefois le chancelier regarde un peu plus souvent du côté de Paris que pendant sa première disgrâce ; il se mêle même, par l'intermédiaire de son fils, l'avocat général, à quelques événements ; il porte sur les choses et sur les personnes des jugements qui méritent d'être recueillis par l'histoire ; son successeur, M. Fleuriau d'Armenonville, a été, au lit de justice, *insolent* envers le Parlement ; c'est un sous-ministre, et, comme dit Duclos, un sous-tyran [2] ; le chancelier lui ôte les couleurs du ministère, qui trompent toujours un peu les yeux, et le peint au vif : « Ce que vous me mandez du mécontentement où l'on est d'un *homme* que je connais ne me surprend pas. Je crois qu'il n'a rien acquis depuis qu'il est en place, mais aussi il n'a rien perdu ; il est tel qu'il était quand on l'y

---

[1] Lettre complétement inédite.
[2] Comme on ne voulait qu'un homme qui sût obéir, dit le président Hénault parlant de sa nomination, le choix tomba sur lui.

a mis. » Un de ses fils lui parle d'une faveur scandaleuse qu'un conseiller au Parlement, M. de Vougny, a obtenue pour un de ses enfants : il répond : « J'ai envie de faire imprimer la lettre que vous m'avez écrite sur M. de Vougny, pour apprendre aux pères la modération qu'ils doivent avoir dans les dignités qu'ils veulent donner à leurs enfants, et combien ils doivent être plus occupés de leur mérite que de leur fortune.

Dans une occasion intéressante, il se donne contre la cour un plaisir d'érudit et de gallican. L'abbé Fleury, confesseur du roi, mort au mois de mai 1714, avait un précieux manuscrit de Bossuet, deux volumes in-folio, sur la défense de la déclaration du clergé de France ; comme cet ouvrage avait une grande importance pour les rapports de l'Église et de l'État, l'abbé Fleury n'avait pas cru pouvoir en mourant le confier à un dépositaire plus digne que Daguesseau, alors procureur général. Ce manuscrit avait été un moment dans les mains d'un avocat janséniste très-considéré au Palais, M. de la Vigne. Le cardinal Dubois l'ayant appris et voulant avoir ce grand document, donna une lettre de cachet contre l'avocat de la Vigne ; mais celui-ci, qui n'avait plus la pièce recherchée, reçut assez plaisamment la lettre de cachet et le messager du cardinal. Battu de ce côté, M. d'Argenson, le lieutenant de police, découvrit enfin le séjour du manuscrit. Il était entre les mains du fils aîné du chancelier, l'avocat général. Alors, au lieu d'une lettre de cachet, Dubois écrivit à ce jeune magistrat une des lettres les plus polies qu'il ait jamais écrites, dans laquelle il lui disait : « Sa Majesté désirant depuis plus de six mois d'avoir cet ouvrage, je ne crois pas, monsieur, pouvoir vous donner un meilleur conseil que de vous inviter à le porter au roi, comme un présent, et de supplier Sa Majesté de l'accepter. Je souhaite que ce chemin vous paraisse le plus agréable. »

Le chancelier reçoit cette politesse comme si elle ne venait pas d'un ennemi : « Il n'y a rien de plus poli, écrit-il à son fils, que la lettre que M. le cardinal Dubois vous a écrite; » et il l'engage naturellement à porter le manuscrit au roi. Mais il n'est pas fâché de saisir cette occasion pour se moquer un peu de l'ignorance de la cour, qui ne connaît pas le manuscrit le plus *parfait* de l'ouvrage de Bossuet, et comme, après tout, il est en disgrâce, il ne se croit pas obligé d'instruire à cet égard ses ennemis; il écrit : « Je ne suis fâché de cet événement singulier que parce qu'il vous fait perdre un très-bon livre qu'il vous aurait été fort utile de méditer; mais ce n'est pas une perte irréparable. Il n'est pas impossible que l'exemplaire de

M. Fleury me revienne quelque jour, et, en tout cas, je crois qu'il me sera facile d'en trouver un autre plus parfait; *mais, puisque la cour l'ignore, ce n'est pas à moi de le lui apprendre.* » Son humeur contre la cour prend un peu le ton du dégoût quand il ajoute : « Les événements de cette vie doivent m'avoir appris à ne rien désirer, et *la situation présente des affaires n'est pas propre à exciter des désirs raisonnables.* »

Quant au lit de justice qui a inauguré la royauté de Louis XV, on en connaît les détails, mais Daguesseau les complète. On s'inquiétait beaucoup de cet événement ; on s'attendait à y voir paraître et agir sans ménagements le pouvoir absolu ; mais ce fut presque une comédie. Le président Hénault assure que ce fut lui qui fit le discours du régent et celui du premier président. Il mit dans la bouche du duc d'Orléans une singulière apologie de son gouvernement. En regardant bien, on aperçoit sous cette apologie comme une fine raillerie; il fait dire au prince, à propos du Système : « Je ne vous cacherai rien, Sire, pas même mes fautes, car c'est ainsi que j'appellerai tout ce qui n'a pas réussi pour le bonheur de l'État... Mais du moins la passion de l'avarice qu'il (le Système) éveilla dans toute la nation, absorba toute autre idée et *empêcha de critiquer le gouvernement.* »

Le premier président parla au nom du Parlement comme un *Coton français*, ce qu'il n'était pas : « Nous osons offrir à Votre Majesté ce que nous seuls pouvons lui promettre sans mélange et sans autre réserve que celle qu'inspire le respect. Ce qu'on peut promettre de plus utile au souverain et de plus onéreux au sujet qui le procure, c'est, Sire, la connaissance de la vérité. » Le Parlement aurait bien voulu pouvoir ne pas enregistrer les lettres qui avaient fait M. d'Armenonville garde des sceaux ; mais la présence du roi leva les hésitations. M. l'avocat général Lamoignon requit cet enregistrement, et il *osa* y mêler quelques mots d'éloges pour le chancelier disgracié. Daguesseau attendait avec impatience le résultat de cette séance, son fils envoie pour lui en rendre compte M. Neveu dès le soir même. Le chancelier dit à son fils, en le remerciant : « L'attention que vous avez eue d'envoyer ici M. Neveu dès lundi au soir, pour empêcher que je ne fusse dans l'inquiétude sur ce qui s'était passé au lit de justice, ne m'a guère fait moins de plaisir que d'apprendre l'événement de cette cérémonie qui tenait les esprits en suspens depuis deux mois et qui avait donné lieu à bien de mauvais discours. L'enregistrement des lettres de M. d'Armenonville est un si petit objet, *surtout de la manière dont il s'est passé*, que cela ne vaut pas la peine de s'en fâcher, quoique la nature ait peut-être un peu souffert en vous; le petit mot de M. Lamoignon, votre confrère, renferme tout ce qu'il pouvait et tout ce qu'il devait dire sur ce sujet. Vous me ferez plaisir de lui dire que j'en sens toute la force, et que je suis très-aise d'y reconnaître la droiture de son cœur et la continuation de ses sentiments pour moi. »

On enregistra aussi dans ce lit de justice l'Édit des duels, que Daguesseau critique, sous prétexte que l'adoucissement est bien dangereux en cette matière. J'avoue que je ne comprends pas très-bien sa critique. L'édit qu'à son sacre Louis XV avait juré, *par le grand Dieu vivant*, de porter contre les duels, qui décimaient sa noblesse, punissait le duel de la peine de mort, écartait pour ce crime le droit de grâce et menaçait de l'*indignation* du prince ceux qui sollicitaient en faveur des coupables. Mais un point qui n'attire pas l'attention de Daguesseau dans cet édit attire la mienne, même aujourd'hui, et me semble mériter jusqu'à des éloges actuels. Il n'y a qu'une manière d'attaquer le duel et de le vaincre, et ce n'est pas par la violence; c'est en venant sérieusement au secours de l'homme outragé. Nous attachons, à tort ou à raison, plus d'importance à l'honneur qu'à la vie, et quand nos blessures physiques se ferment avec le temps, celles que reçoit notre honneur restent toujours ouvertes. Il faut donc que la loi, qui protége avec tant de soin nos propriétés et nos fortunes, défende énergiquement notre dignité et punisse les injures de manière à nous interdire le droit et même la tentation de les punir nous-mêmes. Il y a longtemps que je suis frappé de l'insuffisance de nos lois sur ce point ; au cas qu'elles font des injures, à la manière embarrassée et indécise dont elles les poursuivent, aux peines subalternes et sans solennité qu'elles leur infligent, on dirait qu'elles comptent sur une autre répression que la leur, et qu'il leur déplaît de nous garantir entièrement contre les outrages. L'édit de 1723 avait du moins essayé de soumettre à son empire l'honneur des hommes et de le défendre assez bien pour qu'il n'eût pas besoin de recourir aux armes. Il punissait les paroles injurieuses de peines plus sévères que celles qui les atteignent de nos jours, et il obligeait l'offenseur à une réparation publique qui le replaçait au niveau et même au-dessous de l'offensé, en sorte que le roi pouvait dire assez justement : « J'emploie tout le pouvoir que Dieu m'a donné pour arrêter dans leurs principes les conséquences d'un tel abus. » Daguesseau ne voyait pas ce côté de la question, de beaucoup le plus grave, et il s'en tenait à ce vieux et inutile remède d'une rigueur excessive. Un singulier criminaliste, Marat, l'*Ami du peuple*, résumait très-bien, en 1778, l'opinion que je viens d'exprimer : « Quand la loi a pourvu, dit-il, à la réparation des injures, on ne doit point se faire justice à soi-même. Mais, quand elle n'y a point pourvu, l'offensé reste son propre vengeur... On ne cesse de répéter que l'honneur doit nous être plus cher que la vie, et les lois l'ont presque toujours compté pour rien. Qu'un homme refuse de laver un affront dans le sang de son ennemi, il est proscrit de la société; qu'il en tire vengeance, il est flétri par la justice. Que faire dans cette cruelle alternative ?... Pour faire cesser l'usage barbare du duel, je ne vois que deux moyens efficaces : *Le premier serait que la loi ordonnât la réparation des injures.* »

Les querelles religieuses n'avaient pas cessé, quoique Dubois, pour avoir le chapeau, se fût entièrement porté du côté de la bulle *Unigenitus*. Un mandement du cardinal de Bissy, qui avait été le favori et le conseiller de madame de Maintenon, remit le feu partout. C'était un plaidoyer pour Rome et une invective contre le Parlement et l'autorité civile. L'abbé Menguy releva le défi et dénonça le mandement au procureur général. Les gens du roi se réunirent, jugèrent que la dénonciation n'allait pas assez loin et que le mandement prêchait l'usurpation des droits du prince et de ses officiers. Ils en rendirent compte au régent, qui, livré à lui-même, leur aurait peut-être donné raison. Mais M. d'Armenonville soutint l'opinion du prélat, et Dubois entra dans une *sainte* colère ; il la communiqua au régent, qui menaça le Parlement « de l'arrêter lui-même, » si on donnait suite à la dénonciation. M. l'avocat général Daguesseau avait opiné avec beaucoup de mesure contre le mandement, ce qui n'empêcha pas le cardinal de Bissy de se plaindre amèrement du fils du chancelier. Il fit parvenir ses plaintes jusqu'à Fresnes. Le chancelier écrit à ce sujet à son fils : « Je vous avertirai d'être le plus attentif qu'il vous sera possible à vos expressions, quand vous parlerez de cette affaire. Il (le cardinal de Bissy) m'a fait faire une espèce de plainte de la chaleur qu'il prétend qu'on a remarquée en vous sur ce sujet. Je suis bien persuadé du contraire, et je vous dirai même que, quand j'ai demandé qu'on m'expliquât ce que vous aviez dit qui pût donner lieu à cette plainte, on ne m'a jamais pu rapporter qu'un discours fort modéré... Quoi qu'il en soit, il est bon d'être averti qu'on nous observe, afin de mesurer tellement ses expressions, qu'en faisant ce qu'on croit être son devoir, on évite ce qui peut blesser la délicatesse des autres. »

A côté de ces sentiments si sages et qui visaient au juste milieu, le chancelier laisse voir le fond de sa pensée, et prend ainsi parti dans la querelle. « La plupart de nos prélats s'attribuent à eux-mêmes l'infaillibilité qu'ils refusent au pape, et il y a longtemps qu'on a dit d'eux :

. . . . . Tantæne animis cœlestibus iræ? »

Au mois d'août 1723, la mort prit Dubois et le livra, cette fois sans réserve, au mépris du monde, qui n'attendait que cela pour éclater de toutes parts. Le régent lui-même, qui, quelque temps auparavant, avait voulu forcer son fils, le duc de Chartres, d'aller travailler, comme colonel général de l'infanterie, chez ce honteux et tout-puissant personnage, lui fit, avec un proverbe, une oraison funèbre digne de lui : *Morta la bestia, morto il veneno.* (*Morte la bête, mort le venin.*) Seulement ce venin s'était répandu et le duc d'Orléans en avait eu sa part. Quelques jours plus tard, mourait un autre ennemi du chancelier, le premier président de Mesmes, qui, si on en croit l'avocat Barbier, s'était *immortalisé* par l'exil de Pontoise. Mais on sait que cette immortalité s'applique principalement aux fêtes somptueuses et aux dîners *romains* que ce magistrat donna dans cette petite ville de

Pontoise, à ses collègues exilés et aux visiteurs de Paris, avec l'argent de la cour.

On crut que la mort de Dubois « ferait du bien aux exilés et aux prisonniers de la Bastille. » Mais, sauf quelques amis personnels, comme Canilhac et Nocé, que le duc d'Orléans rappela, les autres n'y gagnèrent rien, et la France elle-même y gagna fort peu. Le duc d'Orléans se fit faire premier ministre et *succéda* à Dubois. Tout le monde courut chez lui pour le féliciter, ce qui prouve qu'il n'y avait plus guère de pudeur monarchique dans cette société délabrée et que la réalité du pouvoir et du crédit y était plus estimée que tout le reste. Daguesseau connut par ses fils ces manifestations en l'honneur du prince, devenu premier ministre, et il chercha à prendre une attitude décente au milieu de ces bassesses. Le public s'imaginait qu'il allait être rappelé, et cette opinion augmentait son embarras. Exilé pour toujours, il n'eût pas hésité à écrire au prince, puisque celui-ci « voulait bien paraître content de son nouveau titre, » et quoique « ce titre, ajouté à celui de premier prince du sang », parût *bien peu de chose* au chancelier. Mais il craint qu'une lettre, « qui ne paraîtra pas indispensable », soit regardée comme une démarche faite pour « tendre à son retour. » Il ne veut rien faire qui soit ni qui semble *indécent*. Il s'agit un peu entre la bienséance qui lui commande de féliciter le prince et les mouvements de sa dignité qui lui conseillent de se taire. Il appelle au secours de son indécision M. d'Ormesson son beau-frère et M. l'abbé Couet. Il fait même consulter par son fils M. Pecquet, secrétaire du roi. Mais il est évident qu'au fond du cœur il désire garder le silence et prendre le parti le plus convenable et le plus digne; car, en se soumettant d'avance à l'avis de ses conseillers, il dit à son fils : « Priez-les bien de balancer le pour et le contre, parce que j'avoue que, dans la circonstance présente, une telle démarche, quoique innocente en elle-même, ne laissera pas de m'être pénible. Mais je passerai par-dessus ma répugnance, qui a peut-être trop de délicatesse, si des amis sensés croient que je le doive faire en tournant ma lettre de la manière la plus simple et qui paraisse le moins demander mon retour. » C'est peut-être de la partialité, mais il me semble que jusque dans son indécision l'attitude du chancelier mérite d'être louée. Un courtisan n'y aurait pas regardé de si près; un ambitieux se serait hâté d'écrire; un ennemi n'y aurait pas pensé. Cette recherche délicate et morale du devoir à ce moment envers le prince et envers soi-même est un trait qui peut paraître frivole aux ardeurs démocratiques des uns, aux passions monarchiques des autres. C'est, à mes yeux, un charmant témoignage de bonnes mœurs dans la politique. Malheureusement pour lui, le duc d'Orléans avait moins que jamais le goût du bien, et il n'était pas homme à l'aller chercher dans l'intérieur de cette conscience que Daguesseau vient de nous montrer si honnêtement et si délicatement troublée. Il n'assistait même pas aux funérailles de sa mère. On prétend toutefois qu'il annonça, vers cette époque, quelque fermeté contre certains fripons de conséquence. Mais le peuple, qu'on ne persuade pas en un jour, ne le voulut pas croire ou bien s'en étonna. Il est curieux que ce soit Daguesseau, qui a eu tant à se plaindre de ce prince, qui ait présenté de sa vie publique la seule défense qui la protége un peu. « Il est bien fâcheux, dit le chancelier, qu'un prince, qui a des intentions si droites, *n'ait pas auprès de lui des gens qui sachent les régler et qui puissent lui faire sentir les conséquences de sa conduite.* » Veut-on me passer le mot : ce sont là les circonstances atténuantes qui conviennent à tous les princes mal entourés et mal conseillés.

Du côté des événements privés, l'exil de Fresnes, pendant le cours de cette année, est mêlé de joies et de chagrins dans la proportion ordinaire.

Je ne parle pas, à ce titre, des *disgrâces* de son fils, M. de Fresnes, dont le chancelier se moque avec un esprit vif, mais paternel. Le jeune conseiller a succombé dans un *délibéré* de la première chambre des enquêtes; son opinion, quoique bien défendue, n'a pas prévalu, et, avec une colère de débutant, il appelle ses adversaires des *bipèdes et des tripèdes;* son père lui dit :

« Les vainqueurs sont jaloux du bonheur des vaincus.

« Ils doivent l'être du moins, car, si on pesait les voix au lieu de les compter, tout l'avantage serait de votre côté, et vous mèneriez en triomphe les *bipèdes* qui vous ont résisté, comme les *tripèdes* qui ont succombé sous vos coups. La fortune est rarement d'accord avec le mérite; elle s'attache volontiers à la poursuite des grands hommes, et comment voudriez-vous, après cela, qu'elle vous fût favorable? Enveloppez-vous donc dans votre philosophie et contentez-vous d'entendre dire : *Victrix causa diis placuit, sed victa Catoni.* Ce trait blessera peut-être votre modestie; mais, puisqu'on l'a bien appliqué à *Perrin Dandin,* vous ne devez pas le trouver trop fort pour vous... En voilà trop pour vous consoler de votre aventure, il ne me paraît pas qu'elle vous ait rendu l'esprit plus triste, et si votre caquet n'est pas plus rabattu que votre style, je ne vois pas que les *disgrâces* aient beaucoup de pouvoir sur votre humeur. »

Mais un événement qui occupe une grande place dans les joies de la famille exilée, c'est le succès qu'eut au Parlement le discours de rentrée prononcé par l'avocat général Daguesseau. Paris en fut ému, bien que ce discours eût pour texte la *raison*. L'avocat Barbier, l'un des auditeurs les plus malveillants, constate l'effet produit, reconnaît la beauté de l'œuvre, et profite de l'occasion pour mal parler du chancelier. « La rentrée s'est faite au palais, écrit-il, comme à l'ordinaire, sans premier président en titre. M. de Novion en faisait les fonctions. M. Daguesseau, fils du chancelier, a fait un fort beau discours sur la raison. Le père est grand ami du duc de Noailles. On ne sait si celui-là reviendra ; mais, *à mon sens*, son caractère froid et sérieux, ses yeux baissés et son air en dedans (il n'y avait pas de physionomie plus ouverte que celle de Daguesseau), ne conviennent guère au duc d'Orléans. Ce prince mitonne nécessairement quelque dessein et garde la place de premier président pour un débauché. » Les amis du chancelier attendaient le résultat de ce discours comme on attend celui d'une bataille ; la duchesse de Villars envoya plusieurs fois chez M. Berroyer, pour savoir si la séance était finie et si le discours avait réussi. Après la séance, M. de Fresnes était dans des *transports divins* du succès de son frère, et plus heureux que s'il eût entendu la musique de M. Fessart; des applaudissements avaient interrompu plusieurs fois l'orateur. La chancelière fait du succès, de la joie qu'il cause, des amitiés qu'il éveille, des récits qui en arrivent précipitamment à Fresnes, une peinture charmante et que je me réjouis d'être le premier à donner au public[1]. « C'est de tout mon cœur, mon cher fils, que je vous fais mon compliment sur votre heureux succès; de la manière dont on nous le mande, il n'y avait rien à y désirer. Nous l'apprîmes *dès cinq heures par madame la duchesse de Villars*, qui, ayant envoyé chez M. Berroyer, qui en revenait tout rempli, il en parla avec admiration à celui qu'elle lui envoya, et cela nous fut confirmé le soir par la lettre éloquente du frère et par plusieurs autres. Nous vous sommes en vérité bien obligés; car vous nous avez donné de la joie, dans un temps où nous étions dans une profonde tristesse. Je trouvais M. votre père fort abattu par la douleur, et moi, qui voulais l'en retirer en le dissipant, je faisais une continuelle violence à la mienne ; mais à présent lui et moi ne sommes occupés que de vous. J'ai vu l'effet de deux sentiments de tendresse également vifs, suivant les différents caractères: il

---

[1] Cette lettre est complétement inédite.

tremblait pour vous hier toute la matinée, et moi j'étais pleine de confiance, comme si j'étais sûre du succès ; j'ai été remerciée le soir des instances que j'ai faites pour déterminer à votre charge (c'est elle en effet qui avait négocié l'achat de la charge d'avocat général pour son fils). J'espère, mon cher fils, que vous m'attirerez toujours ainsi des applaudissements sur la justesse de mes pronostics, et que je n'aurai jamais lieu de me repentir d'avoir répondu de vous en toutes choses. Rendons tous grâce à Dieu, de qui tout vient, et n'abusons pas de ses dons en ne lui en rapportant pas toute la gloire. Qu'est-ce que l'homme le plus excellent sans lui, que ténèbres, misères et péchés? et disons avec foi et entière persuasion : Qu'avons nous que nous n'ayons reçu? Gardons-nous de lui faire le moindre vol en nous appropriant ce qui est à lui, et je suis bien sûre, mon cher fils, que vous avez fait plus d'une fois ces réflexions depuis hier et que vous n'avez point espéré ces bons succès par vos propres forces et vous lui en attribuez toute la gloire; c'est le moyen d'attirer de nouvelles grâces sur vous; je les lui demande de tout mon cœur pour un fils que j'aime d'un amour de mère et que *j'estime comme un bon ami.* » (23 novembre 1725.)

Rien ne manque à ce succès, pas même un poëte pour le célébrer. Louis Racine l'apprit au fond de la Provence et se mit à réunir dans une épître les *trois* Daguesseau : il s'adresse au *troisième* et lui parle des deux premiers.

  . . . . A ces mots, Daguesseau,
Tu crois revoir encor ce magistrat aimable.
Ce nouvel Abraham, ce vieillard respectable,
Cher à tous ses amis, de ses fils adoré,
Respecté de la cour, des peuples révéré.
Toujours la vérité, sur ses lèvres assise,
De son cœur qui parlait exprimait la franchise,
Le monde à *ses trésors* ne le vit point courir,
Et sa main pour le pauvre était prompte à s'ouvrir.
Son savoir se cachait sous un humble langage;
Un air toujours serein régnait sur son visage,
Et la paix de son âme éclatait sur ses traits.
. . . .
Au seul bonheur public ses emplois l'attachèrent,
Et, malgré sa vertu, les honneurs le cherchèrent.
. . . .
Après ce grand portrait dont j'orne cet ouvrage,
Tu sais quel autre encor l'ornerait davantage,
De ma main, toutefois, n'attends rien, Daguesseau;
Je jette ici ma toile et je romps mon pinceau.
Un jour, tel que celui que je n'ose dépeindre,
Par ces mêmes talents où toi seul peux atteindre,
Talents dont tu fais voir des présages si sûrs,
Tu désespéreras tous nos peintres futurs.
Tel est de ta maison le droit héréditaire;
Le ciel transmet au fils les dons qu'il fait au père :
La vertu suit le sang; tu soutiendras le poids
Du nom que ton aïeul s'est acquis autrefois.
Un autre encor plus grand sera mis sur ta tête;
Ah! quel est le fardeau que ton père t'apprête!

Je ne trouve pas ces vers bons, et je me hâte de revenir à la lettre de la chancelière, plus aimable qu'eux et autrement expressive. La tristesse dont il y est question nous mène d'ailleurs aux chagrins qui se mêlaient alors aux joies des exilés. Madame de Chastellux venait de perdre son premier enfant, cet élève de Voiture, qui de son berceau avait écrit à son aïeul une si charmante lettre. On assure que l'affection descend plutôt qu'elle ne remonte et qu'il y a dans la tendresse qu'on porte à ses petits-enfants quelque chose de définitif et de concentré qui lui donne tout l'élan de la passion. Peut-être aussi que, dans cet amour des vieillards pour de petits êtres qui viennent d'eux, il y a comme un sentiment mystérieux de résurrection et l'espoir de continuer à vivre dans ces âmes descendantes. Ce qui est certain, c'est que Daguesseau était presque *jaloux* de son gendre, et qu'il aimait son petit-fils, à peine né, au point d'être entièrement *abattu* par la nouvelle de sa mort.

A cette époque, il y avait à Fresnes, dans la maison du chancelier, à titre de visiteuse et d'excellente amie, une de ces femmes de cour dont parle la Bruyère, qui recherchent naturellement un homme de mérite, même s'il n'a que du mérite; c'était la maréchale de Chamilly. Son mari avait, sans le vouloir et sans que sa figure y prêtât, inspiré à une religieuse qui l'avait vu traverser Lisbonne une de ces ardeurs qui abaissent l'amour et le changent en feu. Ce feu l'avait poursuivi jusqu'en France dans des lettres qui sont un monument de violence amoureuse et qui s'appellent les *Lettres portugaises*. Pour elle, c'était un type devenu à peu près introuvable; elle avait, avec une grande solidité et de quoi attirer le respect, ces dehors agréables et caressants, fruits de la nature, de l'éducation et de ce sol de la cour si fécond en grâces; ces charmes s'étaient tellement attachés à elle et ils étaient de telle qualité, que l'âge les avait touchés sans les atteindre, et s'était borné à répandre sur eux cette couche de vénération qui leur donne un prix particulier et une séduction invincible. Bien supérieure à son mari, elle pensait, agissait, et le plus souvent parlait pour lui : sans mauvaises actions, et par son mérite, elle le fit maréchal de France. Quand l'heure des agitations fut passée, elle concentra sur l'amitié ses qualités de cœur, de raison et d'esprit; la maison du chancelier était une de celles qu'elle préférait, et il s'était établi entre elle et les exilés de Fresnes une de ces intimités qui étendent les joies de la famille en y mêlant un parfum étranger.

Elle passa à Fresnes plusieurs mois de cette année 1725, et elle y tomba malade au commencement d'octobre. La chancelière l'annonce à sa fille, madame de Chastellux : « La pauvre maréchale est bien mal, et j'en ai le cœur tout triste ; elle a *depuis un mois* des étouffements qui me font trembler, à cause de l'exemple de M. de la Houssaye ; elle est languissante, abattue ; ce n'est plus la même personne. C'est bien dommage, et nous *perdrions* une excellente amie. 7 octobre. » On la perdit en effet, et la douleur que causa sa mort est exprimée par le chancelier en termes qui justifient trop bien le portrait que j'en ai fait et qui honorent trop sa mémoire pour que je ne les reproduise pas. Il s'adresse à sa fille, qui est au couvent de la Présentation, le 30 novembre : « Je connais assez votre bon cœur, ma chère fille, pour être persuadé que vous avez pris une véritable part à ma douleur sur la mort de madame la maréchale de Chamilly. Je perds en elle une amie si aimable, si respectable, et d'un caractère si difficile à remplacer, que c'est une perte irréparable pour moi ; il n'y a que la religion qui puisse m'en consoler, par la vue du bonheur dont il y a tout lieu d'espérer que sa vertu sera éternellement récompensée dans le ciel. » Trois jours après cette lettre, il dut y avoir à Fresnes une émotion très-vive, dont toutefois je n'ai retrouvé aucune trace. M. le duc d'Orléans était mort en trente minutes, sans témoins (je ne compte pas la duchesse de Phalaris), sans parents autour de lui, sans prières, sans paroles, dans une sorte de nudité morale et avec une rapidité qui dut paraître *diabolique* à ceux qui savaient que ce prince avait souvent cherché à voir le diable et à l'entretenir [1].

[1] La curiosité d'esprit de M. le duc d'Orléans, dit Saint-Simon, jointe à une fausse idée de fermeté et de courage, l'avait occupé de bonne heure à chercher à *voir le diable et à pouvoir le faire parler*. Il n'oubliait rien, jusqu'aux plus folles lectures, pour se persuader qu'il n'y a pas de Dieu, et il croyait le diable jusqu'à espérer *de le voir et de l'entretenir*.

CHAPITRE XVI

On meurt comme on a vécu. — La mort des honnêtes gens. — Celle des *fanfarons de crime*. — Les statues élevées aux princes pendant qu'ils vivent ne prouvent rien. — Aveu de Tibère sur ce point. — La grande affaire est *l'approbation de la postérité*. — Le cercueil même du duc d'Orléans n'est pas respecté. — Vers contre lui. — On met sur le tombeau de sa mère. *Cy-gît l'oisiveté*. — Le duc d'Orléans était-il un grand politique, comme le prétend l'avocat Barbier? — Qu'est-ce qu'un grand politique? — Machiavel, Rabelais, Étienne Pasquier. — Il n'y a pas de grande politique sans morale. — Richelieu en convient et le fait écrire. — Le sieur de Silhon. — L'*Aristippe* de Balzac. — Le ministre d'État. — Tout ce que le duc d'Orléans a gâté. — Le chancelier a l'idée d'aller à Paris. — Il y renonce. — Ce que madame Daguesseau écrit à cet égard. — La *veille de Noël*.

Rarement la mort fut comme dans cette occasion, sauf pour l'isolement, l'image de la vie qu'elle remplaçait. Quoiqu'elle soit dans la main de Dieu, qui en dispose à son gré, elle a pourtant, elle aussi et elle-même, un visage différent, suivant ce que nous avons été, suivant la manière dont nous l'avons attendue. Elle n'entre pas chez les gens de bien comme chez les autres, en ennemie et sans aucun adoucissement. Une maison honnête et pieuse lui impose, si l'on peut ainsi dire, certaines règles, ou, du moins, elle peut lui donner un aspect élevé, grave, touchant, qui attriste et qui console ; il y a, si je ne me trompe, l'honneur de la mort, comme il y a l'honneur de la vie, et il me semble qu'ils se tiennent étroitement. L'homme qui a mal vécu, qui s'est joué des devoirs, qui a brisé le doux édifice du foyer, tombe seul, sans avoir près de lui ces cœurs attendris, ces yeux en larmes qui s'efforcent de nous conduire dans la direction du ciel. Le prince qui n'aura rien respecté, qui aura eu l'orgueil de ses vices, qui n'aura pas formé un seul lien doux et sacré, qui aura été appelé, *d'un grand coup de pinceau*, un fanfaron de crime, ne peut guère bien mourir.

La mort du régent est une des grandes leçons de l'histoire, et Dieu s'y mêle visiblement, quoique personne n'ait pensé à lui pendant que le prince expirait. Les circonstances de cette mort, dit l'abbé Dorsanne, font bien sentir la main de Dieu sur un prince qui se faisait honneur de n'avoir pas de religion.

Le 2 décembre, vers six heures du soir, le duc d'Orléans rentre chez lui ; il trouve dans son cabinet cette duchesse de Phalaris que les chroniqueurs du moment appellent très-justement : *la*

Phalaris. Il avait un violent mal de tête et voulait se distraire ; il demanda à cette femme de lui *faire des contes*, absolument comme dans les *Mille et une nuits* ; elle lui en fit plusieurs, en ayant soin d'y mettre tout ce qui pouvait piquer le goût dépravé et soutenir l'attention distraite de son auguste auditeur ; mais elle s'aperçut bientôt que ses plus fortes *plaisanteries* restaient sans effet et que le prince paraissait s'endormir. Elle voulut se taire, le duc insista pour la faire continuer ; aussitôt sa bouche se tourna, ses yeux s'égarèrent : il tomba sur le parquet. La Phalaris se mit à appeler du secours, et voici ce qu'elle attira auprès du prince agonisant : un valet de chambre de M. de Soubise qui savait saigner et qui offrit de saigner le malade ; madame de Soubise, qui s'y opposa à cause de la présence de la Phalaris et de ce qui avait pu se passer. Quand Maréchal arriva, il fit pratiquer la saignée du pied, mais, la veine entr'ouverte, le prince expira.

Sans s'être occupé de son âme, et s'occupant à peine de son corps, on l'emporta à Saint-Cloud sur un matelas. Il y resta exposé douze jours, « presque personne n'alla lui jeter de l'eau bénite ; on ne pouvait voir un abandon plus général et plus marqué. »

On assure que Tibère, avant d'être empereur,

frappé du grand nombre de statues qu'on élevait indistinctement à tous les princes, et séparant très-justement ces hommages forcés de la véritable gloire, disait, comme eût pu dire un sage : A quoi servent les statues et les temples, s'ils n'ont pas l'approbation de la postérité ?

C'est qu'en effet cette approbation de la postérité est seule capable de donner la gloire. Il ne faut pas que les courtisans s'imaginent qu'ils disposent de la renommée d'un prince, et que le bruit de louanges qu'ils font autour de son pouvoir le suive dans l'histoire. Rien n'est plus facile en ce monde que d'avoir, je ne dis pas des statues et des temples, mais des éloges et des applaudissements. On en a dès qu'on peut récompenser ceux qui les donnent, et il y a des gens qui s'élèvent très-haut par la bonne distribution qu'ils savent en faire. C'est un commerce lucratif et qui s'exerce dans tous les rangs de la société. Il y a tel homme que la foule méprise et que cent individus louent dans la journée. Mais tout cela est viager et ne survit à personne. La mort disperse les flatteurs et donne la parole aux juges.

Pour savoir ce qu'a valu un prince, ou un ministre, ou même un particulier, il faut au moins le délai de l'Égypte. Tout le monde reconnaît cette grande compétence de la postérité, mais il serait bon que tout le monde la redoutât ; dans tous les cas, elle s'exerce librement et elle remet en place bien des gloires et bien des choses. Pour certains personnages, on dirait qu'elle attend avec impatience le moment de les juger et de leur marquer le mépris comprimé durant leur vie. C'est ce qui arriva pour le duc d'Orléans. Son cercueil même ne fut pas respecté, et, quand il passa sur le pont Neuf, on entendit dans la foule les discours les plus injurieux ; l'avocat Barbier, qui le loue quelque part à outrance, écrivit : « On dit partout qu'*il* est mort comme un chien, et, en général, on ne chante pas la louange dudit seigneur. »

On fit cette épitaphe pour son tombeau :

> Passants, ci-gît un esprit fort,
> Dont le sort est digne d'envie;
> Il sut bien jouir de la vie,
> Et jamais n'aperçut la mort.
> L'on dit qu'il ne crut pas à la Divinité !
> C'est lui faire une injure insigne,
> Plutus, Vénus, et le dieu de la vigne,
> Lui tinrent lieu de Trinité.

On ajouta :

> Dubois, gardé par Cerbère,
> Voyant venir le régent,
> Lui dit : Que venez-vous faire ?
> Il n'est point ici d'argent,
> Ni de mirliton, mirliton, mirliton,
> Ni de mirliton, dondon.

Tout le monde répéta les *Philippiques* de La-grange-Chancel, mais rien ne fut plus fort que ces deux mots écrits sur le tombeau de sa mère : « *Ci-gît l'Oisiveté !*

Toutefois ce n'est pas encore la postérité qui parle; elle a un ton plus grave et plus définitif ; elle n'a ni la passion du blâme, ni la manie de l'éloge. Séparée du fait qui est toujours plus ou moins tyrannique, elle s'élève et se place librement à la hauteur du plus grand tribunal qui existe après celui de Dieu. Ceux qui ont joué dans le monde un rôle assez important pour passer devant lui y comparaissent sans autre avocat que leur vie, sans autre recommandation que le bien qu'ils ont fait, et ils y sont presque toujours jugés avec une justice souveraine, qui doit être comme la préparation de l'arrêt divin que nous sommes tous destinés à subir. Aussi me semble-t-il que, quand on est appelé à avoir sur la destinée des autres hommes une influence considérable, on doit suivre le conseil de Tibère, et tâcher de mériter l'approbation de la postérité. C'était la pensée de Mirabeau, quand, s'adressant pour lui-même à l'opinion de l'avenir, il s'écriait : « On me rendra justice, le temps la rend à tous. » Le temps a rendu au duc d'Orléans la justice qui lui était due, et il l'a placé très-bas dans l'estime des

hommes, de ceux-là mêmes qui pardonnent le plus
au succès. L'avocat Barbier a vainement essayé
d'en faire le plus grand politique qu'on ait jamais
vu, et cela parce qu'il parvenait à diviser ses adversaires, à brouiller les ducs et pairs avec les présidents à mortier ; il dit de lui, quelques semaines
après sa mort : « Pour sa politique, on ne saurait
trop l'admirer et *l'on convient* que c'est le plus
grand homme qu'on ait jamais vu... » Mais cet
avocat est très-loin d'être la postérité ; il met dans
beaucoup de ses admirations une naïveté qui
est évidemment d'un ordre inférieur ; elle ressemble
un peu à la joie de ces femmes sans naissance
dont la Bruyère se moque, qui ne se possédaient
pas quand un carrosse s'arrêtait à leur porte, ou à
la vanité de ces hommes qui trouvent du génie à
un prince dès qu'il leur a parlé. Ainsi un jour
Barbier est invité à dîner chez M. de Nicolaï, premier président de la chambre des comptes, à l'occasion du mariage de mademoiselle de Nicolaï avec
le comte de Rançai ; il en est tellement honoré,
qu'en rentrant chez lui il écrit pour l'histoire,
sans trop s'inquiéter si c'est vrai, que mademoiselle de Nicolaï « est belle comme l'Amour. » Il
l'a vue à travers sa vanité satisfaite, ce qui em-
bellit tout. De même, quand il apprend la mort de
M. le duc d'Orléans, le 3 décembre à sept heures

du matin, il travaille à un projet dont on l'avait chargé de la part de M. le duc d'Orléans, concernant sa profession et qui regarde le droit public.

Rien n'est plus commun que cette espèce d'enthousiasme, excité chez les hommes un peu vulgaires, par le bon accueil qu'ils reçoivent, ou par l'emploi qu'on fait de leurs petits talents. Mais enfin voyons s'il est vrai que le duc d'Orléans ait été, pour la politique, « le plus grand homme qu'on ait jamais vu. »

Avant tout, il faut s'entendre sur ce que c'est qu'un grand politique. Il y a bien longtemps que ce n'est plus le petit prince formé ou plutôt copié par Machiavel, qui, à force de scélératesse, conserve un petit État qu'il a envahi ou acheté. Après Rabelais lui-même [1], notre Étienne Pasquier a frappé de verges

---

[1] Voici comment Rabelais réfute Machiavel. C'est une de ses belles pages : « Noterez ici, buveurs, que la manière d'entretenir et retenir pays nouvellement conquis n'est, comme a été *l'opinion erronée de certains esprits tyranniques à leur damne et déshonneur*, les peuples pillant, forçant, opprimant, ruinant, mal vexant et régissant avec verges de fer, bref, les peuples mangeant et dévorant, à la façon qu'Homère appelle le roi unique *Demoboron*, c'est-à-dire mangeur de peuples. Je ne vous alléguerai à ce propos les histoires antiques; seulement vous révoquerez en récordation ce qu'ont vû vos pères et vous-mêmes, si trop jeunes n'êtes. Comme enfant nouvellement né, les faut allaiter, bercer, esjouir; comme arbre nouvellement planté, les faut appuyer, assurer, défendre de toutes violences, injures et calamités; comme personne sauvée de longue et forte maladie et venant en convalescence, les faut choyer, épargner, restaurer; de sorte qu'ils conçoivent en soi cette opinion : n'être au monde roi ni prince que moins voulussent ennemi, plus optassent ami. » (Pantagruel, l. III, ch. 1er.)

toutes françaises cette doctrine de la déloyauté et des mauvais moyens. « Je meure, s'écrie-t-il, lui le plus aimable des légistes et le plus doux des hommes, s'il ne fallait faire mourir Machiavel et son livre dedans un feu, lorsque, dans son *Institution du prince*, il fut si impudent de nous faire un chapitre de la *scélératesse* par lequel il enseigne comme un prince peut parvenir à la principauté et s'y maintenir par méchanceté... Mon Dieu! se peut-il faire que cette proposition monstrueuse soit entrée dans la tête d'un homme qui se disait chrétien, et que les Ethniques, qui n'eurent connaissance de la lumière de Dieu qu'à tastons, nous aient appris qu'il ne fallait en nulle affaire séparer l'utilité d'avec l'honneur, entendant par ce mot d'honneur tout ce qui concernait la vertu. Je ne pense pas qu'il y ait au monde de discours qui contienne plus d'impiété d'enseigner à celui qui doit être la vraie image de Dieu en ce bas être, d'acquérir une souveraineté par mal-faire, et de vouloir lui faire accroire qu'il s'y pourra conserver. »

Cette belle colère qu'anime un goût de philosophe et de chrétien, d'où s'échappe le cœur d'un honnête homme et d'un citoyen, n'a pas cessé de poursuivre, sous la plume des écrivains français, les partisans, les imitateurs, les disciples théoriques et pratiques du secrétaire d'État de Florence; ce qui n'a pas empêché, je le reconnais, qu'il y ait eu de tout temps des hommes qui ont considéré la politique comme l'art de réussir, et qui ne l'ont pratiquée qu'à ce titre. Mais, pour nous comme pour le plus grand nombre, c'est la science de gouverner les sociétés honnêtement, suivant les règles de la morale chrétienne, la plus pure de toutes les morales, en développant tous les bons instincts, en comprimant les mauvais, en laissant aux individus assez de liberté pour que chacun d'eux puisse contribuer au bien commun, et pour que la tâche du gouvernement soit, par ce libre concours, rendue à la fois plus facile et plus noble. Il est vrai que souvent les sociétés, par leurs agitations, par leur défaut de maturité, par la perte du sentiment religieux, par le goût immodéré des jouissances, par la poursuite ardente de changements et des nouveautés, provoquent contre elles des procédés excessifs, une action arbitraire et des moyens dont l'utilité dissimule l'injustice; mais ce sont des accidents et comme des maladies qui commandent un traitement singulier. D'ailleurs je reste convaincu qu'au milieu même de ces crises le gouvernement le plus juste est encore le meilleur, et, qu'en dehors de la justice et de la morale, on ne fonde rien de très-durable ni de trèssolide. Qu'on ne suppose pas toutefois que je donne dans le platonisme politique, et que je trouve bons les gouvernements qui se laissent detruire par les mauvaises passions déguisées en sentiments généreux et portant le masque banal de la liberté. J'ai déjà vu trop de choses pour juger la politique avec cette naïveté sentimentale; mais à mes yeux il n'y a de grande politique que celle que la morale inspire, et qui, s'appuyant fortement sur les bons côtés de la nature humaine, améliore le sort et le cœur des hommes. C'est la seule qui donne la véritable gloire et qui rapproche de Dieu les conducteurs des peuples. Les conquêtes, les grands résultats matériels, la pratique de la liberté, le culte des arts, recommandent bien les princes à l'admiration des hommes ; mais que dirait-on de celui qui, ayant pris une société dans laquelle les idées religieuses, le sentiment moral, le goût du devoir n'existaient presque plus, l'aurait rendue à ces nobles influences et la laisserait à ses successeurs dix fois meilleure qu'auparavant? J'ai l'air de m'attacher à des chimères, ou de parler dans un temple ; eh bien, je veux interpeller à ce sujet un homme qui passe pour un des plus grands politiques que la France ait eus, le cardinal de Richelieu. Il a réussi dans la réalisation d'une idée relativement juste et féconde ; il a conduit les rapports extérieurs de la France avec une grande fermeté de vues et une grande habileté de moyens. Autour de lui il a tout maîtrisé, ce qui parut alors le sublime du genre; il a assuré l'unité religieuse et préparé l'unité monarchique en levant les obstacles, tantôt avec la hache, tantôt avec l'exil. Voici ce que, dégagé de cette lutte ardente et rendu aux saines idées de politique, son puissant esprit dictait à l'un des hommes chargés de transmettre ses idées à l'avenir; cet homme était membre de l'Académie française, d'un sage et doux jugement, écrivain abondant et qui, sur plus d'une doctrine politique, s'est élevé jusqu'à l'éloquence. Richelieu lui a fait dire : « La morale ne regarde pas seulement l'homme au dedans de lui-même et engagé dans les brouilleries du corps et de l'esprit, de la raison et des passions ; mais elle le considère encore dans le commerce et parmi la foule. Pour cet effet, elle lui apprend une vertu qu'on appelle *justice*, qui le dresse à bien vivre avec le prochain, qui le porte à lui rendre ce qui lui est dû, et qui est à présent (1641) presque toute divertie après la division des richesses et l'introduction qu'on a faite dans le monde du *tien* et du *mien*, introduction pourtant fort nécessaire pour le bien de la société, pour l'ornement de la vie civile et pour l'abondance de toutes les choses qui sont commodes à l'homme. Les législateurs et les fondateurs des

États ont réglé cette justice, ils l'ont enfermée en certaines lois et certaines coutumes qu'ils ont faites ; ils ont établi des personnes publiques pour la distribuer ; ils lui ont mis l'épée à la main pour la faire craindre, et l'ont couverte du nom du prince et de son autorité pour la faire respecter davantage.

« Il est donc vrai que la morale est un des fondements sur lesquels la politique s'élève, et qu'elle doit préparer ceux qui aspirent au gouvernement des États et à la direction des peuples. De là est venu ce dire commun des philosophes, *que celui qui commande doit être meilleur que celui qui obéit, et qu'il n'appartient pas à gouverner les hommes à celui qui est esclave de ses passions, ni à guider un autre s'il n'a la vue meilleure que lui.* Il ne suffit donc pas à un prince d'avoir une intelligence ordinaire ni une commune modération de mœurs. »

Richelieu continue longtemps sur ce ton et développe de plusieurs manières cette idée que le principal but de la politique est l'amélioration des hommes. Il faut voir les qualités qu'il exige d'un ministre : la science, la sagesse, l'éloquence, la passion du bien. On dirait qu'il pense au régent : « Quand le prince est gâté en ses mœurs, quand elles sont contraires à la fonction de sa charge et à la dignité qu'il exerce, quand elles vont directement et de leur propre poids, à la ruine de ses sujets, si la contagion a aussi gagné les ministres, s'ils sont semblables au maître ; s'ils ne font pas le contre-poids de ses vices, et si le mal s'entretient par la multitude des malades, tout est perdu. » Il parle des ministres comme l'orateur d'un pays libre : « Il n'arrive que trop souvent que ceux qui approchent la personne des princes n'étudient pas tant à être les ministres de leur dignité que les instruments de leurs passions, qu'ils sont plutôt leurs corrupteurs que leurs conseillers, qu'ils emploient le *vice* (on croirait que c'est écrit pour Dubois), quand la vertu leur est inutile pour s'avancer, et qu'ils ne trouvent rien de lâche ni de déshonnête de ce qui peut remplir leur ambition et assurer leur fortune. » Et Balzac, qui, pour écrire son *Aristippe*, a consulté Richelieu, y rend hommage aux mêmes idées. « Ce n'est pas en contrefaisant le tonnerre, en portant le trident en une main et le globe de la terre dans l'autre, ni en commandant qu'on les appelle éternels, que les princes se rendent semblables à lui ; mais c'est en gouvernant sagement leurs peuples, en délivrant les faibles de l'oppression des forts et en faisant du bien à tout le monde... Nous devons absolument rejeter la sentence du poëte tragique, qu'en matière d'État et pour commander il est loisible de violer le droit et qu'il le faut observer en autre chose. »

Je reconnais sans peine que, dans la pratique, Richelieu a méconnu ces théories avec un éclat et une violence qui n'ont guère été surpassés. Mais son œuvre, quoi qu'on en dise, n'a été en plusieurs parties ni profonde ni durable, et il n'est pas bien certain que ce qui en a survécu nous ait beaucoup profité. Sur un des points de sa politique, Daguesseau le prend à partie et l'accuse précisément d'avoir fait une chose passagère et qui n'a pas duré plus que lui, en comprimant outre mesure et sans aucune justice la raison et la vérité; il s'agit de l'édit de 1641, destiné à imposer au Parlement un silence absolu dans les affaires d'État et à abaisser d'une façon générale son autorité et son importance; c'était à l'intérieur une des œuvres capitales du cardinal, une de celles qui étaient le plus applaudies par les courtisans : « La minorité de Louis XIV, dit Daguesseau, renversa tellement *cet édifice*, élevé avec tant de soin par le plus grand de nos ministres, qu'il n'en resta pas le *moindre vestige*. » Il y a quelques semaines, un orateur anglais traduisait cette pensée sur le but de la politique; je crois qu'il n'y a de grandeur permanente dans une nation, s'écriait-il, qu'à la condition que son gouvernement ait pour base la moralité et la justice.

Jugé suivant cette doctrine, le régent a été un des plus méchants princes qu'on puisse concevoir.

Il a prêché et pratiqué l'immoralité, l'injustice, l'irréligion; il a gâté tant qu'il a pu le cœur de la France ; loin qu'il ait ajouté à son bien-être matériel, il l'a diminué; il l'a précipitée dans la cupidité et dans le jeu, et on peut dire que la seule divinité qu'il lui ait fait adorer, si on ne compte pas Dubois, c'est le hasard. Mais où on voit bien qu'il a été en même temps un prince dépravé et un politique médiocre, c'est dans sa négligence de l'avenir; j'oserais affirmer, l'ayant bien étudié, qu'il n'a pas songé sérieusement à la destinée de la monarchie qu'il a conduite pendant quelque temps. Il a déployé dans les détails d'une politique sans principes, cette habileté naturelle et commune qui semble le reste d'un génie heureux et facile. Il a lié la France à l'Angleterre, plutôt qu'il n'a contracté avec l'Angleterre une alliance destinée à éclairer le monde et à faire triompher la civilisation; lui, le plus incrédule des hommes, il a accordé à Rome, pour que Dubois fût cardinal, plus que s'il eût été un prince très-religieux et très-français. Ceux qui l'ont vu comme Saint-Simon, sous ce grand fonds de bienveillance qu'il avait pour les hommes, et sous ces dehors agréables qui eurent quelque temps l'air d'un reflet, lui ont cherché des goûts généreux, des instincts élevés, de quoi faire un grand politique sans la corruption ; ils lui supposent, mais presque gratuitement, le sentiment et l'amour de la liberté politique.

On sait que, profitant jusqu'à l'abus de la liberté anglaise, le Prieur de Vendôme tint tête, dans une affaire de galanterie, au roi Charles II.

Le duc d'Orléans se réjouissait beaucoup de cette rivalité, dans laquelle l'autorité du roi ne lui assurait pas la victoire, et on raconte qu'il aurait été charmé de jouer le rôle du Prieur. Mais ce n'est pas aimer la liberté que de l'aimer d'esprit, par passion, pour ses caprices, dans le but de s'en servir contre les autres ; il faut l'aimer de cœur, non comme un moyen de mal faire, mais comme une chose de soi-même aimable, et digne de remplir l'âme d'un homme de bien ; le duc d'Orléans ne l'aima ni ne l'entrevit sous ce grave et noble aspect. On est donc réduit, quand on veut faire son éloge, à reprendre les grandes marques de supériorité que lui trouve l'avocat Barbier. Il a divisé les ducs et les présidents à mortier ; il a séparé beaucoup de gens unis contre lui ; il a humilié les princes légitimés ; *il a mené toutes les cours selon ses vues,* avec beaucoup d'argent (mais cela, dit Barbier, ne se peut pas autrement) ; il a fait une guerre à l'Espagne, où il n'y avait pas le sens commun, et deux ans après il a fait sa fille reine d'Espagne... Il a contenté la cour de Rome, dont il était très-ami et de laquelle en lui-même il se souciait fort peu, « à ce que je crois, » ajoute naïvement Barbier.

On ne peut même pas dire que le duc d'Orléans ait grandi dans le maniement des affaires et se soit formé à l'école de l'expérience ; car, quelque temps avant sa mort, il songeait encore à rappeler Law et à l'imposer de nouveau à la France. Il ne se tournait pas, au contraire, du côté de Daguesseau, que deux fois il avait injustement exilé ; il ne parut jamais sentir l'intérêt d'employer des gens de bien ; il avait complétement fermé l'oreille à ces belles paroles de Massillon prononcées devant lui : « Sire, les gens de bien sont la seule ressource du bonheur et de la prospérité des empires... Mais ce n'est pas par un simple respect que les princes doivent les honorer, c'est par la confiance, c'est par les emplois publics, c'est par des préférences, c'est par l'accès auprès de leurs personnes, c'est enfin par les grâces. »

Si cette politique, conseillée par le génie même du christianisme, avait été suivie, Daguesseau n'aurait pas cessé un instant d'être le ministre et le conseiller du prince ; ses disgrâces n'éclaireraient pas d'un jour très-vif l'improbité et l'immoralité de ce temps et de ce gouvernement. Tout ce qu'on peut dire du duc d'Orléans, quand on se place au point de vue élevé de la saine et grande politique, et qu'on n'a aucun parti pris contre sa mémoire, c'est ce qu'en disait sa mère. Elle racontait, avec une espèce de foi germanique mêlée d'esprit français, que les fées les plus propices avaient soufflé sur le berceau de son fils, y répandant toutes sortes de dons et de faveurs ; mais que, voyant cela, une fée mécontente était venue gâter l'œuvre des autres et jeter dans le cœur du nouveau-né un mauvais germe qui devait tout corrompre.

Le chancelier paraît avoir eu, en apprenant la mort du régent, la pensée d'aller à Paris, mais il ne l'a pas réalisée. La lettre de sa femme, écrite dans la semaine de Noël, et qui est d'une rare éloquence, atteste l'idée et l'abandon du projet. « 17 décembre 1723. Je ne vous ai point écrit, mon cher fils, depuis tous *ces événements-ci;* je vous avoue qu'ils m'ont occupée si tristement l'esprit, que j'ai évité tant que j'ai pû d'y penser et par conséquent d'écrire : nos cœurs sont si unis, que vous connaissez tous les sentiments du mien ; ainsi, je n'avais que faire de vous les dire. J'ai deviné de même les vôtres, et la religion dont votre lettre est remplie ne m'a point surprise. Fortifions-nous bien, mon cher fils, dans cette confiance en la Providence ; c'est un trésor qui ne manque point et dont on tire sûrement le plus grand de tous les biens, qui est la paix de l'âme et la tranquillité de l'esprit ; toutes les peines de cette vie nous sont plus utiles qu'une fortune riante, parce que c'est par là qu'on arrive au bonheur. Dieu ne mène point ses élus par les voies des prospérités ; c'est celle qu'il a rejetée lorsqu'il a bien voulu venir être notre modèle. Cet enfant dont nous allons célébrer la naissance est venu dans la misère et a vécu dans l'obscurité, et lorsque sa vie a été plus éclatante par ses miracles, elle a été remplie de traverses et d'afflictions ; n'en désirons donc point une remplie de félicité, et estimons-nous heureux de suivre notre chef dans la voie qu'il nous a tracée. Je n'envisage que peines et humiliations dans tout ceci, de quelque façon que cela tourne, et je suis dans une parfaite indifférence sur l'*événement* ; *je crois pourtant qu'il se déterminera à rester ici...*

« Je ne sais si vous pourrez lire ma lettre, la gelée empêche mon encre de couler, et comme on la sent bien dans ma *niche*, ma main ne coule pas mieux que l'encre. »

CHAPITRE XVII

Comment le duc de Bourbon devient premier ministre. — L'évêque de Fréjus est pris au piége. — La marquise de Prie. — Le premier président Novion et la *basse procédure*. — Le duc de Bourbon a l'idée de rappeler Daguesseau. — Ce qui en empêche. — Il vaut mieux prendre les *impies de bon sens* que les *dévots jansénistes*. — C'est l'opinion de Fénelon et de M. de Fréjus. — Réponse de Daguesseau aux avances de M. le Duc. — On voit déjà poindre la calotte rouge de M. de Fréjus. — L'année 1724. — Correspondance entre Louis Racine et le chancelier. — La *théorie des sentiments agréables* de M. de Pouilly. — La *réhabilitation* de la vertu. — Un livre dans une demi-page de Montaigne. — Leçons de philosophie et d'amitié données à Racine. — La lecture des *Géorgiques* à la campagne. Les *bipèdes* et les *tripèdes* au Parlement. — Deux ou trois grandes dames dédaignées par Daguesseau. — Charmante lettre à ce sujet de madame de Simiane.

La manière dont M. le duc de Bourbon devint premier ministre, à la mort du duc d'Orléans, marque bien la langueur et l'indifférence de cette monarchie qui devait descendre jusqu'à des ministères de courtisanes. Il était par hasard à Versailles ; il fut averti par un de ces hommes qui font sentinelle autour des événements et qui, sans autre mérite que celui de la promptitude, décident, à un moment donné, des plus grandes choses ; il courut chez le roi, envoya sa mère chez la duchesse d'Orléans, et trouva le roi avec l'évêque de Fréjus ; il lui demanda la place du duc d'Orléans. Le roi ne prit pas le temps d'y réfléchir, il se contenta de regarder Fleury, pour voir s'il approuvait la demande du duc ; Fleury, interrogé de cette façon et à l'improviste, ne put qu'approuver. Le duc de Bourbon fut nommé premier ministre le jour même, 4 décembre, et Fleury, qui, à la nouvelle de la mort du duc d'Orléans, avait *étincelé*, suivant la belle expression de Saint-Simon, dut cacher encore quelque temps ses espérances et sa flamme. Personne n'ignorait, et le roi savait, comme tout le monde que le duc de Bourbon passait pour n'avoir pas « le sens commun ni aucune pratique des affaires publiques ; » on savait aussi qu'il était entièrement dominé par une femme d'un esprit vif mais vulgaire, disposée à employer toutes les forces de la monarchie contre les ennemis de sa beauté et de son influence, prête à faire mettre à la Bastille les amis de sa mère avec laquelle elle était brouillée, une de ces femmes qui devaient donner à la loi salique de si singuliers démentis, la marquise de Prie.

Ce fut elle, en effet, qui disposa presque aussitôt

des plus hautes fonctions et qui provoqua les plus éclatantes disgrâces. Elle fit son parent, M. de Novion, premier président du Parlement; il ne connaissait guère que la basse procédure, celle qui répugnait tant au génie et à la droiture de Montesquieu; il n'avait ni la dignité ni le sentiment de cette grande charge; à la manière dont il se mit à la remplir, on dut supposer qu'il ne l'avait pas recherchée, que c'était mademoiselle Berthelot sa femme, la tante de madame de Prie, dont l'ambition l'y avait poussée; il aimait mieux causer avec un charron qui demeurait dans le voisinage du Palais, et auquel il trouvait le meilleur sens du monde, que de présider la grand'chambre ou d'aller chez le roi. Il ne resta d'ailleurs que très-peu de temps dans cette place et la quitta comme un lieu trop élevé pour son esprit, ses habitudes, la médiocrité et la singularité de ses goûts.

En prenant le ministère, le duc de Bourbon, qui n'avait personne autour de lui[1], eut la pensée de rappeler Daguesseau et de paraître par là s'attacher aux gens de bien. Le maréchal de Villars, qu'il essaya d'attirer à lui, l'engagea à suivre ce bon mouvement. On en parla au roi, mais M. de

---

[1] M. le duc de Chartres était au contraire très-entouré. Le duc du Maine, le comte de Toulouse, le maréchal de Villars, le maréchal d'Estrées, étaient opposés au duc.

Fréjus, qui pensait déjà au *chapeau*, s'y opposa de toutes ses forces, sous le couvert de la religion, disant que M. le chancelier n'était pas seulement *janséniste*, mais *hérétique*, et ce mot prolongea de plusieurs années l'exil de l'homme le plus sincèrement et le plus véritablement religieux. Déjà une autre fois, et dans une circonstance qui ne fait pas beaucoup d'honneur à Fénelon, Daguesseau avait éprouvé les rigueurs de cette prétendue orthodoxie qui se répandait plutôt en passions qu'en bonnes œuvres. Quand, au mois d'août 1711, il fut question de remplacer comme premier président du Parlement M. Louis le Pelletier, le mérite de Daguesseau, ses mœurs élevées, la dignité de sa vie, ses éclatants succès comme avocat général, le désignaient au choix du prince. Fénelon, qui pourtant savait mieux que personne ce que valait Daguesseau, le combattit, comme plus dangereux pour le *parti* qu'un *impie de bon sens*. On a peine à croire à ces excès d'opinion, mais l'histoire les montre partout. C'est dans les choses de la religion qu'ils me semblent le plus regrettables; ils font descendre cette grande supérieure des hommes aux passions qui nous divisent, et, la mêlant au combat avec cette ardeur absolue, ils lui attirent des blessures qui, sans cela, n'iraient pas jusqu'à elle. Que dire et qu'espérer, quand c'est Fénelon qui pousse ainsi à la guerre, au nom d'un parti, et qui rejette Daguesseau, au nom de la religion ! L'injustice de son sentiment en a rendu l'expression amère et blessante, et, cette fois, il est tombé de cette plume habituellement si douce, quelques gouttes de fiel théologique ; il écrit au duc de Chevreuse, à propos du choix du premier président : « Je vous conjure de ne laisser point faire un premier président favorable *au parti. Un impie* de bon sens et de vie réglée est beaucoup moins à craindre qu'un *janséniste* dans cette place : l'impie sensé n'oserait montrer son impiété et attaquer l'Église pour établir l'irréligion ; mais le dévot janséniste insinuera, appuiera, colorera la nouveauté et énervera l'autorité de l'Église sous le prétexte des libertés gallicanes.

« Le président de Mesmes est aimable, mais *amusé;* on dit que le président de Novion est habile homme, mais décrié pour la droiture ; on dit que le président de Maisons a un bon esprit, de l'honneur, de la dignité, du bien, des amis, sans aucune marque de religion nourrie. M. de Harlay a été joueur dissipé, inappliqué jusqu'à l'indécence. Pour M. Daguesseau, *je ne le voudrais point...* »

Sur l'opposition de l'évêque de Fréjus, le duc de Bourbon céda, et si quelques mois plus tard il songea de nouveau à faire revenir le chancelier, ce fut parce qu'il avait besoin de ses lumières, et à condition que celui-ci entrerait dans *le parti* et serait entièrement avec la cour de Rome. Des négociations furent entamées dans ce but auprès de M. le Guerchois, beau-frère du chancelier ; on s'adressa aussi à M. d'Ormesson ; l'évêque de Fréjus mit en campagne son ami l'évêque de Châlons, dont le frère, le comte de Saulx-Tavannes, gouverneur de Dijon, avait épousé une sœur de Daguesseau; on envoya à Fresnes M. Beritault du Coudray, secrétaire du roi. Voici la réponse que le chancelier fit à ces démarches ; elle atteste une excellente attitude et une dignité qui n'est guère dans les mœurs du temps : « M. le chancelier, y est-il dit, est dans les mêmes sentiments de zèle pour le bien de l'État et pour la gloire du ministère de S. A. S. qu'il a toujours eus. Il a déjà eu l'honneur de lui offrir plus d'une fois ses services, et il est prêt à lui rendre tous ceux dont il peut être capable; mais, quelque bonne volonté qu'il ait, il ne lui paraît pas possible de donner son avis d'une manière utile et convenable sur quelque affaire que ce soit, tant qu'il ne sera pas à portée d'en parler avec le prince qui gouverne, sa présence étant absolument nécessaire pour pouvoir raisonner à fond et délibérer sur *des matières si importantes*. Ceux qui ont parlé à M. le chancelier, dans les conjonctures présentes, ont trop bon esprit pour n'en pas sentir toutes les raisons. » Je crois que ce dernier trait s'adressait à M. de Fréjus ; mais Daguesseau jette sur le caractère et la portée de ces demandes un jour encore plus vif en écrivant à son fils l'avocat général : « Je vous envoie la réponse que je charge M. de Beritault de faire à celui qui l'a envoyé...; il me semble qu'elle est convenable sans être dure et sans avoir l'air d'un homme piqué, que je ne me suis jamais donné. Je n'ai pas jugé à propos de mettre l'exception du cas où j'aurais une assurance positive de la confiance du prince... et *je ne la désire pas assez pour vouloir aller au-devant.* Je vous prie de montrer ma réponse avec cette lettre à M. d'Ormesson, et de lui dire que ma pensée est qu'il refuse de m'apporter ici aucun extrait ni mémoire, et qu'il réponde à ceux qui le lui ont déjà proposé que, comme il lui paraît fort indécent ou peu convenable que je donne mes avis, de Fresnes, sur une pareille matière, il ne peut se charger de rien... Ce qu'il faut éviter sur toutes choses, c'est de rien faire qui puisse donner lieu de croire que *l'on exige de moi* quelques conditions qui soient le prix de mon retour et que *je m'engage dans un parti :* voilà mon esprit. M. d'Ormesson a tant de sagesse et de prudence, que je ne doute pas qu'il n'y entre parfaitement. »

Le duc de Bourbon n'a pas souvent entendu, pendant son ministère, un semblable langage. Mais il n'était pas homme à le comprendre ni à l'honorer; l'évêque de Fréjus le comprit très-bien, et l'honora à sa manière. Voyant qu'il n'y avait pas moyen de gagner le chancelier, il se promit de faire durer son exil aussi longtemps que Rome lui ferait attendre à lui-même *la calotte rouge* [1]. D'accord avec le nonce du pape, M. Massei, il traversa tous les efforts que firent d'honnêtes gens pour ramener le chancelier à Paris, et celui-ci put dire : « M. de Valincour ne vous a point trompé, quand il dit que le nonce le *traverse* autant qu'il peut ; tout ce que M. l'abbé Couet m'écrit confirme entièrement le soupçon qu'on en a : *une calotte rouge* cause un étrange mouvement dans les têtes de ce pays-ci. »

Ce fut donc, à n'en pas douter, une *pieuse* injustice qui tint encore pendant trois ans le chancelier à Fresnes, malgré le besoin qu'on avait de ses conseils, et l'honneur que sa présence eut fait à un

---

[1] Dans une lettre du 1ᵉʳ août 1726, Daguesseau, écrivant à son fils à l'occasion de la guérison du roi, le prie de charger M. d'Ormesson ou l'évêque de Châlons d'exprimer à M. de Fréjus la joie qu'il éprouve de cet heureux événement. Il y ajoute le regret de ne pouvoir expliquer lui-même ses sentiments au roi, et il dit : « Je crains que ce bonheur ne me soit encore longtemps refusé, *si on le fait dépendre de l'arrivée d'un chapeau qui semble nous fuir, bien loin de nous venir chercher, comme on pourrait naturellement s'en flatter.*

gouvernement auquel il n'en restait plus guère.

Ces trois dernières années d'exil sont pleines de choses diverses qui offrent tantôt un intérêt public, tantôt des leçons privées, et presque constamment d'aimables exemples pour bien vivre, bien penser et bien écrire.

L'année 1724 est un peu terne, et on n'y trouve guère que des choses domestiques, mais charmantes. Il y a quelques lettres échangées entre Louis Racine et le chancelier. Du côté du poëte, financier malgré lui, et qui juge un peu l'univers sur les hommes de finances, il y a de l'amertume et des plaintes qui portent quelquefois à faux. De l'autre côté, il y a la plus grande sérénité, plus que de la justice envers le public, une bienveillance affectueuse pour les hommes et le culte des illusions privées. Ils ont l'un et l'autre pour ami un homme qui a gravement essayé de prouver que le plaisir était dans la vertu, Levesque de Pouilly, né à Reims, tout près de la maison de Colbert, son parent. Il a écrit un livre dont le titre seul est déjà très-ingénieux : *La Théorie des sentiments agréables.* C'est la thèse de Montaigne étendue et ornée. « La vertu, dit l'auteur des *Essais*, c'est la mère nourrice des plaisirs humains... elle sait être riche, et puissante et savante et coucher en des matelas musqués; elle aime la vie, elle aime la beauté et la gloire et la santé. Mais son office propre, c'est savoir user de ces biens réglément... elle n'est pas plantée à la tête d'un mont coupé, rabotteux et inaccessible, mais logée dans une belle plaine fertile et fleurissante... on y arrive par des routes ombrageuses, gazonnées, douces, fleurantes, plaisamment et d'une pente facile et polie comme est celle des voûtes célestes. Vertu suprême, belle, triomphante, amoureuse, délicieuse, ennemie professée et irréconciliable d'aigreur, de déplaisir, de crainte et de contrainte, ayant pour guide nature. »

Je ne voudrais pas dire que ces lignes *succulentes* aient beaucoup gagné à passer dans le volume de M. de Pouilly ; ce sont des diamants difficiles à enchâsser. Mais d'ailleurs rien n'indique que l'auteur de la *théorie des sentiments agréables* les ait connues et ait eu la pensée de les répandre dans un livre, au risque de les affaiblir. Il a eu la même idée que Montaigne, et il lui a consacré une longue et aimable analyse, au lieu de quelques mots puissants qui creusent le sujet. Ce n'en est pas moins, dans le dix-huitième siècle, à côté de Voltaire qui fut aussi l'ami de de Pouilly, une œuvre digne de remarque, que celle où on s'applique à décrire « l'agrément attaché aux biens honnêtes. » L'amitié de Daguesseau pour M. de Pouilly était une amitié morale et littéraire, il y avait de l'analogie jusque dans les traits de leur visage ou du moins dans l'expression de leur physionomie. Ceux qui ont connu M. de Pouilly affirment que c'était « un esprit aimable et riant, soutenu par des mœurs douces et polies. » Le chancelier le consultait souvent sur des questions littéraires, et le voyait beaucoup. Dans le cours de 1724, M. de Pouilly, ne pouvant plus supporter *les hivers* de Paris, s'en éloigna au grand regret de ses amis. Louis Racine prit très-mal cette résolution. Bien qu'il fût confiné dans son grenier à sel, il espérait toujours revenir à Paris, et dans ce moment même il le demandait beaucoup; il se plaint donc très-vivement de l'éloignement de son ami, et il s'en plaint à Daguesseau. Il met dans sa plainte une vivacité qui touche à l'amertume, il accuse jusqu'au caractère et à l'affection de M. de Pouilly; il parle de lui, non-seulement comme d'un ami perdu, mais comme d'une illusion détruite. Il est évident que les *vapeurs* de la saline et les tristesses de son emploi le rendent injuste, comme le lui dit Daguesseau. A cette misanthropie, à ces accès de mauvaise humeur, le chancelier répond en homme qui pratique la théorie des sentiments agréables, qui ne méprise pas tout le monde, afin de mépriser avec justice, et qui trouve beaucoup plus doux de garder sur un ami les illusions de son cœur que de les perdre volontairement : « La résolution de M. de Pouilly m'a surpris et affligé comme *vous*; elle est néanmoins fort excusable, s'il est vrai, comme on me l'a dit, que les hivers de Paris fussent presque mortels pour lui ; c'est ce qui lui a inspiré le désir de vivre dans un climat plus doux et plus favorable à la délicatesse de sa poitrine. Je souhaite qu'il s'en trouve bien et qu'il n'éprouve pas que son assiduité à l'étude est plus dangereuse pour lui que le froid et les brouillards de Paris. Pour vous, monsieur, quoique vous soyez devenu le *Financier malgré lui*, on ne vous appliquera jamais ces deux vers d'Horace :

. . . . Cum te neque fervidus æstus
Dimoveat lucro, neque hiems, ignis, mare, ferrum.

« Vous paraissez moins occupé du soin de vous enrichir que de connaître les hommes, *pour acquérir le droit de les mépriser ;* cela ne valait pas la peine d'aller si loin : vous auriez pu acquérir le même droit à moins de frais et sans sortir de Paris. Vous feriez d'ailleurs une grande injustice au genre humain, si vous jugiez de tous les hommes par le caractère de ceux que vous voyez le plus souvent ; il y aurait donc beaucoup de choses à dire sur ces réflexions qui vous paraissent si sages ; mais je me borne à vous demander une exception pour Fresnes dans cette aversion générale que vous avez pour la nature humaine. Je vous croirais devenu tout à fait *financier*, si vous pouviez jamais oublier combien vous y êtes aimé et estimé par ceux qui l'habitent, et surtout par moi. »

Un peu plus tard, le chancelier complétait en ces termes la leçon de sagesse, de modération, d'amitié, qu'il s'était cru obligé de donner à son jeune ami. « Vous portez un jugement bien rigoureux sur votre ancien ami (M. de Pouilly). Est-il bien étonnant qu'un homme qui a ruiné sa santé par un excès de travail cherche à la réparer par un excès de dissipation honnête et qui a même son utilité par les connaissances que ses voyages pourront lui faire acquérir? Je n'ai pas les yeux aussi pénétrants que vous, et j'avoue que je n'ai rien trouvé en lui qui me fît entrevoir quelques changements dans son esprit ; j'en ai encore moins remarqué dans son cœur, et j'espère qu'on pourra dire de lui dans un meilleur sens que celui d'Horace :

Cœlum non animum mutant qui trans mare currunt.

« Peut-être y serai-je trompé, *mais je gagnerai du moins, à ma manière de penser, le plaisir de l'être longtemps*. Réformez donc votre morale... Je vous laisse avec ces réflexions, et je souhaite qu'elles adoucissent cette humeur critique à laquelle je crois que les vapeurs de la saline et les tristesses de votre emploi ne contribuent pas peu. »

Les injustices de Louis Racine ne provoquent que ces douces réprimandes, et ne diminuent en rien l'affection du chancelier, qui l'assure sans cesse que « son estime et son amitié pour lui ne connaissent pas le pouvoir de l'absence. » Daguesseau en veut visiblement à la finance et *à la politique*, qui retiennent loin de Fresnes et détournent de la poésie le plus fidèle compagnon de sa première disgrâce. Il caresse l'idée de voir son jeune ami revenir près de lui reprendre les *chalumeaux* qu'il y a laissés et « chanter les charmes de la vie champêtre et les douceurs de la liberté. » La passion du chancelier pour la campagne n'avait rien de vulgaire ; il avait pris pour lui le conseil si bien donné à ses enfants par son père... « Je suis aise d'apprendre que vous lisez les *Géorgiques de Virgile*. C'est une lecture qui convient merveilleusement au séjour de la campagne ; je sais que les vers en sont extrêmement beaux et bien travaillés partout, mais vous avez à la campagne l'avantage de pouvoir vous instruire, avec les laboureurs, les jardiniers, les paysans et autres gens qui cultivent la terre ou qui ont soin des animaux, du fond des

matières qui y sont traitées. Ce sont d'excellents commentateurs en ce genre, que vous ferez bien de consulter; et vous vous rendrez en même temps savants dans l'agriculture, dans la nourriture des bestiaux et dans celle des abeilles : c'est une étude utile et divertissante qui n'est pas à négliger... »
Le chancelier ne quittait guère son Virgile, et il faisait constamment ce mélange des beautés et des secrets de la nature avec les plus riches et les plus doux fruits de la poésie. Seulement il aurait voulu, jugeant bien le talent de Louis Racine, voir le poëte de la Grâce écrire des géorgiques françaises et les écrire à Fresnes. Il ne se trompait pas sur l'aptitude du poëte qu'il aimait; s'il n'y avait pas, en effet, dans l'imagination de Louis Racine une grande richesse, dans son esprit ni beaucoup de force ni beaucoup de fécondité, il décrivait avec un art facile les idées et les choses, et sa poésie nombreuse et souple aurait exprimé les beautés et les travaux de la nature au moins aussi bien que les pompes de la religion.

M. de Fresnes, le conseiller des requêtes, prend sa revanche de l'insuccès qu'il a eu dans un *délibéré* ; il a fait une espèce de prodige, car il a, dans une assemblée du Parlement, ramené à son opinion un nombre considérable de *bipèdes* qui en avaient manifesté une toute contraire. Pour ceux qui savent avec quelle *fermeté* les juges tiennent à leur avis et combien il se mêle, sans doute à leur insu, d'amour-propre jusque dans leur justice, ce n'est pas un mince triomphe de les arracher à eux-mêmes pour les rendre à la vérité. Le chancelier se réjouit de ce succès, dont il apprécie ainsi l'importance : « Ce n'était pas assez d'avoir de l'esprit dans cette occasion, il fallait encore avoir du courage pour oser rompre la glace, après tant de juges qui avaient opiné avant vous et se déclarer auteur d'un nouvel avis. »

Mais, comme nous sommes au mois d'avril et non loin de Pâques, il mêle à l'expression de sa joie une pieuse pensée : « Il y a mieux, dit-il, que les louanges humaines, c'est à quoi vous ne sauriez trop penser dans ce *saint temps*, mon cher fils... Vous ne sauriez trop graver cette vérité dans votre cœur, que, pour être véritablement et absolument honnête homme, il faut être solidement chrétien. » C'est là l'homme que la religion tenait exilé, en rendant la politique complice de son injustice. On dirait que, Daguesseau qui connaît très-bien le secret de cette persécution, s'applique à la rendre plus odieuse, en laissant éclater en toute occasion sa ferveur religieuse. Sa fille est plus malade encore que de coutume, elle souffre cruellement, et désormais presque sans espoir ; son père redouble les prières que pour elle il adresse à Dieu, mais il les fait encore plus pour sa *sanctification* que pour sa *conservation*, pensant que la sanctification est le seul bien qu'on doive demander sans réserve et sans condition.

L'unique chagrin des exilés de Fresnes, dans le cours de cette année, fut causé par la mort du jeune d'Ormesson, qui justifia les préventions que son père avait eues contre le mariage; il avait longtemps hésité à se marier, tant son cœur redoutait ces coups insupportables que nous porte la mort, quand elle prend nos enfants.

La plus grosse contrariété qui semble avoir troublé, à cette époque, le bonheur de Fresnes, vint de la maréchale d'Estrées ; elle était du trèspetit nombre de personnes qu'on aimait mieux n'y pas recevoir; mais, loin de se rebuter, elle insistait et s'annonçait souvent; on va jusqu'à élever contre elle une barricade, à laquelle tout le monde met les mains et qu'on fortifie avec toutes sortes de mauvaises raisons. L'avocat général est chargé d'aller trouver la maréchale, de lui dire qu'il y a des *raisons essentielles* qui ne permettent pas de la recevoir à Fresnes ; il doit assaisonner son discours « de toutes les politesses qui conviennent en pareille occasion, mais de telle sorte que le voyage soit rompu; » il doit joindre la fermeté à la douceur, et délivrer la maison de son père d'une compagnie qu'il ne convient en aucune manière qu'on voie si souvent chez lui. Si tout cela ne suffit pas, que la maréchale sache qu'elle trouverait à Fresnes des personnes qui ne lui conviendraient pas et auxquelles elle ne conviendrait pas davantage. On ne se défend pas plus résolûment contre un ennemi.

Mais ce n'est pas la seule femme dont le chancelier ait *dédaigné* l'attachement et les visites. A l'occasion de la mort de la chancelière (20 mars 1735) la petite fille de madame de Sévigné, madame de Simiane, écrivait au marquis du Boulay, le neveu de Valincour : « Je suis affligée de la mort de madame la chancelière ; elle avait de la bonté pour moi. Mon Dieu ! comme j'ai aimé cette maison ! combien M. le chancelier *a dédaigné mon attachement!* »

Madame de Lambesc paraît avoir eu le même sort que madame de Simiane et madame d'Estrées.

CHAPITRE XVIII

La semaine de la Pentecôte à Fresnes. — Séjour qu'y fait le P. Reyneau, l'auteur de la *Science du calcul*. — Daguesseau fait trembler les plus grands géomètres. — Le labyrinthe des courbes et des infiniment petits. — La *Mécanique* de Varignon. — 1725. — La politique s'empare un peu de toute la famille. — Les précautions. — Les visites écartées. — Le premier président Portail. — Premier cri de souffrance du chancelier à l'occasion de l'arrêt d'absolution rendu au profit de M. le Blanc. — Mariage du roi. — Embarras du chancelier pour lui écrire. — Où on voit bien l'*absolutisme* du duc de Bourbon. — Le chancelier recevra-t-il à Fresnes mademoiselle de Clermont ? — L'édit du cinquantième. — Beau discours de l'avocat général Gilbert de Voisins. — Le *chagrin* des peuples. — Celui de Daguesseau. — Une leçon de conduite parlementaire. — La crise des subsistances. — La question des blés. — La passion de Daguesseau pour le bien public. — Ses idées en économie politique. — Pas de contrainte. — Le *malheureux état des affaires* fait qu'on parle de son *retour*. — Lutte entre M. de Fréjus et le duc très-bien jugée par Daguesseau. — Disgrâce du duc.

Dans les trois dernières années de la disgrâce, il y a à Fresnes beaucoup plus d'agitation qu'auparavant, la solitude se peuple ; on a de la peine à compter les visiteurs ; la politique en amène quelques-uns ; mais c'est toujours l'amitié qui attire le plus grand nombre ; de temps en temps le chancelier reprend bien ses chères habitudes et se donne tout à elles : ainsi il passe toujours la semaine de la Pentecôte seul avec l'un de ses plus vieux amis, le Père de la Tour; personne ne trouble leur pieux et savant tête-à-tête ; ses fils en sont même exclus, c'est comme une *retraite* laïque. La chancelière commande qu'on la respecte, fait sentinelle pour empêcher qu'on approche, et n'ose même pas se mêler aux pieux et savants entretiens des deux reclus volontaires.

Une autre fois Daguesseau passe deux mois entiers avec son ami le Père Reyneau, l'auteur de la *Science du calcul;* il faut voir comme il est à lui et aux *mathématiques,* et comme les bruits de la cour et de la ville le touchent peu pendant cet heureux temps; ils parcourent ensemble « le labyrinthe des courbes et des infiniment petits. » C'est le Père Reyneau qui tient le fil, mais il le tient un peu en tremblant, car il a une si haute idée de la science de son compagnon, qu'il lui « reproche de faire trembler les plus grands géomètres. » Mais Daguesseau garde constamment avec une modestie naturelle le rôle de disciple, heureux d'être instruit et guidé par un pareil maître. Quand le Père Reyneau est parti, le chancelier cherche à le faire revenir, et, si celui-là le remercie de sa longue et douce hospitalité, Daguesseau se fâche, se prétend l'obligé, met en avant la chancelière, et le Père Reyneau, pour avoir remercié du bonheur qu'il a eu, est obligé de retourner à Fresnes. Il s'élève entre son hôte et lui une autre querelle, non moins aimable, dans laquelle les qualités morales des deux amis se voient encore très-bien. Le Père Reyneau avait publié en 1714 le premier volume de son grand ouvrage, la *Science du calcul;* depuis ce moment, rien n'avait paru, et l'auteur retenait ses manuscrits sans oser les publier ; le chancelier le supplie de lui confier ce « trésor ; » il a toutes les peines du monde à l'obtenir, non que l'amitié le lui refuse, mais parce que la modestie de son savant ami *tremble* un peu devant lui. C'est sans doute pendant l'un des séjours du Père Reyneau à Fresnes que le chancelier, dont l'esprit conçoit et apprend tout, étudie la *Mécanique* de Varignon, qu'il se fait apporter par un de ses fils.

Mais, dès les premiers jours de 1725, la politique s'empare un peu de toute la famille ; l'opinion s'attache à cette longue et injuste disgrâce ; le fils aîné du chancelier, l'avocat général, est devenu par là « un personnage important qui ne saurait faire un pas sans que toute la cour et la ville aient les yeux sur lui. » Il n'y a pas assez de logement à Fresnes pour tous ceux qui veulent y venir, et on y est assez sérieusement occupé à éviter des visites compromettantes. Le chancelier est à cet égard d'une inquiétude et d'une timidité qui montrent au milieu de quelles précautions il fallait vivre et de combien de fils était formée la trame de ce qu'on appelait la politique. Parmi les personnes qui vont s'agiter pour le retour du chancelier, il y a un personnage mystérieux qui communique principalement avec l'abbé Couet et qui ne sort pas un seul instant de l'anonyme ; il a pour le chancelier une passion entièrement désintéressée ; il fait ou fait faire des mémoires contre l'exil ; il est attaché à un prince, sans qu'on sache lequel. Daguesseau ne l'a jamais vu, et, quand on lui parle de le recevoir à Fresnes, il l'écarte *honnêtement;* peu s'en faut qu'il n'écarte aussi le premier président du Parlement, Antoine Portail, qu'il aimait beaucoup. Portail avait été, comme lui, avocat général, et il cherchait depuis longtemps à être premier président, quand M. de Novion porta à plusieurs reprises sa démission au duc de Bourbon. M. de Novion n'avait pas pu se résigner à avoir la tenue ni à faire la dépense d'un premier président, et il avait préféré aux devoirs de cette grande charge la conversation de son ami le charron, sa tranquillité et la possession paisible et exclusive de son argent. Portail, qui l'avait remplacé à la fin de 1724, était peu par sa naissance ; le chef de sa race avait été chirurgien de Henri IV, et encore était-il venu du Béarn, où il avait pris ses grades. Mais il avait des qualités aimables, beaucoup d'esprit, une physionomie et une politesse attrayantes ; c'était du reste un premier président facile. Saint-Simon, qui veut absolument avoir protégé tout le monde, prétend que c'est lui qui l'a fait passer à cette place, au milieu des disputes que se livraient, pour l'obtenir, la branche aînée et la branche cadette des Lamoignon. Mais le vrai est que le duc de Bourbon nomma Portail, après l'avoir choisi comme un homme assez estimé, et pourtant assez commode. Daguesseau a eu « tous les sujets du monde de se louer de lui ; » cependant il redoute un peu ses visites ; il craint qu'elles ne réveillent « ceux qui ont intérêt à traverser son retour. » Il faut ajouter, pour être juste et pour peindre au vif la situation et le personnage, que le chancelier se ravise presque aussitôt et ouvre philosophiquement sa porte au premier président, en faisant cette réflexion : « Comme mes ennemis ne sont pas trop sujets à s'endormir sur ce point (celui de son retour), et qu'il y aurait aussi de l'inconvénient à refuser cette dernière visite, il n'y a qu'à laisser aller les choses naturellement à cet égard. »

C'est d'ailleurs le moment où le chancelier

pousse le premier *cri de souffrance* que lui ait arraché la disgrâce. M. le Blanc, secrétaire d'État de la guerre pendant la régence, avait fait plutôt que gagné une grande fortune. A l'avénement de madame de Prie, il fut arrêté et poursuivi, en apparence au nom de la probité publique, mais en réalité parce qu'il avait le tort d'être au mieux avec la mère de mademoiselle Berthelot, et que cette mère n'avait pas de plus grande ennemie que sa fille. Le duc mit dans cette poursuite toute la passion de sa vulgaire maîtresse. Le Blanc fut enfermé à la Bastille et déféré au Parlement. Il y avait bien peu de choses qui résistaient à la marquise de Prie; elle se vantait elle-même de faire *la pluie et le beau temps*, et se moquait beaucoup des Parisiens qui s'adressaient à une autre *sainte* qu'à elle. Il est certain qu'elle fit menacer les magistrats, s'ils ne condamnaient pas M. le Blanc. Heureusement le Parlement, qui était, comme l'a dit Duclos, le seul obstacle que rencontrassent les ministres, leurs favoris et leurs favorites, ne se laissa par intimider, et M. le Blanc fut acquitté à l'unanimité, malgré sa grande fortune, qui l'entachait bien un peu. Si je faisais l'histoire morale de la monarchie, j'aurais à dire la colère que cet acte de fermeté et de justice causa au duc, et je le montrerais, comme tous les ministres sans bornes, essayant un coup d'État contre le Parlement indocile, y changeant les conditions de la délibération et du vote. Mais cela m'éloignerait un peu de Daguesseau, qui pourtant a donné son avis sur ce coup d'État, et le blâme sagement dans une lettre à son fils. L'acquittement de M. le Blanc était à peine prononcé, qu'il fut connu à Fresnes; je suis loin de dire qu'il ait affligé ni même étonné Daguesseau, mais il lui fit trouver son exil amer et lui arracha sa première plainte. « La sortie de M. le Blanc, écrit-il, va donner lieu encore de dire qu'il est *surprenant que, lorsqu'on rend la liberté à ceux que l'on a crus coupables*, on laisse dans la *souffrance* un homme auquel on avoue que l'on n'a jamais eu rien à reprocher. » Il est vrai que le chancelier chercha presque aussitôt à reprendre son cri de douleur; « mais ce sont des discours, ajoute-t-il, qu'il faut laisser tenir aux autres et ne pas tenir soi-même. Le silence, Dieu merci, ne me coûte pas beaucoup... »

Les émotions relatives au retour se multiplient pendant le ministère du duc de Bourbon, et, sans changer tout à fait la contenance du chancelier, elles l'*humanisent* beaucoup et le rappochent des événements et des personnes; le mariage du roi, par exemple, va bouleverser un moment l'esprit des exilés, faire parler du retour et mettre à une nouvelle épreuve la dignité du ministre en disgrâce; mais rien de ce qui va se passer ne doit être perdu pour l'histoire et se terminera du reste à l'honneur de Daguesseau. Tout le monde sait que le ministère de M. le duc a été absolu, sans compter ses autres défauts. On le voit très-distinctement et sous un jour particulier dans les embarras du chancelier voulant écrire au roi à l'occasion de son mariage. Ce mariage était l'œuvre du duc, œuvre d'un courtisan qui joue à la faveur avec les actes les plus sacrés et les plus graves de la vie des princes. On crut un moment qu'il amenèrait la guerre avec l'Espagne; ce ne fut pas l'opinion de Daguesseau, qui écrivait : « Quoi qu'on en dise, je ne saurais croire que les mouvements qui se font en Espagne aboutissent à une guerre sérieuse, *sur une affaire qui n'est que personnelle* et sur laquelle on donnerait tôt ou tard une satisfaction dont le roi d'Espagne se contenterait. »

Les embarras du chancelier pour faire parvenir à Louis XV, à l'occasion de ce mariage, l'expression de son dévouement et de son respect, en passant par M. le duc ou en l'évitant, sont un trait presque comique mais bien expressif des conditions monarchiques qui régissaient alors le ministère et la disgrâce.

Tous les amis du chancelier étaient d'accord qu'il devait écrire; mais on se divisait jusqu'à l'infini sur le point de savoir si on écrirait au roi sans passer par M. le duc, si l'on écrirait au duc sans écrire au roi, si l'on écrirait à l'un et à l'autre, en faisant dans ce dernier cas, mais *historiquement* (le mot est de Daguesseau), part au duc de la lettre au roi. Ceux qui, en toutes choses, voient l'utile et le mettent au-dessus du reste, étaient d'avis que le chancelier se contentât d'écrire au duc; celui-ci serait flatté de cette marque de déférence, et, ne pouvant prendre ombrage d'un chancelier qui se mettait si volontiers sous lui, il deviendrait favorable; mais Daguesseau rejeta tout de suite ce parti, « comme marquant trop de faiblesse et ne remplissant point ce qu'il se devait à lui-même, et encore plus à sa place. » Toutefois il n'osa pas, tout en écrivant au duc, tenter d'écrire au roi et de faire parvenir sa lettre par un secrétaire d'État. Quel est d'ailleurs, se dit-il à lui-même, le secrétaire d'État qui voudra s'en charger? Après les plus mûres délibérations, le conseil des sages entendu, sur l'avis conforme de M. d'Ormesson et de l'évêque de Châlons, il adresse à M. le duc sa lettre au roi, en priant le prince de daigner la remettre. Mais qui portera la lettre au duc? Sera-ce l'évêque de Châlons? il est trop lié avec M. de Fréjus, et la politique de la disgrâce ne permet pas d'employer un tel messager auprès du premier ministre. C'est M. d'Ormesson qui ira à Versailles.

Daguesseau était à peine sorti, et on vient de voir avec quelle peine, de ce défilé de cour, qu'il tombe dans un autre plus étroit encore, mais que sa dignité traversera bien.

Comme premier prince du sang, M. le duc d'Orléans réclama l'honneur d'aller à Strasbourg épouser la jeune reine de France, Marie Leckzincka. Mademoiselle de Clermont, sœur du duc de Bourbon, désignée comme surintendante de la maison de la reine, alla au-devant d'elle. Elle devait passer par Meaux, et par conséquent à une très-petite distance de Fresnes. L'occasion parut excellente à quelques amis du chancelier, pour que celui-ci fît sa cour au duc. Il serait allé attendre la princesse à Meaux, l'aurait suppliée de venir à Fresnes, où elle aurait eu une réception splendide, après quoi son frère eût été obligé de faire cesser la disgrâce. Ce moyen, conseillé à Daguesseau, n'avait rien qui ne soit naturel dans les idées et dans les procédés monarchiques; il y a encore des gens dont tout le mérite consiste à s'être placés à propos sur le chemin des princes et des ministres, et dont tous les honneurs viennent de là. Mademoiselle de Clermont était d'ailleurs une *belle princesse*, dont la complaisance de madame de Genlis a fait une héroïne de roman, mais qui dans le naturel avait de l'esprit, une voix charmante et un grand air de sentiment. Le chancelier aurait donc pu la recevoir sans faire un de ces actes de courtisan qui abaissent en réalité quand ils semblent le plus élever ceux qui les font. Mais il ne le voulut pas, et il a lui-même donné les motifs de son refus, qui ne sont pas tous des motifs de dignité : d'abord le temps lui manquait, la dépense serait énorme, Fresnes n'est pas assez grand pour tant de monde ; la princesse n'accepterait peut-être pas l'invitation, on se moquerait de lui pour l'avoir faite sans succès; on s'en moquerait encore si la princesse allait à Fresnes et que la disgrâce continuât, comme cela arriverait très-probablement. « Je suis bien fâché, mon cher fils, écrit-il (20 juillet 1725), de ne pas penser comme ceux que vous avez consultés. Dans des occasions pareilles à celle dont il s'agit, il me semble qu'il faut tout ou rien. *Tout* ne convient nullement à ma situation présente ; le terme même serait trop court pour pouvoir l'exécuter et se mettre en état de recevoir à Fresnes une si honorable, mais si nombreuse compagnie. A quoi aboutirait même l'effort que je ferais pour cela, si ce n'est à tomber dans le ridicule de faire une grande dépense pour demeurer ici dans le même état où je suis? car sûrement mon retour n'en serait pas plus avancé quand j'aurais reçu ici mademoiselle de Clermont avec toute sa suite. On croirait seulement que je m'en suis flatté; *on se moquerait de moi*, et on aurait raison de le faire, d'offrir de recevoir cette princesse sans avoir l'intention de m'y engager ; faire un simple compliment est une démarche qui ne me répugne guère moins que la réception même... On dira que je n'offre ma maison qu'à la dernière extrémité ; j'aurais fait faire un compliment de mauvaise grâce, qui n'aurait aucun mérite, et le refus qui le suivrait serait peut-être regardé par bien des gens comme une nouvelle marque de disgrâce. Qui peut savoir même si mon offre ne serait pas acceptée ? Je conviens qu'il n'y a nulle apparence, mais, *avec des têtes comme celles à qui on a affaire*, le plus sûr est toujours de ne répondre de rien, et si, par impossible, ce cas arrivait, dans quel embarras me trouverais-je, vu le peu de temps qui me reste jusqu'au passage de la princesse ? Enfin, je m'engage par là à faire les mêmes offres à tous les princes et princesses du même rang qui passeront par le *grand chemin de Meaux*. Il est vrai que M. le duc d'Orléans, qui y passera *mercredi* (25 juillet — il épousa la reine le 15 août à Strasbourg), va en poste ; mais, à la rigueur, cela me dispenserait-il de me trouver sur sa route et de lui faire un compliment pareil à celui qu'on me propose? Madame la duchesse d'Orléans passa l'année dernière par le même chemin ; elle s'arrêta à Meaux et à Claye, sans entendre parler de moi. Suis-je assez bien traité par M. le duc pour mettre de la différence entre mademoiselle de Clermont et madame la duchesse d'Orléans? Il me semble donc, *comme à madame la chancelière,* que le seul bon parti est de ne point offrir ce que je ne suis pas en état de tenir, et *qu'il ne conviendrait pas même que je voulusse tenir.* Qu'on dise, si on veut, à M. le duc, « que j'ai été bien mortifié que ma situation présente, qui m'oblige à demeurer oublié dans ma solitude, ne m'ait pas permis d'offrir ma maison à mademoiselle de Clermont, » mais il ne me convient pas « de donner lieu de dire *que je cherche à me faire de fête* et à me montrer dans le temps que je ne dois paraître que par les ordres du roi. »

Malgré tout, il y a Fresnes plus d'inquiétude qu'autrefois et moins de résignation. Le chancelier écrit bien le contraire; voyant échouer les *propositions* qui lui sont faites, notamment celles que M. de Béritault lui a apportées, il dit : « Je persiste plus que jamais à croire que je dois me conduire, à l'égard de ces sortes de propositions, *merè passivè*, comme disent les scolastiques, et *obéir plutôt que de consentir:* » mais en réalité sa pensée est désormais aussi souvent à Paris que chez lui. Il faut reconnaître que les événements le provoquent, qu'ils parlent à son cœur, à son esprit, à ses idées comme ministre, à ses sentiments comme citoyen.

Il était bien impossible qu'il ne s'émût pas à la nouvelle de cette taxe du cinquantième que le roi fit enregistrer dans le lit de justice qu'il tint le 8 juin (1725), en allant à la chasse à Chantilly. La France a, pour beaucoup moins, il n'y a guère plus de dix ans, voué à la république une haine financière, qui a singulièrement hâté la fin de ce gouvernement. Mais ce n'était pas encore le moment du déluge. Cet impôt du cinquantième était un fruit du Système et de ce désordre de mœurs et de finances que Daguesseau avait vainement combattu. Il entrait dans la grange du laboureur et lui prenait une gerbe de blé sur cinquante et ainsi sur toutes choses. Le lit de justice ne se passa pas sans honneur pour la magistrature. Le premier président Portail, répondant au garde des sceaux, le sieur Fleuriau d'Armenonville, assura le roi du respect des magistrats, mais se plaignit de la précipitation qu'on mettait à faire enregistrer un tel édit. Il rappela que Louis XIII avait promis d'envoyer au Parlement les matières des lits de justice trois jours à l'avance, pour qu'on ne se déterminât pas sans les avoir examinées. Mais le principal honneur de la séance, et il fut grand, revint à l'avocat général Gilbert des Voisins. Il fit un discours digne *d'un véritable sénateur* (c'est l'éloge du moment). C'était un magistrat encore jeune, plein de talent et d'une généreuse ardeur ; il ne jugeait pas, comme Daguesseau a eu le malheur de le dire un jour, que les fonctions d'avocat général tinssent de la diplomatie ni qu'elles dussent quelquefois consister à parler pour ne rien dire ; il avait déjà, dans une occasion très-grave, fait montre de courage, de fermeté, d'éloquence, peut-être même avait-il passé un peu les bornes de son ministère ; il avait provoqué un arrêt du Parlement contre une instruction pastorale du cardinal de Bissy en faveur de la bulle *Unigenitus* ; son discours avait soulevé des tempêtes ecclésiastiques, et il avait fallu plusieurs mois pour les calmer. On aurait voulu qu'il fît une rétractation, il s'y refusa, et ses puissants adversaires durent se contenter d'un accommodement.

Cette fois, obligé de demander au nom du roi l'enregistrement de l'édit du cinquantième, il se leva avec une douleur visible, annonça d'une voix attristée qu'il voyait bien que le roi voulait être *obéi*, et laissa éclater les sentiments qui l'oppressaient. Pour ne pas heurter directement la volonté du roi, il critiqua l'impôt dans son application plus que dans son principe, développa longuement, avec émotion, dans un langage élevé et libre, les difficultés qui s'attacheraient à cette mesure et qui la rendraient intolérable. Il parla avec une grande noblesse et un sentiment très-sincère du *chagrin des peuples*. Le roi, en l'écoutant, montra plus d'étonnement que de colère et se laissa gagner par la tristesse qui s'était échappée du cœur d'un véritable magistrat. Il leva la séance d'un air morne et s'éloigna, sans avoir entendu un seul de ces cris dont on est si prodigue envers les souverains, au milieu de ce silence qui a pu être justement appelé la leçon des rois. Au contraire l'avocat général Gilbert des Voisins aurait été porté en triomphe, pour peu qu'il s'y fût prêté. Mais les magistrats, servant les intérêts du peuple au même titre que ceux de la justice, fuient ces récompenses que la popularité promet plutôt qu'elle ne les donne. Il faut bien ajouter que le courageux avocat général fut menacé d'une lettre de cachet, ce qui l'aurait détourné d'accepter aucune ovation, s'il en avait eu la pensée.

Le récit de cet événement est apporté à Fresnes par l'un des fils du chancelier; celui-ci ne retient pas sa douleur et la mêle aussitôt à la douleur publique : « Tout ce que mon fils de Fresnes nous a raconté de la grande journée de *vendredi* m'afflige autant par rapport au public qu'il me remplit de consolation par rapport à ce qui me regarde en particulier. Je ne saurais rendre assez de grâces à Dieu, qui m'a préservé d'une épreuve si pénible, et je trouve que *je n'ai point encore acheté ce bienfait assez cher par plus de trois années de disgrâces.* Mais ces réflexions n'empêchent pas que je ne sente vivement, comme citoyen, le malheur commun de l'État : j'en suis d'autant plus touché, que je n'y vois guère de remède... » Ce langage n'est-il pas lui-même touchant et élevé, et n'est-ce pas une chose à mettre sous les yeux de tout le monde et dans une des meilleures places de l'histoire, que ce *bienfait* de la disgrâce qui a tenu le chancelier éloigné d'une grande injustice! Daguesseau se réjouit du succès de l'avocat général : « M. des Voisins a très-bien parlé, dit-il, c'est un témoignage que *tout le monde* lui rend. » Puis, par l'intermédiaire de son fils, il fait parvenir au Parlement, qui est encore tout ému, une excellente leçon de conduite parlementaire, la voici :

« Le Parlement ne saurait se conduire avec trop de ménagement et de circonspection dans une affaire aussi délicate.

« Il ne faut jamais *pousser à bout* le gouvernement, et, après tout, on doit toujours sentir l'extrême distance qui est entre le roi et ses sujets. La modération est plus efficace en de pareilles occasions, elle sert plus utilement le public que l'emportement et une fermeté mal entendue. Si le Parlement ne fait que des démarches mesurées, il conservera la réputation qu'il s'est acquise, le premier jour, par une simple démonstration de la contrainte qu'il souffrait ; si, au contraire, il prend des résolutions plus fortes, comme celle dont *votre frère* m'a parlé, et qui me paraissent peu dignes de gens sensés (le Parlement était resté en permanence après le départ du roi et délibérait dans la douleur), il fera oublier l'honneur qu'il s'est acquis d'abord, et il justifiera le gouvernement. M. le premier président et M. le procureur général peuvent beaucoup en cette occasion, s'ils savent bien parler et bien agir auprès du prince, contre lequel ils ont l'avantage du procédé. Plus le premier paraîtra avoir contenu sa compagnie, plus il aura de crédit et de poids auprès du ministre ; c'est ce qu'on ne saurait trop lui mettre dans l'esprit. Il serait à souhaiter que les compagnies suivissent la règle que tout homme sage doit se prescrire, je veux dire de ne jamais prendre de résolution décisive quand on est en colère. Le plus grand service que l'on puisse rendre à l'État et au Parlement est de ne point porter les choses à l'extrême ; je voudrais en un sens être à portée de pouvoir agir des deux côtés dans cet esprit; mais le plus sûr est de ne point s'imaginer qu'on puisse faire mieux que les autres, et d'attendre les moments et les ordres de la Providence. Je me réduis donc bien volontiers à servir l'État par mes vœux ; c'est le parti le plus doux et le moins embarrassant. »

Ce qui rendait plus odieux encore l'impôt du cinquantième, c'était la misère du temps : le pain coûtait alors huit sols la livre, et M. d'Ombreval, le lieutenant de police, annonçait qu'il en coûterait dix[1]. On traversait ce que nous avons appelé une crise des subsistances, aggravée par l'incurie du gouvernement, les méfaits de certains fonctionnaires, associés à certains favoris, soutenus eux-mêmes par madame de Prie[2], et aussi par l'ignorance et l'entêtement en matière d'économie politique. Pour le coup, Daguesseau ne se contient pas, et il écrit à Paris lettres sur lettres ; il supplie qu'on fasse venir

---

[1] Voici la condamnation flétrissante prononcée contre lui par Daguesseau dans une lettre inédite du 29 août 1725 :

« Je suis en peine de la manière dont le marché se sera passé aujourd'hui, quoiqu'il y ait lieu d'en bien espérer pour les mesures qu'on a prises. Il court de mauvais bruits sur une lettre de M. d'Ombreval qu'on dit avoir été interceptée, et sur les suites fâcheuses qu'elle a eues par rapport à lui. Je ne sais si ces bruits ont quelques fondements et j'en serais fâché pour l'honneur de la magistrature à laquelle il n'en reste pas assez pour pouvoir en perdre la moindre partie. »

[2] Il y avait dans les marchés ce que l'avocat Barbier appelle très-spirituellement des *impertinences*.

en abondance des blés étrangers, pour encombrer les marchés et empêcher les mauvaises manœuvres ; il enseigne, et avec une éloquente ardeur, la véritable économie politique ; il conseille de recourir à la liberté et non à la violence ; « il n'y a de bons en pareil cas que les moyens naturels ; la contrainte contre les laboureurs est une injustice et ne peut pas produire de bons effets. L'abondance ne peut se soutenir, si elle est forcée. » Parlez-en à M. le duc, écrit-il à ses amis de Paris, au procureur général, au premier président, à son fils, à M. d'Ormesson : *Pressez-le fortement sur cet article.* Une autre fois, à son fils aîné : « Il faut absolument qu'on arrive à diminuer la cherté des vivres ; *échauffez là-dessus M. le procureur général ;* dites-lui que je vous en écris tous les jours, et que, si j'étais à sa place, je ne serais occupé que de cette pensée et des moyens de la faire réussir. »

Sa passion à ce sujet est admirable autant que sa raison est droite et sa politique excellente ; tout cela fit encore parler de son retour, mais sans qu'il ajoutât foi à ces bruits.

« Tous les bruits qui courent sur mon retour, écrit-il, ne sont fondés apparemment que sur le *malheureux état des affaires*, qui donne lieu de désirer des changements et de s'imaginer que les *absents* feraient mieux que les présents. » S'adressant à son fils avec une mélancolie naturelle et patriotique : « Vous avez bien raison de dire que, bien loin de savoir ce qu'on peut espérer sur ce sujet, on ne sait pas même ce que l'on doit désirer. Il n'en est pas de même des affaires publiques ; on y voit bien mieux ce que l'on doit désirer que ce que l'on doit espérer. »

Il paraît évident que l'opinion publique elle-même fit en ce moment un effort pour le retour du chancelier, mais on ne l'écouta pas plus que les nombreux amis de l'exilé ; on se borna à tâcher d'avoir indirectement les conseils de Daguesseau, et le duc, sans donner une bonne raison et en en laissant deviner beaucoup de mauvaises, repoussa les instances qui lui furent faites, notamment par l'évêque de Châlons, au nom du bien public.

Le chancelier s'indigne, non de rester à Fresnes, mais des causes qui l'y font rester, et il jette, lui si doux, si mesuré, si respectueux, sur le duc de Bourbon une flétrissure qui appartient à l'histoire : « Je ne puis m'empêcher d'être *honteux* pour lui (M. le duc), écrit-il, des raisons qu'il en donne (de son refus) ; mais après tout je lui ai peut-être une grande obligation. »

On l'a déjà remarqué, il y a presque toujours dans les réflexions et dans les plaintes du chancelier sur sa disgrâce, à côté du ministre qui parfois s'impatiente, du citoyen qui souffre, le philosophe qui termine tout, non par des chansons, mais par l'aimable expression du bon sens résigné et de la sagesse heureuse ; ainsi, dans le moment où il parle ainsi du duc, il est question d'appeler M. d'Ormesson au contrôle général, à la place de M. Dodun, qui, comme tant d'autres, s'est mal conduit au sujet des blés ; Daguesseau dit : « On ne le nommera pas à cause de moi ; il m'aura l'obligation de n'avoir pas à refuser cette place. »

Au commencement de 1726, l'influence du duc a déjà beaucoup diminué, et l'évêque de Fréjus se lasse d'attendre ; l'entourage du duc est celui des plus mauvais ministres. Ses mœurs et celles de son ministère sont détestables. Madame de Prie en tire tout ce qu'elle peut en argent et en injustices. C'est son protégé Duverney qui a conseillé l'impôt du cinquantième ; d'Ombreval, le lieutenant de police, qui s'est enrichi dans la crise des blés, est au mieux avec le ministère, qui, ses déprédations découvertes, le nomme à l'intendance de Tours, au lieu de le livrer à la justice. Le prévôt des marchands, M. de Châteauneuf, qui administre Paris, reçoit d'énormes pots-de-vin des marchands de bois qui approvisionnent la ville, et on est forcé de le remplacer par un des plus intègres magistrats du Parlement ; le président Lambert de

Vernon. Pour tout cela, et pour d'autres causes encore, l'évêque de Fréjus gagne du terrain, et le duc de Bourbon en perd; on connaît cette scène de coquetterie ministérielle, à laquelle Fleury eut recours, et dont son crédit sortit plus grand, comme une passion un moment contrariée. Il partit subitement pour Issy, afin de soumettre à l'épreuve de l'absence son royal élève. Le roi fit courir après lui, et, loin de cacher ses sentiments pour l'évêque de Fréjus, il mit à les faire éclater un empressement du reste assez touchant. Le chancelier vit, de Fresnes, cette guerre entre Fleury et le duc; il en parle avec une grande finesse et très-justement, si justement, que l'histoire n'a pas mieux à dire sur la lutte politique de ces deux personnages. « Les grands événements qu'on attend à la cour (le renvoi du duc)... ne seront peut-être pas aussi grands que bien des gens se l'imaginent. L'idée que j'ai des *combattants* me porterait assez à croire qu'ils pourront bien se regarder longtemps, sans s'approcher d'assez près pour se battre sérieusement, et qu'ils se feront réciproquement plus de peur que de mal. »

En tout cas, ce sont bien, comme le dit Daguesseau, les deux principaux mobiles de toutes les affaires. Mais le duc de Bourbon n'hésite plus en ce qui touche le retour du chancelier; il s'y oppose, et quand on en parle en sa présence, il sourit comme le plus fort, comme celui qui, se sentant maître de la destinée d'un homme meilleur que lui, éprouve une joie basse à voir reconnaître sa force et le pouvoir qu'il a de faire ou de prolonger le mal. A ce sourire, Daguesseau répond comme dans la chanson :

> Le voyant rire ainsi,
> Se mit à rire aussi.

Au commencement du mois de juin (1726), il est question de remplacer comme garde des sceaux M. Fleuriau d'Armenonville, de faire *essuyer* au chancelier, suivant son expression, un nouveau garde des sceaux. Daguesseau en est très-ému, suppose le duc très-capable de cette *criante injustice*, et se plaint du « triste état où on le réduirait par un renouvellement de disgrâce qu'il n'a pas mérité ! »

Mais, huit jours plus tard, le duc de Bourbon n'était plus ministre (5 juin). On voulut allumer dans Paris des feux de joie comme pour une victoire ; le lieutenant de police, M. Hérault de Sechelles, en empêcha ; il ne put empêcher le mépris de se produire contre le duc et son administration ; ce mépris éclata de mille manières, et fit voir à quoi se réduit un mauvais ministre quand il est renversé. Tout le monde honorait le chancelier, depuis longtemps privé de la faveur du prince ; le duc de Bourbon n'était pas parti pour Chantilly, que les plus graves accusations et les injures populaires les plus expressives s'élevaient contre lui. Rarement le mépris a coulé avec tant d'abondance et si naturellement contre un ministre abattu. Dans un temps où la liberté n'était ni dans les institutions, ni dans les lois, où le culte monarchique était encore très-sincère et très-grand, il y avait pourtant dans les esprits une certaine témérité; on placardait au coin des rues, sur le passage du roi, non sans périls, les arrêts de l'opinion. Un journal de 1792, ou une revue satirique de Paris ou de Londres, aux meilleurs jours de la satire et de la caricature, n'auraient pas mieux fait. On écrivit sur les murs et on répandit partout les lignes suivantes :

100 PISTOLES A GAGNER.

Il a été perdu depuis peu (le placard est du 4 juillet), sur le chemin de Chantilly, une grande jument de *prix* qui suivait un cheval *borgne*.

CHAPITRE XIX

L'évêque de Fréjus avait fait l'éloge du chancelier pendant tout l'hiver de 1726. — Il le fait encore, quand il a remplacé le duc de Bourbon.— Mais il ne veut pas qu'on le dise en *public*. — Le duc de Tresmes. — M. de Gandelus. — Le duc de Gesvres. — Promesses de Fleury au duc de Tresmes. — *Nimia præcautio dolus.* — La politique de Fleury vis-à-vis du chancelier. — Il lui faut le temps de *s'arranger*. — Négociations pour le retour. — Les conjurés. — L'abbé Couet. — M. d'Ormesson. — Le maréchal d'Huxelles. — L'évêque de Châlons. — Les ducs de Villeroi et de Charost. Valincour. — Le maréchal de Bezons. — M. d'Angervilliers. — Le comte d'Évreux. — Les conjurées. — Les duchesses de Villeroi, de Villars, d'Estrées, la vieille madame de Tavannes. — Madame de Saint-Simon. — La maréchale de Boufflers. — La marquise de Charost. — La pluralité des *équipages* empêche de prendre le cerf. — Les énigmes du *Mercure galant*. — La calotte rouge retarde encore le retour. — Le cardinal de Noailles. — L'avocat général de l'Eglise gallicane faiblit. — Le concile d'Embrun. — Maladie du chancelier. — Sa femme ne veut pas qu'on demande la faveur d'aller quelque temps à Paris. — Sa lettre à ce sujet. — *Retour* imprévu. — Fin de la seconde disgrâce. — Août 1727.

A la nouvelle de cette *révolution*, comme il l'appelle, Daguesseau avait beaucoup de raisons de croire que son exil allait cesser, des raisons générales et des raisons privées. Sans être ni un grand esprit ni un grand cœur, l'évêque de Fréjus aimait l'ordre, comme dit Voltaire : il ne dédaignait pas, ainsi que ses prédécesseurs, l'honnêteté et la bonne conduite, et il se proposait de faire vivre avec quelque régularité la monarchie remise entre ses mains. Ne fût-ce que par ce côté, Daguesseau devait lui paraître un très-utile et très-grand auxiliaire de cette politique un peu froide et principalement honnête. Mais ce goût du bien, qui était loin d'aller jusqu'à la passion, était subordonné dans Fleury à une ambition ecclésiastique qui tenait, avec l'amour de la paix et l'esprit d'économie, le fond de sa pensée. C'est une chose étrange, mais elle est bien certaine, qu'avec lui, comme avec Dubois, la politique de la France ait dépendu d'un chapeau de cardinal. Les raisons privées qui devaient éveiller l'espérance du chancelier étaient très-nombreuses et elles sont curieuses à connaître ; elles peuvent très-utilement servir au portrait de l'évêque de Fréjus. Pendant tout l'hiver de 1726, Fleury, alors étroitement lié avec l'évêque de Châlons, M. de Saulx-Tavannes, n'avait pas cessé de lui faire l'éloge du chancelier ; dans les dernières semaines du ministère du duc de Bourbon, il avait encouragé les démarches du duc de Gesvres pour le retour. A ce moment, M. le duc de Tresmes, qui, suivant Saint-Simon, était sans le moindre rayon d'esprit, et son fils aîné, M. de Grandelus étaient à Fresnes, chez le chancelier. Son second fils, le duc de Gesvres, gouverneur de Paris, était en faveur auprès du roi. C'était un homme de beaucoup d'esprit, puisque, malgré un procès d'impuissance qu'il avait perdu, personne ne se moquait de lui, que le roi l'aimait, et qu'il s'était rendu redoutable même au duc, qui n'avait pas pu l'exiler pour une juste impertinence faite à madame de Prie. Il fut convenu qu'il ferait à Versailles une démarche pour le chancelier, et qu'il enverrait un courrier à son père, afin qu'on en sût plus vite le résultat à Fresnes. L'évêque de Fréjus avait dit si souvent au duc de Tresmes qu'il ne s'opposerait jamais au retour de Daguesseau, qu'on était ou qu'on se croyait sûr de lui ; d'autre part, il s'entendait à merveille avec le duc de Mortemart (celui qui était *incrusté* d'une ambition extrême), le duc de Gesvres, le duc de Charost, tous favorables à Daguesseau, pour mettre un terme à la puissance du duc de Bourbon ; plus d'une fois, ils avaient ensemble tâché de faire entendre au roi, « la misère de l'État. » Ne fût-ce que par ce précédent, il ne semblait pas possible que l'évêque de Fréjus, prenant le pouvoir à quelques jours de là, ne rappelât pas le chancelier. Mais voici ce qui arriva et comment Fleury se tira de cette obligation. Il fit au chevalier de Conflans un éloge extraordinaire du chancelier, comme s'il eût eu hâte de le faire revenir; il chargea même le chevalier de rapporter cet éloge à Daguesseau, pouvu cependant que le rapport ne fût pas fait *en public*. Voit-on bien cet homme, devenu premier ministre, qui, juste et honnête dans le particulier, s'y honore de l'estime qu'il dit avoir pour un exilé, et qui n'ose pas se montrer au dehors avec ces sentiments. C'est l'esprit de cour, le mauvais, bien entendu, qui crée cette duplicité d'un genre singulier, et qu'on pourrait appeler la honte du bien. La prudence d'ailleurs n'abandonne pas un instant l'évêque de Fréjus; il est tout soumis à cette discipline du pouvoir qui livre au calcul l'amitié, l'estime, les sentiments qui vivent de naturel, et meurent, le plus souvent, de cette prévoyance que les jurisconsultes confondent avec le dol : *nimia præcautio dolus*. Daguesseau lui écrivit, à l'occasion de son élévation, comme à un homme dont on a eu à se louer, avec une décence qu'on trouve dans toutes les démarches du chancelier et que, sauf le sexe, je nommerais de la pudeur. Fleury ne lui répondit pas; il fit l'homme d'État, et mit son impolitesse sur le compte de la politique et de l'étiquette des gens en faveur. On me trouvera bien simple, mais ces façons d'agir sont à mes yeux de l'improbité et, c'est sans doute la faute de ma conscience, mais elles la soulèvent et la portent au mépris comme les plus méchantes actions. Je trouve que par elles l'homme s'abaisse singulièrement, et met en servitude des devoirs de cœur qui n'y devraient jamais être. A ces symptômes, le chancelier ne dut pas se tromper, ni croire qu'on céderait à un bon mouvement pour lui, si on en avait un. Son sort était encore une fois remis aux caprices et aux intérêts de la politique ministérielle. Fleury aurait bien voulu avoir pour lui l'estime de Daguesseau, mais il était résolu à ne pas la payer cher ou même à ne pas la payer du tout. Aussi, quand les amis du chancelier, sentant renaître toutes leurs espérances à cause du renvoi du duc, voulurent se mettre en campagne, et poursuivre ardemment auprès du nouveau ministre le rappel de l'exilé, Daguesseau leur dit avec beaucoup de sagacité et de finesse : « Il faut *lui* donner le temps de *s'arranger.* »

Toutefois le moment semblait trop propice, trop de choses semblaient se réunir du côté du chancelier, pour que ses amis ne cherchassent pas à gagner la bataille que si souvent déjà ils avaient perdue. Ils se réunissent donc plus que jamais, et s'apprêtent tous à combattre. C'est Daguesseau qui est le général de l'entreprise, mais le général honoraire. Il envoie bien ses plans de campagne, et lui, qui aime si peu à écrire, que, si on en croit sa femme, il ne peut pas se défendre d'un peu de haine contre ceux à qui il écrit pendant qu'il le fait, il rédige des instructions en double et en triple. Le quartier général des alliés, s'il m'est permis de continuer ainsi, est chez l'abbé Couet. On voit dans cette conjuration, faite au profit d'un homme de bien, les plus honnêtes gens de la cour et de la ville, et les plus illustres; beaucoup veulent s'y mêler, qu'on en éloigne par prudence et pour ne pas donner de prétexte à l'ennemi ; ainsi le duc de Noailles en est complétement écarté, tous les Noailles, le maréchal d'Estrées, sa femme, la duchesse de Villeroy. L'insistance du chancelier à éviter leurs services prouve que le moindre faux pas pouvait tout perdre sur ce terrain mouvant des volontés, des caprices, de l'arbitraire de la cour. L'évêque de Châlons lui-même est devenu un auxiliaire dont il faut se servir avec prudence. A l'avénement de Fleury, il a commis une faute d'honnête homme ; il a gardé une certaine réserve et ne s'est pas précipité au-devant du nouveau ministre ; sa discrétion a été prise pour de la froideur par cet orgueil exigeant des hommes d'État, qui dépasse en faiblesses la coquetterie maladive des Célimènes de tous les temps. Il n'en faut pas davantage pour qu'il ait perdu son crédit auprès du ministre qui a été son ami ; en revanche, sans que le chancelier se l'explique, M. de Fréjus a dans M. d'Ormesson une confiance *singulière*, non que le caractère de M. d'Ormesson ne méritât la plus grande confiance, mais parce que c'est une nouveauté qui n'est pas encore expliquée; aussi c'est M. d'Ormesson qui va à Fresnes causer avec l'exilé, au moment d'entrer en campagne. Au milieu de ces préparatifs et de ces démarches, Daguesseau ne s'abandonne qu'à moitié, et ne perd pas de vue la chance d'un revers. Les dispositions présentes lui paraissent bonnes ; il serait difficile même d'y soupçonner de *la fausseté* ; il aimerait mieux en tout cas être « dupe » de cette fausseté que de la soupçonner, et pourtant il la soupçonne, car il ajoute : « Mais... l'homme est souvent léger et variable. » Cela est pour M. de Fréjus. Quant aux efforts de ses amis, il les approuve avec un sentiment de gratitude : « Ce que je trouve de consolant pour moi, c'est qu'au moins il est évident qu'on ne peut rien faire de mieux que ce qu'on fait en ma faveur. »

Parmi ceux qui s'agitent le plus pour lui, on remarque son vieil ami le maréchal d'Huxelles, qui y met toute sa science diplomatique et un sentiment d'affection qui va jusqu'à la susceptibilité. On cache au maréchal les démarches des autres ; il a la faiblesse « de n'agir pour ses amis qu'à la condition qu'ils se livrent totalement à lui. » Il tenait de son père, qui aurait épousé mademoiselle du Vigean, si elle n'avait pas inspiré au grand Condé un héroïque amour. Le vieux duc de Villeroy, qui avait si bien et si inutilement signalé à Louis XV les vertus du chancelier, qui lui avait dit de ne pas oublier, *quand il serait majeur*, de le rappeler auprès de lui, resta fidèle à ces marques d'estime si librement données, et mit au service de Daguesseau le poids de son âge et de son ancien rôle auprès du roi. A côté et au-dessus de l'évêque de Fréjus, Valincour déploya pour le chancelier toutes les ressources de sa tendresse et de son esprit, qui étaient infinies. Il n'y avait personne à la cour à qui ce grand homme de bien, comme l'appelle Saint-Simon, n'eût causé un plaisir ou rendu un service ; sa seule conversation lui faisait des amis ; il se prodigua pour Daguesseau au point d'exciter la jalousie du maréchal d'Huxelles et d'affronter la colère de M. Masséi, le nonce du pape. Le maréchal de Bezons ne put pas mettre beaucoup d'esprit dans l'appui qu'il prêta au chancelier, mais il y mit beaucoup d'empressement et de cœur. M. d'Angervilliers y mit sa probité, qui était notoire; le comte d'Évreux[1] l'art, le manége sous terre et l'application vers ses buts, que

---

[1] C'est celui qui avait épousé la petite-fille du riche Crozat, laquelle fille, madame de Bouillon appelait son petit *lingot d'or*.

Saint-Simon lui prête. Les négociateurs sont si nombreux que quelquefois les négociations se croisent, et alors Daguesseau s'adresse à son fils de Fresnes, qui est un grand chasseur qui fait trembler les *louves* des environs de Meaux, et lui rappelle, si toutefois devenu *sénateur*, celui-ci s'abaisse encore aux délices de la chasse, que « la pluralité d'équipages ne sert qu'à faire manquer le cerf que l'on veut prendre. » La qualité de ces avocats est un grand honneur pour Daguesseau ; elle explique comment, dans toutes les démarches qui furent faites, la dignité ne fut pas compromise ; personne ne descendit même jusqu'à la prière ; on soutint les intérêts du chancelier comme il convient qu'on soutienne ceux de la justice.

Plusieurs femmes du plus grand nom entrèrent comme volontaires, et malgré Daguesseau, dans la coalition : la duchesse de Villeroy, la duchesse de Villars, la maréchale d'Estrées, la vieille madame de Tavannes, mère de l'évêque de Châlons, la comtesse de Ferréol, la marquise de Charost, qui devint, en 1732, la duchesse de Luynes, la duchesse d'Uzès, la maréchale de Boufflers, la duchesse de Saint-Simon. C'est dans une lettre inédite que j'ai trouvé la preuve que madame de Saint-Simon avait travaillé au retour du chancelier ; il m'est doux, sur ce terrain, de l'opposer à son mari, et de la compter parmi les charmants défenseurs d'une cause si grave et si bonne. La lettre est du chancelier : « J'ai compris toute la délicatesse de la négociation dont je proposais à M. de Châlons de se charger ; mais, après tout, la plus grande difficulté que j'y trouve est le peu de relations qu'il a eues jusqu'ici avec madame la maréchale de Boufflers, dont le caractère peut rassurer contre le danger de s'ouvrir à elle. Nous avons pensé depuis, madame la chancelière et moi, que *madame la duchesse de Saint-Simon*, qui est fort aimée de cette maréchale, pourrait la sonder sur ce sujet, et madame la chancelière a dit à madame de Chastellux de voir si, en faisant tomber la conversation sur ce sujet avec madame de Saint-Simon, sur les mauvais offices qu'il est à craindre qu'on ne me rende, elle ne penserait point d'elle-même à en parler à madame de Boufflers, auquel cas il n'y aurait qu'à la laisser agir, et, de toutes les voies, ce serait peut-être la meilleure. »

Qu'on parcoure dans leurs moindres détails toutes ces négociations, ainsi que je l'ai fait, ni de la part des femmes, ni de celle des hommes, on ne trouvera rien à reprendre. Sous le ministère de M. le duc, une caresse adressée à la vanité de madame de Prie, au nom et pour le compte du chancelier, aurait certainement réussi et levé jusqu'aux obstacles qui venaient de Rome ; mais les gens de bien ne prennent pas ces mauvais chemins, du reste très-fréquentés, pour arriver au prince ou à ses ministres.

Au moment où les chances du retour paraissaient excellentes, on apprit qu'il s'était élevé une difficulté insurmontable et mystérieuse. M. d'Ormesson avait eu plusieurs entrevues avec l'évêque de Fréjus, M. de Châlons également, le chevalier de Conflans et l'un des fils de Daguesseau. On aurait dû savoir le fond de sa pensée ; mais personne ne put indiquer d'abord d'où venait l'obstacle. Le chancelier dit plaisamment que madame Daguesseau, qui avait pourtant l'habitude de deviner les énigmes du *Mercure galant*, ne put pas plus que les autres deviner celle-là. On sut un peu plus tard que l'obstacle pouvait durer quinze jours comme il pouvait être éternel. Daguesseau se souvint qu'il avait recommandé à tous les négociateurs « de parler peu, de se renfermer dans des choses générales, de ne pas l'engager dans un parti, » et il découvrit que ce qui empêchait son retour, c'était la *calotte rouge* promise à M. de Fréjus, qui n'arrivait pas et que Rome menaçait de ne pas donner, si on laissait revenir l'homme de France qui forgeait le mieux des foudres contre le Vatican.

M. de Fréjus, autrefois soupçonné d'un peu de

jansénisme, s'était entièrement donné à la bulle, et il cherchait à la faire accepter par le cardinal de Noailles « avec respect et soumission, » ce qui était le grand succès poursuivi par Rome. Il connaissait la juste influence que Daguesseau avait eue de tout temps sur l'archevêque de Paris : tout récemment le chancelier, indirectement sollicité par Fleury, avait, dans une lettre très-savante et très-forte, poussé l'archevêque à la conciliation et à la paix; mais ce n'était pas assez; on craignait qu'une fois de retour, l'avocat général de l'Église gallicane n'empêchât la soumission absolue du prélat, son ami, et ne retardât ainsi l'arrivée de la calotte rouge. Faut-il s'étonner beaucoup que pour un tel objet M. de Fréjus ait prolongé l'exil du chancelier? Les plus grandes injustices semblent naturelles à ceux qui en ont besoin dans la poursuite de ce qu'on appelle les honneurs et les dignités; ils ne songent pas que tout ce qu'ils obtiennent ainsi disparaît avec eux, et que l'honneur, au contraire, s'attache au nom, le porte dans l'histoire, lui donne une place et presque un autel dans le souvenir et dans le cœur des gens de bien.

Par tous ces soins, l'évêque de Fréjus devint le cardinal Fleury; mais les affaires de l'Église n'étant pas encore calmées, le retour du chancelier fut retardé; il survint même des orages ecclésiastiques, et l'un d'eux fit craindre à Daguesseau qu'on ne le laissât toujours à Fresnes.

Quand tous les feux allumés par la constitution semblaient éteints, quand le cardinal de Noailles, affaibli par l'âge, ému et troublé, sinon convaincu par ses amis, l'avait lui-même acceptée; quand Daguesseau, son ancien et redoutable adversaire, se prononçait pour elle et pesait de toutes ses forces sur l'archevêque de Paris, le vieil évêque de Senez ralluma tout. Son âge le plaçait tout près du tombeau, et presque devant le Dieu dont il avait été toute sa vie l'un des plus doux, des plus humbles, des plus vertueux serviteurs. Il ne semblait pas que ce dût être, pour lui surtout, l'heure de la dispute. Néanmoins, l'âme pleine de cette rigidité qui avait rendu sa vie exemplaire, et croyant voir que la morale relâchée avait gagné du terrain, il se jeta dans la lutte avec une ardeur de jeune homme et toute la passion d'une nature douce mais soulevée jusqu'à la colère. Il lança, du fond de son évêché, une lettre pastorale contre la constitution, sachant très-bien que les coups qu'il lui portait iraient jusqu'à Rome. Sa vertu augmenta beaucoup le poids de ses accusations : les jansénistes, les gallicans, les légistes, tous ceux qui, sans désignation, n'étaient pas plus à la cour de Rome qu'à la France et à ses vieilles règles, prirent parti pour la lettre et ne cachèrent ni la joie ni l'espérance que leur donnait cet éclat. De son côté, le gouvernement annonça tout de suite l'intention de le réprimer, et le concile d'Embrun fut convoqué, sous la présidence d'un prélat beaucoup plus orthodoxe, mais beaucoup moins vertueux que l'évêque de Senez, le frère de madame de Tencin. Daguesseau s'en inquiète pour son retour : « Pour ce qui me regarde, je crains bien que mes affaires ne reculent au lieu d'avancer. La bulle et le *concile d'Embrun* sont deux nouveaux incidents qui pourront bien ralentir les dispositions plus favorables où l'on paraissait être à mon égard. » On s'aperçoit que le découragement le gagne dans ces lignes adressées à sa fille : « J'avais, il n'y a pas plus d'un mois ou six semaines, *quelque lieu* de croire que je pourrais avoir bientôt le plaisir de vous voir, mais la chose est devenue plus incertaine depuis ce temps-là, et il est difficile à présent de faire aucun pronostic bien assuré sur le changement ou sur la durée de ma situation. » En même temps il écrit à son cher Racine sur un ton de tristesse qui ne lui est pas ordinaire, et qui cette fois s'accorde avec les chagrins du poëte récemment obligé, pour surcroît d'ennui, de se défendre contre l'accusation alors grave d'être un *visionnaire* : « Je voudrais, lui dit

Daguesseau, qu'il fût aussi facile d'adoucir la tristesse à laquelle vous vous livrez que de vous disculper sur *ce point*; il faudrait, pour cela, vous faire quitter le séjour auquel elle est attachée. *Je réussis si mal à changer le mien*, que je ne saurais me flatter d'être plus heureux pour les autres. Soyez seulement bien persuadé, monsieur, qu'en quelque état que je sois, et vous aussi, rien ne me fera jamais plus de plaisir que de pouvoir vous donner des marques réelles de toute l'estime que j'ai pour vous. »

Le chancelier tombe malade; il a la *fièvre double-tierce*, et le maréchal d'Huxelles, qui est à Fresnes depuis plusieurs jours, le quitte à la fin de juillet (1727). La famille, inquiète et troublée, croit qu'il a besoin du séjour de Paris, et ses enfants sont prêts à demander au roi la permission de l'y conduire. Le fils aîné écrit à son oncle, M. d'Ormesson[1] : « Mon père fut saigné hier au soir, mon cher oncle, sa maladie n'a rien de dangereux; c'est une fièvre double-tierce, sans frisson et sans accidents; on ne peut juger encore si elle sera longue, mais on espère qu'elle ne le sera pas. Je viens d'apprendre ce détail par le chirurgien qui en est revenu, et il me rassure, quoique je ne

---

[1] Cette lettre est complétement inédite.

puisse être encore sans inquiétude. M. le maréchal d'Huxelles a la bonté de vouloir bien que cette lettre vous arrive par lui... » Mais la chancelière, plus ferme que les autres, plus jalouse de l'honneur de son mari, et ne voulant rien perdre du prestige que donne tôt ou tard une disgrâce injuste, ne veut pas qu'on fasse de démarches pour ramener momentanément le chancelier à Paris, à moins d'une nécessité absolue; elle exprime sa volonté avec une grande noblesse et chacun y accède. Elle écrit, le 9 août 1727 [1], à son fils, l'avocat général : « M. Pousse (c'est le médecin) vous dira mieux que moi, mon cher fils, comment est M. votre père. Quoiqu'il soit peu raisonnable d'être inquiète de la suite d'un mal après toutes les assurances qu'il nous donne, je ne laisse pas d'avoir le cœur bien serré et bien triste, de voir des infirmités qui lui rendront la vie ennuyeuse, et qu'on ne peut guère espérer, après qu'elles seront finies, de *ne les pas* voir revenir, *si son séjour ici est encore long, comme il y a lieu de le craindre*. Tout cela est matière à sacrifice, mais celui-ci me coûte plus que les autres; il faut cependant s'abandonner de tout son cœur à la Providence, et priez Dieu, je vous prie, mon cher fils, que je le fasse de tout mon cœur. J'ai

---

[1] Lettre entièrement inédite.

parlé à M. Pousse de l'idée que j'avais eue de demander de revenir à Paris ; il écrit que l'état où serait M. votre père chez lui lui ferait plus de mal que de bien, et qu'il ne faut pas changer son séjour, tout autre ne lui valant rien, à moins que les affaires et le mouvement qu'elles donnent au corps et à l'esprit ne le rendent salutaire. Si mon frère n'a pu venir, comme vous me l'aviez fait espérer, dites-lui qu'il n'y faut plus penser ; dès que cela n'est point nécessaire, *il est plus digne* et même plus avantageux de ne dire mot, et même de ne se pas plaindre de son sort. C'est à Dieu à y porter le remède quand il sera utile pour le bien de nos âmes. » Et si on pouvait douter de la sincérité des sentiments de la chancelière, il suffirait de lire les lignes suivantes qui terminent cette lettre, et qui montrent combien est libre l'esprit de celle qui les trace : « Dites, je vous prie, mon cher fils, à M. de Maupertuis, qu'il est impossible, d'ici à la fin de la saison, de trouver une voiture pour envoyer des foins, il faut en acheter en attendant, et une autre fois prendre mieux ses mesures pour n'en pas manquer. S'il y en avait eu un millier à Paris, cela aurait bien fait pour vider ici nos greniers... J'oubliais de vous prier de dire à M. de Maupertuis qu'il rende à M. Pousse ce qu'il en a coûté pour la poste, pour ce voyage-ci et pour le dernier, qu'on dit qu'on ne lui a pas rendu, parce que M. Neveu s'en était chargé ; qu'on le lui rende au plus tôt, parce qu'il ne serait pas honnête qu'il avançât son argent pour venir ici. »

Presque au moment même où cette lettre était écrite, le cardinal Fleury trouvait une combinaison pour rappeler le chancelier sans inquiéter Rome, ni enhardir le Parlement. Il avait sous la main un homme ambitieux jusqu'à la soumission, habile, délié, plein d'expérience, un de ces magistrats qui faisaient dire autrefois qu'il n'y avait pas de meilleure préparation pour le ministère que la magistrature, M. le président Chauvelin; il le fit garde des sceaux, à la place de M. Fleuriau d'Armenonville qui, d'une nature commune et même assez basse, ne tarda pas à mourir de la maladie des *ministres disgraciés.* Par lui, il se crut sûr de dominer le Parlement et de neutraliser la grande influence qu'y avait, malgré le temps, l'absence et l'exil, gardée le chancelier. Il n'avait tenu qu'à Daguesseau, quelques jours avant qu'on le rappelât, d'avoir au profit de sa disgrâce une manifestation du Parlement : les moins libres des magistrats, les membres du parquet, lui avaient fait offrir de rédiger et de signer un mémoire pour montrer à la cour l'injustice et le danger de cette longue disgrâce. Il avait

refusé ; il en était à méditer sur cette *belle règle*
d'Aristote : *de futuro contingenti non datur determinatio certa*, et il ne s'attendait plus à rien, quand
le cardinal Fleury le fit revenir (août 1727).

J'arrête ici la partie publique de ce livre, si je
puis ainsi parler. Ce n'est pas toute la vie du chancelier que j'ai voulu écrire ; j'ai laissé de côté le
législateur, et, on le voit bien aisément, c'est
l'homme politique, et encore particulièrement
pendant ses disgrâces, que j'ai tenu à montrer, c'est
l'homme moral aussi qui tranche singulièrement
sur le fond social où il se trouve, c'est l'homme
privé qui, malgré tous les masques de la vie publique, reflète, s'il ne reproduit pas tout à fait,
l'homme d'État.

CHAPITRE XX

La maison du chancelier et celle de sa fille madame de Chastellux. — Vues d'intérieur. — La communauté étendue à tout. — La maladie de la chancelière. — Les soins qu'elle reçoit de son mari. — Il rédige des mémoires à consulter pour le médecin M. Pousse. — On consulte en se cachant un empirique qui est à Venise. — Curieux détails. — Correspondance inédite. — Mademoiselle de Fresnes veut assister à la procession de Sainte-Geneviève. — Charmante lettre de son père. — Un grain de jansénisme. — La foi populaire. — La marquise de Prie *philosophe* se moque de sainte Geneviève et des Parisiens. — M. de Breteuil. — Le chevalier Daguesseau gendarme. — M. le Brasseur. — Marchais, le vieux valet de chambre du chancelier. — Les eaux de Passy. — Les recommandations pour les procès. — Cesar et le château de Chastellux dans l'*arrondissement* d'Avallon. — L'extérieur et l'intérieur de ce château. — Mort d'un enfant. — Grossesse de madame de Chastellux — Sa voisine madame de Coulanges. — Le manque d'argent pour aller de Paris à Auxerre. — On ne voit pas un *sou*. — Le chancelier n'est pas propre à la *recette*. — Quelques traits de mœurs et d'histoire tracés par la plume du chancelier et par celle de la chancelière. — La maladie du roi. — La mort du duc de la Force. — L'incendie de la bibliothèque de M. de Valincour. — Les mariages. — M. Portail et sa femme. — L'abdication du roi de Sardaigne. — Mon dernier mot.

Si on regarde ces dernières années de la seconde disgrâce du chancelier Daguesseau du côté des choses privées, on y trouve les plus charmants détails, des vues d'intérieur qu'il ne faut pas craindre, quand on en a réjoui ses yeux et son cœur, de placer dans le cadre si flexible de l'histoire ; ce sera d'ailleurs, après cette longue marche dans les hontes de la régence et du gouvernement qui lui succéda, comme un repos agréable et sain. Il y a là deux maisons, nées l'une de l'autre, dans lesquelles, loin qu'on y trouve une tache, s'amasse et s'accumule tout ce qui fait l'honneur et le véritable bien des familles ; l'une est celle du chancelier, l'autre est celle de sa fille, madame de Chastellux. Madame Daguesseau a elle-même décrit la première avec un charme qui commande de reproduire ce tableau ; elle écrit à sa fille : « M. votre père vous embrasse de tout son cœur aussi bien que M. de Chastellux ; il vous assure qu'il met vos lettres, comme le reste de ses biens, en communauté avec moi, mais qu'elles ont un sort plus favorable pour lui, parce que je lui en cède volontiers la moitié, au lieu que je garde en entier tout le reste. Vous voyez par là que son humeur est toujours la même, et qu'il me pille pour se venger : cela veut dire que nous sommes bien ensemble ; car, suivant ses principes, c'est toute la douceur du ménage. M. de Chastellux suit apparemment cette instruction qu'il lui a donnée ; vous le lui rendez avec esprit, et vous ne trouvez par là rien d'insipide dans vos conversations. Je souhaite que rien n'en trouble jamais la douceur, et que *vous la sentiez au bout de trente-deux ans, comme nous la sentons ici.* C'est tout ce que vous peut désirer de plus heureux, ma chère fille, une mère qui vous aime tendrement. »

Une grave maladie que fit madame Daguesseau, dans l'année 1725, mit particulièrement en évidence cette douceur domestique dont elle parle, et les mœurs affectueuses et naïves de ceux qui l'entouraient, principalement de son mari. Voici comment, le 4 juin 1725, à onze heures du soir, le chancelier annonce à l'un de ses fils la maladie de sa mère : « Comme la fièvre de madame la chancelière aura pu vous donner quelque inquiétude, malgré toutes les précautions que j'ai prises en écrivant à madame de Chastellux, je profite de l'occasion du *surtout* qui va demain à Paris, pour vous dire que votre mère a eu ce soir une sueur douce... la fièvre est fort diminuée; il n'y a eu aucun froid, ni aucune apparence de redoublement, et j'espère que le sommeil de la nuit achèvera d'emporter ce qui n'est presque plus qu'un peu d'émotion. Il est trop tard pour répondre à votre lettre, je ne m'attendais pas à la recevoir par madame de Lambesc, que j'ai été fort surpris de voir arriver ici ; elle ne pouvait guère prendre plus mal son temps pour y venir ; mais, quand il est plus de minuit, on ne fait pas de réflexions sur cela ni sur choses plus importantes... » Quelques jours plus tard, le mal a augmenté ; le chancelier en raconte la marche avec un soin minutieux, pas un soupir de sa femme ne lui a échappé, sa tendresse ne se rebute devant aucun détail ; on dirait le plus tendre et le plus dévoué des médecins. Fatiguée par quelques accès de fièvre et arrivée à dix heures du soir (le 7 juin) sans avoir rien pris, la malade, « se trouvant dans une grande inanition, avala de son ordonnance un jaune d'œuf, *qui fit assez de peine* au chancelier, parce qu'il craignait que cela n'augmentât la chaleur. » Il faut un médecin. M. le Mery serait celui pour lequel madame la chancelière aurait le plus de penchant, mais, comme il est absent, c'est M. Pousse qui est appelé ; il viendra avec M. Bertrand, le chirurgien, pour le cas où la malade aurait besoin d'être saignée. Il apportera les remèdes nécessaires, parce qu'à Fresnes on n'en trouve pas, et le chancelier prie Dieu qu'il donne sa bénédiction au voyage et aux remèdes de ce médecin. Madame de Chastellux veut accourir auprès de sa mère, mais celle-ci s'y oppose et ne permet pas que sa fille vienne *dans un air de fièvre.*

---

[1] Lettre inédite.

Chaque jour, et comme une garde-malade, avec une plume qui avait fait et qui devait encore faire des lois, Daguesseau se rend, par écrit, compte de la maladie, des soins qu'elle a provoqués, des remèdes et de leurs résultats. Que ne sait-il pas? En l'absence du médecin, il juge les accidents, modifie les doses, et se fait l'auxiliaire de M. Pousse. On en arrive au quinquina ; la fièvre résiste, le mal s'étend et se complique ; alors le chancelier rédige un véritable *mémoire à consulter* que M. Neveu, un de ses secrétaires, écrit sous sa dictée. Je ne puis pas, à moins de recourir au latin, reproduire ce mémoire ; mais c'est un signe bien particulier, et suivant moi bien précieux, de cette vie domestique, exemplaire à tous les titres, dans laquelle les plus vulgaires détails sont relevés et comme ennoblis par une tendresse qui ne recule devant aucune épreuve. Certainement Daguesseau n'a jamais mis plus d'application à préparer un discours ou une loi qu'à faire ce mémoire, et, en le lisant, on doute qu'un médecin eût pu le mieux faire. Si, avec un pareil document, M. Pousse se trompe et ne guérit pas la malade, ce sera bien sa faute ; il a sous les yeux un miroir, fidèle jusqu'à la pharmacie, où on aperçoit tous les mouvements de la malade, la durée, les interruptions de la fièvre, les prises de quinquina et le reste. A coup sûr, il est commun de voir un mari, même quand il est ou quand il se croit illustre, à côté du lit de souffrance des êtres qui lui sont chers, mais, dans une telle attitude, il me semble que c'est assez rare, et que là le chancelier se donne une bien aimable originalité.

Mais voici un détail qui se rattache à la maladie, qui, en tout cas, en est contemporain, et qui répand sur toute la maison, en particulier sur le chancelier, un certain charme de naïveté dans la tendresse, à l'occasion des malades et des médecins.

Il y avait alors, parcourant l'Europe, un de ces médecins qui attirent à eux les cas désespérés, et qui, à force d'art, aidés par la crédulité de la souffrance, la plus naturelle et la plus grande de toutes, persuadent aux hommes qu'ils sont plus forts que le mal et que la mort elle-même ne leur résiste pas. Au mois d'août 1725, il se trouvait à Venise. Le chancelier eut l'idée de le consulter, je suppose que c'est plutôt pour sa fille que pour la chancelière, dont la maladie était accidentelle. Un extrait d'une lettre *inédite*, adressée à sa fille, semble justifier ma supposition : « Madame le Guerchois vous parlera d'un *nouveau remède* qui nous a été indiqué et dont on doit s'informer encore plus exactement ; quelques bons témoignages qu'on en puisse rendre, je vous conseille de ne vous point trop livrer à l'espérance et de n'attendre votre guérison que de Dieu seul. La meilleure manière de rendre le remède efficace, si vous le prenez, est de ne point rétracter le sacrifice que vous avez fait de vous-même à un Dieu qui vous comble de tant de grâces... » Il sentait bien que c'était une faiblesse, et que, malgré l'excuse que son cœur lui donnait, il y avait lieu de s'en cacher; il y mit une diplomatie extraordinaire et parvint, à force de détours, à consulter l'oracle, sans qu'on sût qu'il l'avait consulté. Il fit faire par M. le Mery un mémoire où le mal à vaincre était savamment indiqué; il mit dans sa confidence le P. de la Tour, qui lui vint en aide, bien que la religion ne soit pas plus que le bon sens favorable aux empiriques. Il avait d'abord eu l'idée d'envoyer tout simplement le mémoire de M. le Mery à Venise, par l'intermédiaire de M. de Saint-Contest; mais il y renonça, parce que « ce gentilhomme était sujet à penser et à parler quelquefois plus qu'il ne convenait. » Alors le P. de la Tour est condamné au mensonge; il ira chez M. de Valincour, leur ami commun, qui est secrétaire général de la marine, et il le priera en cette qualité de faire parvenir un paquet *d'une personne inconnue* au médecin de Venise par le moyen du consul. M. de Valincour est discret, il n'est pas d'un caractère à vouloir pénétrer dans ce mystère. Pour le retour du paquet de Venise, quand il contiendra l'arrêt de l'oracle et la guérison du malade, il faut encore user de supercherie. Le P. de la Tour consentira à ce que la réponse soit faite à son adresse. Un scrupule prend le chancelier au moment où il achève d'ourdir ce petit complot. Il a peur que Dieu n'approuve pas sa démarche, mais il se rassure en se disant : « C'est toujours lui (Dieu) qui guérit, de quelque manière que la guérison arrive. »

Au surplus, voici la lettre qu'à ce sujet il écrit à son fils[1] : il se peut qu'elle affaiblisse sa gravité; mais par elle on descend jusqu'au fond de ce cœur excellent qui, dans l'espoir d'apaiser la douleur de ses proches, consulte un *magnétiseur* de son temps.

« Fresnes, 29 août 1725.

« Je vous envoie, mon cher fils, un paquet adressé au médecin que vous savez, où est le mémoire en forme de consultation que M. le Mery a pris la peine de dresser. Nous avons d'abord eu la pensée de le faire remettre par une tierce personne, à M. de Saint-Contest, pour l'envoyer à ce médecin ; mais, comme il est sujet à penser

---

[1] Elle est entièrement inédite.

et à parler quelquefois plus qu'il ne convient, il
m'est venu dans l'esprit de prendre une autre
voie et de faire donner ce paquet par le P. de la
Tour à M. de Valincour, qui est en commerce
avec le consul de la nation française à *Venise*, où
est à présent ce médecin. Ce canal me paraît
beaucoup plus profond et plus impénétrable que
le premier. Je vous prie donc d'aller voir le P. de
la Tour, lorsque vous aurez un moment de liberté,
et de lui expliquer ma pensée, qui est, qu'il veuille
bien dire à M. de Valincour qu'une personne de
sa connaissance l'a prié de trouver le moyen de
faire remettre au médecin dont il s'agit une consultation *sur un mal que les médecins de ce pays-ci
ne sauraient guérir*, et que, sur cela, il a pensé que,
comme ce médecin est à Venise, M. de Valincour
aurait peut-être quelque connaissance en ce pays-
là, par le moyen de laquelle on pourrait faire
rendre le paquet au médecin. M. de Valincour ne
manquera pas de s'en charger; il recevra la réponse et la remettra au P. de la Tour, qui a des
relations avec tant de personnes, qu'il n'est pas à
craindre que M. de Valincour aille deviner l'une
plutôt que l'autre, outre qu'il n'est pas de caractère à vouloir pénétrer dans cette espèce de mystère; il y a une chose que nous avons pris la liberté
de faire et sur laquelle il faut prévenir le P. de

la Tour, qui a tant d'amitié pour moi, que j'espère qu'il voudra bien s'y prêter ; c'est que, comme il faut que la réponse du médecin soit adressée à quelqu'un, pour empêcher que M. de Valincour ou ses commis n'ouvrent un paquet qui serait sans adresse, et qu'ils trouveraient dans une lettre qui lui serait adressée, nous avons cru que le P. de la Tour trouverait bon que l'adresse du paquet où sera la réponse du médecin lui fût faite, et on l'a même marqué ainsi au bas du mémoire de consultation. Vous le prierez donc, mon cher fils, d'en parler sur ce pied à M. de Valincour, supposé qu'il agrée la liberté que nous avons prise; et, si cela ne lui convenait pas, il faudrait dans ce cas nous renvoyer le paquet, afin que l'on pût y mettre un autre nom à la place de celui du P. de la Tour. Vous arrangerez donc tout cela avec lui, mon cher fils, et il n'y a point de difficultés dont il ne trouve la solution par le caractère de son esprit, et encore plus s'il est possible, par l'amitié qu'il a pour moi. Demandez-lui en même temps ses prières pour le succès de cette démarche; Dieu veuille que nous n'en ayons pas besoin, et faire par lui-même ce que nous attendons peut-être inutilement des moyens humains; mais, comme c'est toujours lui qui guérit de quelque manière que la guérison arrive, c'est aussi en lui seul que doit être toute notre confiance, dans les différentes voies qui peuvent nous y conduire. »

Avec sa fille, dont les incurables souffrances lui ont, je l'imagine, arraché cette lettre, il a une correspondance que Fénelon ne désavouerait pas et que le sentiment de la paternité, mêlé à celui de la religion, élève même au-dessus des consolations ordinaires de l'Église. C'est une douce chose et qui porte doucement à Dieu, de le voir, d'un cœur assidu, soulager cette pauvre créature dont les douleurs sont à peine interrompues, et l'amener à croire avec lui qu'il vaut mieux aimer la croix que d'être guéri par la croix. Elle a tout près d'elle sa tante, madame le Guerchois, qui, pendant l'exil, lui tient lieu de père et de mère et lui communique une partie de cette science religieuse et morale, que la sœur du chancelier a répandue dans plusieurs ouvrages de piété et d'éducation. Sa mère lui écrit souvent, mais elle ne peut se passer des lettres de son père, elle les demande comme une caresse et les reçoit comme le baiser le plus tendre et le plus désiré. On voit admirablement le père et la fille dans cette longue et excellente lettre livrée pour la première fois au public et bien digne de sortir de son obscurité. « Fresnes, 9 octobre 1726. — J'accepte avec un plaisir sensible, ma chère fille, le présent que vous me faites de votre cœur, et je conviens avec vous que, quoique vous me l'offriez tous les ans, il a toujours auprès de moi le mérite de la nouveauté. C'est le même cœur pour le fonds des sentiments, mais c'en est un autre par la perfection qu'il acquiert tous les jours et dont je vois le progrès avec une satisfaction infinie. Le cœur ne se paye que par le cœur, et, de ce côté-là, je suis bien sûr de ne vous devoir rien, ma chère fille. Je m'imagine même que, si nous comptions ensemble, ce serait vous qui me seriez redevable, et que je pourrais défier votre tendresse d'égaler la mienne. Mais cette espèce de payement, qui est cependant le meilleur de tous, ne vous suffit pas. Vous voulez que j'y joigne des lettres plus fréquentes, et vous le demandez de si bonne grâce, qu'il serait bien difficile de vous le refuser. Il faut donc s'acquitter dans la monnaie qui vous plaît et vaincre en votre faveur ma paresse naturelle à écrire. Vous ne lui laissez aucun prétexte, mon cher enfant, vous lui ôtez même celui que je trouvais à penser que je vous écrivais par votre mère, et beaucoup mieux que je ne puis le faire par moi-même. Vous voulez que je mette un peu plus du mien dans ce commerce, et vous faites semblant de prendre à cœur les intérêts de votre mère *dans cette société de pensées et de sentiments qui est entre elle et moi.* Mais, dans le fond, c'est pour vous que vous travaillez, et ce n'est pas sans raison que vous vous accusez d'être fort intéressée. Je ne puis cependant blâmer un intérêt si spirituel et si délicat, qu'il est bien difficile de ne pas le confondre avec la tendresse la plus aimable. Il me force à vous avouer aussi de ma part que c'est bien ma faute, si je ne vous écris pas plus souvent. Je n'ai pour le faire qu'à laisser agir les sentiments de mon cœur, qui ne cherche qu'à se répandre sur vous et que ma plume peut à peine suivre lorsque je vous écris. Ma paresse me fait donc plus de tort qu'à vous, lorsqu'elle arrête ma main et me fait renfermer au dedans de moi tout ce que je pense pour ma *nonnette*, qui m'est toujours présente. Plût à Dieu qu'elle le pût être encore d'une autre façon. Mais la manière dont elle supporte une séparation si pénible m'attache encore plus à elle que sa présence même le pourrait faire. Je remercie tous les jours celui qui est votre véritable père de la grande grâce qu'il vous a faite de conserver non-seulement la patience, mais la gaieté dans un état aussi contraire à la nature que celui où il vous tient et où il exige de vous des sacrifices aussi douloureux que continuels. Jugez par là, ma chère fille, des récompenses qu'il vous prépare si vous marchez avec persévérance dans la voie laborieuse par laquelle il vous veut conduire à lui. Continuez d'embrasser avec courage la croix qu'il vous fait porter. Il l'adoucit lui-même par les grâces qu'il vous donne, et j'espère qu'il vous en délivrera aussi lui-même quand vous en aurez fait tout l'usage pour lequel elle vous est envoyée. Je retombe, malgré moi, dans un sujet si triste; mais il n'est pas possible que je n'en sois continuellement occupé, et d'ailleurs je trouve une espèce de consolation à en parler avec vous, parce que je me rappelle en même temps toutes les dispositions de votre cœur qui me remplissent d'une douce espérance pour votre guérison corporelle et, ce qui est bien plus important, pour votre salut éternel. — L'humilité est la base de toutes ces dispositions, et je ne saurais trop vous exhorter à étouffer toujours de plus en plus tous les mouvements contraires à une vertu, dont vous avez si bien compris vous-même quelle devait être l'efficacité pour les biens présents et à venir que vous attendez avec confiance de la bonté de Dieu...

«Vous direz peut-être, ma chère fille, que je ne saurais ni commencer à vous écrire ni finir quand j'ai une fois commencé. Mais, comme vous êtes une créancière fort difficile à contenter, j'ai voulu par la longueur de cette lettre vous payer les arrérages du passé. Celles que je vous écrirai à l'avenir seront plus courtes, parce qu'elles seront plus fréquentes, je crains pourtant assez peu de vous ennuyer. Le cœur ne se lasse jamais de ce qui lui plaît et le vôtre me paraît si insatiable, que, quand je vous écrirais plus souvent, vous me demanderiez peut-être de le faire plus longuement. Ce qu'il y a de bien sûr, c'est que je vous écrirais à tous moments et que je ferais des volumes plutôt que des lettres, si je voulais vous écrire toutes les fois que je pense à vous, ma chère fille.

« *P. S.* Je me repose sur madame la chancelière, dont la plume est infatigable, de répondre à votre compliment. »

A une époque antérieure à cette lettre, quand la pluie tombait à torrent, comme pour un nouveau déluge, qu'on manquait de blé, presque de pain et que la famine était menaçante, on promena dans Paris, en vertu d'un arrêt du Parlement, la châsse de sainte Geneviève, ce qui n'avait pas eu lieu depuis seize ans. C'était certainement la manifestation religieuse la plus populaire de ce temps; non-seulement tout Paris s'y portait, mais il s'y portait avec cette foi qui donne aux multitudes, quand elle les anime, un si merveilleux aspect. Ceux même qui n'assistaient pas aux Fêtes-Dieu s'y rendaient en foule; il y avait là une confusion de noblesse, de bourgeoisie et de peuple faite pour rappeler que Dieu nous tient tous au même titre sous sa volonté et nous attire, quand il lui plaît, à la prière. Le Parlement y était, non loin des jésuites, et le procureur général ne la quittait qu'au dernier moment. Mademoiselle de Fresnes eut le désir d'y aller, et même d'assister pendant la nuit à la descente de la châsse; elle en fit demander la permission à son père par sa sœur, madame de Chastellux. Le chancelier la donna pour voir passer la procession, mais non pour la cérémonie de la nuit. Il y a dans les réflexions dont il accompagne sa permission un grain de jansénisme; elles sont d'ailleurs d'un esprit soumis à Dieu et d'un cœur plein de foi. « La pensée que vous avez, ma chère fille, d'implorer la miséricorde divine par l'intercession de sainte Geneviève, n'est pas une pensée de *nonnette;* et la manière dont vous me l'expliquez me fait bien voir qu'un esprit de curiosité n'entre pour rien dans le désir que vous avez d'assister à la procession que l'on doit faire incessamment, ou du moins de la voir passer. J'avais pénétré par avance dans vos motifs, lorsque votre sœur me fit part du dessein que vous aviez de nous en demander la permission. Vous avez su par elle ou par madame le Guerchois que nous y avons donné notre consentement en prenant toutes les précautions que la prudence et notre intérêt exigent en pareille occasion. Je vois par votre lettre que vous voudriez aller encore plus loin et que vous désireriez fort d'assister, pendant la nuit, à la descente de la châsse. Je serais ravi, ainsi que madame la chancelière, de pouvoir suivre en ce point tous les mouvements de votre dévotion; mais, après y avoir bien pensé, nous n'avons pas cru que cela pût être convenable. Il faudrait pour cela passer la nuit hors de votre couvent, vous exposer à une foule innombrable dans laquelle il serait à craindre que la veille même et la chaleur ne vous donnassent en spectacle à tout un peuple, à qui il serait bien difficile de cacher votre nom. Je ne laisserais pas, malgré tous ces inconvénients, d'y consentir encore, si cela était nécessaire pour obtenir la grâce que vous voulez demander à Dieu; mais vous aurez le même objet devant les yeux en voyant passer la procession, vous y trouverez la même sainte que vous voudriez invoquer dans son église; et, pourvu que vous y ayez la même foi, vous en recevrez le même secours. *La foi même est d'autant plus pure et plus vive qu'elle ne s'attache point précisément à de certaines circonstances extérieures et qu'elle s'élève directement aux saints et à Celui qui exauce leurs prières.* Je souhaite de tout mon cœur, ma chère fille, qu'il donne toute sa bénédiction à la confiance que vous avez dans la protection d'une si grande sainte, *dont la France a si souvent éprouvé le secours,* et qu'en même temps qu'elle nous obtiendra de Dieu ce que nous lui demanderons pour le bien commun de l'État, elle répande aussi ses faveurs sur votre personne et sur toute ma famille. »

C'est à l'occasion de cette touchante et populaire cérémonie que madame de Prie, faisant à la fois de l'esprit, de l'orgueil et de l'incrédulité, ce qui allait être fort à la mode, et se mettant, comme la maîtresse du premier ministre, au-dessus de la patronne de Paris et en haut du ciel, où sans doute elle n'est même pas à l'heure où j'écris, prononça une de ces paroles qui sont comme le germe légitime des révolutions : *Le peuple est fou ; c'est moi qui fais la pluie et le beau temps.*

Quand Daguesseau dit qu'il prie sainte Geneviève de répandre ses faveurs sur toute sa famille, il la prie réellement, et, dans sa disgrâce, c'est sa famille qui l'occupe le plus; on le voit bien à la joie qu'il éprouve quand son fils le chevalier est nommé sous-lieutenant de gendarmes. Si on en juge par tous les temps, ce n'est guère pour le fils d'un chancelier ; mais Daguesseau redoutait tant que son exil *fût nuisible à sa famille,* qu'il est heureux de cette nomination comme d'une victoire. Elle avait été faite avec quelque empressement et beaucoup de bonne grâce par M. de Breteuil, secrétaire d'État de la guerre. Bien que ce jeune ministre dût les commencements de sa fortune à la protection du cardinal Dubois, et qu'il eût remplacé au ministère de la guerre M. le Blanc par la faveur de madame de Prie, le chancelier le remercie avec affection et le reçoit à Fresnes mêlé à ses plus chers amis.

Le chancelier comprenait presque dans sa famille les précepteurs de ses fils et les divers serviteurs de sa maison. Il y avait parmi eux, comme on le sait, M. le Brasseur ; il tombe malade et on l'envoie prendre les eaux de Passy ; Daguesseau en est tout troublé, et on le voit qui discute, comme pour un des siens, la bonté des eaux indiquées. Ce même M. le Brasseur, qui n'est pas riche, a un procès d'où dépend son aisance; le chancelier n'était pas homme à se mettre, sous aucun prétexte, même sous celui de l'amitié, du côté de l'injustice; il aurait considéré comme la plus grave improbité et comme le plus important des larcins d'arracher à des juges une iniquité profitable à ses proches ou à ses amis. Il a un jour tracé d'une façon charmante la part des recommandations dans l'œuvre de la justice ; à peine était-il revenu de son second exil, qu'on lui recommanda de très-haut et d'une source qu'il aimait, le procès de M. de Caderousse ; il répondit : « Je n'approuve pas les casuistes austères qui mettent les recommandations au nombre des choses que les juges doivent oublier ; je me jette dans le parti de la *morale relâchée*, ou je m'adresse à l'abbé Couet, qui sait garder un juste milieu entre les deux extrémités contraires, et qui me dira sans doute de me souvenir de la justice et de ne pas oublier M. de Caderousse. » Il se mêla du procès de M. le Brasseur, qui était bon, lui choisit lui-même pour avoué maître Lafontaine, et la cause fut gagnée, pendant que M. le Brasseur perdait la santé. Le valet de chambre du chancelier, Marchais, était un de ces vieux domestiques qui naissent et meurent à côté de leurs maîtres, et dont le dogme de l'égalité, passant par l'orgueil, a détruit la race à peu près complétement. En échange de son dévouement, Marchais était traité avec cette bonté affectueuse qui élève le serviteur jusqu'au cœur du maître. Lui aussi, gagné par l'âge, il tomba malade vers la fin de la dernière disgrâce; madame la chancelière le fit conduire aux eaux de Passy, qui étaient évidemment alors en grande renommée, et qui, dans tous les cas, avaient la faveur de la maison de Daguesseau ; on l'y soigna très-bien, et son état fut un objet d'inquiétude et d'attention qui se voit dans toute la correspondance ; seulement, comme la main du vieillard n'est plus assez sûre, et que la maladie s'est probablement portée de ce côté, la chancelière écrit à ses enfants : « Je vous promets que Marchais ne rasera plus M. votre père. »

Par madame Daguesseau, autant que par son mari, on pénètre dans la maison de leur fille, madame de Chastellux, et, de temps à autre, rarement, ils ouvrent, dans leurs lettres, un jour sur quelques-unes des maisons de leurs amis.

Quant à la maison de madame de Chastellux, un événement fort désagréable donna au chancelier l'occasion de la décrire, au point de vue historique et monumental, en y mettant de l'érudition, ce qui était bien quelquefois son faible. Au commencement de l'hiver de 1726, elle fut assaillie, la nuit, par des voleurs qui emportèrent tout ce qu'ils purent ; on en parla beaucoup, et il paraît même qu'on en plaisanta ; mais ce vol nous a valu d'apprendre du chancelier que le château de Chastellux avait été fait par l'ordre, sinon de la main de César. Pendant que le vainqueur des Gaules parcourait l'*arrondissement d'Avallon*, il aurait eu besoin d'un palais pour une dame gauloise qui s'appelait *Lucie* et qu'il lui convenait de tenir dans une sorte de captivité impériale. Il avisa un endroit élevé, un rocher suspendu comme un nid au-desssus d'un petit ruisseau appelé la Cure, et, avec cette volonté et ce goût d'aigle qu'il mettait à tout, il fit, comme par enchantement, construire le château où vivait, en 1726, la fille du chancelier Daguesseau.

« Je vous souhaite, écrit Daguesseau à madame de Chastellux (26 juin 1726), une santé exempte de tout soupçon, une garde fidèle et vigilante qui vous mette en sûreté contre ces attaques nocturnes qui, après vous avoir fait perdre votre argent, vous exposent encore à beaucoup de mauvaises plaisanteries ; enfin, des dehors et des retranchements capables de mieux assurer le sort de la place, à qui il faut bien d'autres fortifications pour garder la femme de *César* qu'elle n'en avait besoin autrefois pour garder sa *maîtresse*. »

A l'intérieur, la famille de Chastellux était, bien loin du roman, une des plus aimables et des plus sages familles du monde; le mélange du sang des Chastellux, qui était héroïque, à toutes les qualités et à toutes les grâces morales qui venaient des Daguesseau, avait dû faire et avait fait un rare et précieux ensemble. On juge bien les mœurs d'une maison quand la douleur y entre ; si elle trouve des cœurs élevés, fortement unis par la tendresse, préparés par la religion à tout partager et à tout adoucir par le partage, on s'en aperçoit tout de suite, comme de la solidité d'un édifice, quand la foudre le frappe.

Dans l'année 1726, le fils aîné de madame de Chastellux est enlevé par la mort. Daguesseau écrit aussitôt à sa fille : « Dieu vous éprouve de bonne heure, et, après vous avoir accordé bientôt les bénédictions du *mariage le plus heureux*, il vous en a fait aussi bientôt sentir la plus grande croix, par la perte d'un fils aîné si digne de votre tendresse. » Le marquis de Chastellux ressentit cruellement cette première douleur, et son courage, qui à l'armée était aussi connu que son nom, ne suffisait pas contre son chagrin. Sa femme alors double le sien en le cachant, et, de ce cœur de mère, dont l'amour fait la force, elle feint de moins souffrir pour diminuer la souffrance de son mari ; elle retient jusqu'à ses larmes, et il faut, pour qu'elle les laisse couler, que son père l'y contraigne par ces douces paroles : « Je vous exhorte à être aussi faible que moi ; c'est la seule occasion où je voudrais me donner pour modèle. Laissez couler des larmes qui portent avec elles leurs consolations pour une âme aussi chrétienne que la vôtre ; je voudrais y pouvoir joindre les miennes, et je n'ai jamais été aussi touché de votre absence que depuis *hier* que j'ai appris votre malheur » (24 avril 1726). Et la chancelière ajoute : « J'ai bien compris votre douleur et votre *fermeté*, et c'est ce qui m'a pénétrée d'affliction, car je tremblerai toujours sur votre santé jusqu'à ce que je vous voie en nos pays... Vous ne me mandez rien de la santé de M. de Chastellux ; je craignais qu'il n'en fût malade aussi ; je n'ai pas douté que vous n'eussiez bien soin l'un de l'autre ; je souhaite fort que vous réussissiez tous deux à adoucir de telle sorte votre peine que vous ne deveniez point malades... »

Pendant que ce malheur la frappait, madame de Chastellux était enceinte. A cette occasion il s'échappe de la plume de la chancelière des détails qui nous tiennent encore dans la maison de sa fille, mais avec quelques vues d'alentour, et jusque sur la misère publique et privée. Madame de Chastellux avait eu tant d'afflictions *tout le long de cette grossesse*, que son père et sa mère lui recommandent les plus grandes précautions ; ils concertent ensemble ces précautions ; le chancelier dicte, et sa femme écrit, qui n'en met pas assez au gré des alarmes paternelles. Quand cette grossesse approche de son terme, plus compétente sur les derniers soins, c'est la chancelière qui accable sa fille de recommandations et nous place au sein de cet intérieur que l'espérance ranime. Il faut une *garde;* madame de Polastron, qui est à Fresnes, en a eu une *admirable* pour sa fille, qui est retournée en Bourgogne, et qui doit être sous la main de madame de Chastellux. « Mais, si la sage-femme d'Avallon pouvait, après vous avoir accouchée, vous garder, cela vaudrait bien mieux et vous coûterait bien moins; *car ces sortes de femmes se font payer bien cher lorsqu'elles sortent de Paris.* » Madame de Chastellux a pour voisine une aimable femme dont le nom se mêle si doucement à nos chefs-d'œuvre épistolaires, madame de Coulanges, Marguerite de Polastron; elles s'aiment et se visitent beaucoup; madame de Coulanges a plus d'expérience maternelle que son amie; la chancelière voudrait la voir auprès de sa fille dans le grand moment; elle écrit à celle-ci : « *Elle* est toute propre à adoucir vos chagrins, et, si vous pouviez l'engager à revenir à Chastellux, à la fin de votre neuvième mois [1], pour assister à votre accouchement, et être auprès de vous pendant votre couche, je suis sûre qu'elle le ferait de bon cœur et ce serait un grand secours pour vous que d'avoir une amie de confiance et *qui entend ces sortes d'état.* Cela m'ôterait bien de l'inquiétude. »

J'ai dit que ces détails s'étendaient jusqu'à la

---

[1] Ce vœu fut exaucé, car au 29 juillet, au moment où la poire était mûre, suivant l'expression de la chancelière, celle-ci écrit : « Je suis ravie de ce que je suis souvent dans vos conversations avec madame de Coulanges. — Je lui connais toutes les perfections que vous me mandez, je la crois encore meilleure. Vous vous aimez déjà beaucoup; mais cela va cimenter entre vous une tendresse et une confiance de longue durée. »

misère publique. Dans le cours même de cet été, madame de Chastellux avait formé le projet d'aller passer quelque temps à Fresnes; elle est forcée de renoncer à son voyage, faute d'argent et parce que, grâce à Law, à Dubois, au duc de Bourbon, à la famine, aux malversations des gens en place, les gens aisés sont devenus pauvres. Le chancelier se désole de la résolution de sa fille, mais il se rend aux causes qui l'ont amenée : « Les raisons qui vous déterminent à différer votre voyage sont au-dessus de tout, et je n'ai pas de peine à les comprendre, *dans la misère générale et dans la disette d'argent dont tout le monde se plaint;* c'est une nouvelle peine pour moi à ajouter à toutes celles de ma situation et *de l'état présent des affaires*; mais vous me donnez l'exemple de la soutenir avec courage, et il faut s'en consoler par l'espérance de vous savoir bientôt mère d'un fils qui vous tiendra lieu de ce que vous avez perdu, et qui achèvera d'essuyer vos larmes et les nôtres. » Mais ce n'est pas seulement à Chastellux que la disette d'argent se fait sentir et empêche des joies de famille; on la ressent à Paris et à Fresnes. M. Daguesseau, l'avocat général, voudrait aller voir sa sœur et faire le voyage de Bourgogne; sa mère lui écrit[1] : « A l'égard de votre voyage de Chas-

---

[1] Lettre entièrement inédite.

tellux, je serais ravie qu'il pût s'exécuter par le plaisir qu'il ferait à votre sœur ; mais je ne vous conseille de lui en donner l'espérance que vous n'ayez *compté avec vous-même*, pour voir si vous pouvez l'exécuter; car la même disette d'argent qui l'empêche de venir *m'empêchera de pouvoir vous aider pour les frais du voyage*, et votre revenu n'est pas suffisant pour prendre dessus une aussi grosse somme. » (Il s'agissait d'aller à Auxerre.)

Un peu plus tard la chancelière renouvelle ses plaintes, mêlées cette fois d'une espérance. M. le duc va quitter le pouvoir. « On dit qu'on va mieux payer, cela fera grand bien, car on ne voit pas un sol dans ce pays, pas plus qu'au vôtre (celui de sa fille). » La disette de Fresnes était bien réelle, la chancelière est obligée de prier *M. Desforts* (le Pelletier Desforts, le contrôleur général) de passer l'ordonnance de payement du chancelier, et on voit dans la lettre [1] qui contient cette prière, outre le besoin d'argent, l'indifférence de Daguesseau sur ces questions de recette. « Il faut que mon frère, écrit-elle, ait parlé à M. Desforts pour notre ordonnance; vous ne me mandez point qu'il l'ait fait; cependant je vous avais chargé de l'en presser; je vois bien que vous ressemblez à

---

[1] Inédite.

M. votre père, *qui a peu de goût pour la recette;* je serais de même très-volontiers, si je pouvais n'avoir ni recette ni dépense à faire. »

Voici un dernier trait d'union entre ces deux maisons, qui est tiré après la disgrâce, mais qui les rattache encore bien doucement l'une à l'autre. « Vous jouissez du beau temps à Chastellux, comme nous le goûtons à Fresnes, et nous y avons à peu près les mêmes amusements. M. de Chastellux est occupé de ses plants et de ses travaux, comme moi des miens; vous fîtes comme madame la chancelière; vous jouez et elle joue; vous vous promenez beaucoup, et elle se promène encore plus. Voilà une vie assez douce, mais qui malheureusement ne durera pas autant pour nous que pour vous. Nous sommes déjà à la moitié de notre séjour en ce pays-ci; mais je ne suis pas sans espérance d'y venir faire encore un tour après la Toussaint, pour prendre mes grandes résolutions sur mes ouvrages de cet hiver. Je crains bien que nos bâtiments, qui n'avancent pas trop, ne leur fassent grand tort, et ne réduisent mon fonds à bien peu de chose pour le parc; j'en suis aux expédients pour y suppléer, et vous vous étonnez après cela que je n'aie pas le temps de vous écrire ! »

Si je voulais épuiser cette correspondance, je ne m'arrêterais pas; elle est pleine des plus agréables choses et des plus instructives; mais seule elle mériterait un livre[1].

Je ne veux pas dépasser la fin de la seconde disgrâce, et c'est en deçà que je prends encore quelques traits du chancelier et de sa femme, surtout de sa femme.

Le lecteur le sait depuis longtemps, la plume de la chancelière est comme elle, d'une gravité douce qui descend quelquefois, par une pente insensible, jusqu'à la raillerie, mais qui d'ordinaire se contente d'être éloquente et simple.

A propos de la maladie du roi, qui était une indisposition d'empereur romain, *nimia repletio*, elle écrit (29 juillet 1726) : « Je ne sais si vos frères (la lettre est adressée à madame de Chastellux) vous ont mandé la maladie du roi; elle lui prit mardi; c'était une grosse fièvre, avec des redoublements, qui venaient de trop de plénitude. Il a été saigné du bras une fois, deux du pied, et il a pris l'émétique. La dernière saignée l'a tout à fait dégagé; il dormit bien la nuit de vendredi à samedi, et il était guéri ensuite. » Dans la même lettre, à l'occasion de la mort du duc de la Force, qui s'était fait secrètement *épicier*, pendant le Système, pour s'enrichir plus vite, et que le Par-

---

[1] Si le public accueille bien celui-ci, je le compléterai peut-être par la publication d'un grand nombre de lettres tout à fait inédites.

lement avait poursuivi, elle dit avec un sentiment bien élevé et bien juste : « M. le duc de la Force est mort subitement. *Il s'était bien tourmenté pour les richesses du monde*, et cela n'a servi qu'à lui donner bien des amertumes qui l'ont conduit au tombeau, dans le moment apparemment où les comptes qu'il doit rendre n'étaient guère en bon état. Lorsqu'on a moins de goût pour le bien, cela est plus tôt fait. » Dans une circonstance que j'ai déjà rappelée, en faisant le portrait de Valincour, la chancelière arrive par l'amitié et une émotion délicate à quelques lignes éloquentes. Valincour et sa sœur, madame Trousset d'Héricourt, passent à Fresnes les jours gras (1726), après l'incendie de cette admirable bibliothèque de Saint-Cloud qui contenait, outre des milliers de chefs-d'œuvre, la fortune et le cœur du *grand homme de bien*[1] « Ils sont bien édifiants, écrit la chancelière ; *il n'y paraît pas du tout*; ils en raisonnent avec autant de sang-froid que si c'était un malheur arrivé à leurs amis. La belle humeur de M. de Valincour n'en est point changée, et cela sans qu'il y paraisse nul effort. Il a perdu cependant des trésors précieux et irréparables, et l'on dit qu'à n'estimer qu'en argent ce qui s'y trouvait, il y en avait pour plus

---

[1] C'est le nom que Saint-Simon donne à Valincour.

de cent mille livres. Que c'est une belle chose que la religion! elle seule fait les vrais héros, et sert de contentement vrai et solide en cette vie; sans elle, quelle ressource M. de Valincour aurait-il? *Il périrait de douleur.* »

On trouve aussi dans cette correspondance, comme dans toutes les correspondances, quelques nouvelles *à la main* (mars et avril 1726) : « Les bruits de guerre n'ont encore rien de décidé, la plupart disent que ce ne sera pas cette année; madame la duchesse d'Uzès, madame la marquise de Charost, M. l'archevêque de Sens et M. l'archevêque d'Albi, partirent d'ici (Fresnes) avant-hier, je tiens d'eux ce que je vous mande... Il y a beaucoup de mariages; celui de mademoiselle Feydeau avec M. de Montmélian se fait mercredi; mademoiselle de Fourcy épouse M. de Mainville, capitaine de gendarmerie; M. Gilbert, fils du président Gilbert, épouse mademoiselle Boscheron, fille d'un notaire qui lui a laissé vingt-deux mille livres de rente; il n'y a que chez nous qu'il ne s'en fait pas, ce n'est pas faute de bonne envie et de vocation pour le sacrement; mais il faut que Dieu nous envoie de là-haut une belle fille, car je n'en vois guère sur la terre[1]; vous devriez bien nous en chercher une

---

[1] Bientôt Dieu en envoya une de *Normandie*, dont le chancelier disait, en plaisantant à moitié : « Je l'aime méchante, que ferais-je bonne? —

dans votre Bourgogne. M. votre père vous embrasse tendrement. J'oubliais de vous mander que madame Vauxbrun est morte; madame la duchesse d'Estrées est au désespoir. » Une autre fois : « Mademoiselle de Monaco est morte; on disait qu'elle devait épouser le duc de Gesvres. » Ici apparaît cette pointe de raillerie dont j'ai parlé et qui se serait assez souvent échappée de toute la maison du chancelier, si la religion et la bonté n'avaient mis ordre à un goût naturel de se moquer doucement du prochain. Le premier président Portail n'avait pas beaucoup de tact; appelé à faire un compliment à la reine, à son arrivée en France, il y avait complétement échoué, puisque Daguesseau dit à ce sujet : « Il est fâcheux pour M. le premier président qu'il n'ait pas un ami qui l'ait empêché de tomber dans un inconvénient de composition beaucoup plus désagréable que celui de la prononciation (il bégayait un peu). Il aurait plus besoin que personne d'un *moniteur* assidu qui lui donnât *un sentiment plus fin sur les bienséances*. Je le souhaiterais d'autant plus que j'ai tous les sujets du monde de me louer de lui. » La première présidente avait le même défaut que son mari, sans compter une liaison qui faisait scandale, et des pré-

---

C'était la femme de l'avocat général, que dans la famille on appelait la Normande, et qui avait tout l'*esprit* de sa province.

tentions ridicules à tous les genres de *présidence*. La chancelière la traite en conséquence. « Madame la première présidente a la petite vérole ; adieu les charmes qui ne lui étaient pas indifférents, et les désirs qu'elle a eus de la place où elle est seront bientôt évanouis, car elle n'en aura guère joui, si elle *meurt* (on dirait que la chancelière manque même de sensibilité), comme il y a lieu de le craindre à l'âge où elle est, quand on est attaqué de ce mal. »

Pour ne pas finir sur ce mot un peu dur et que dément le cœur de madame Daguesseau, voici quelques lignes d'histoire tracées par elle.

« L'abdication du roi de Sardaigne a donné matière à bien des conversations. Après un discours très-touchant, qu'il a fait à son conseil, auquel il avait appelé ce jour-là les premiers présidents des différents tribunaux de Turin, beaucoup d'éloges qu'il donna à son fils sur sa capacité pour le gouvernement et son amour pour ses peuples, il déclara qu'il lui remettait la couronne entre les mains, qu'il se retirait à Chambéry, où il voulait vivre en gentilhomme ; que, pour cela, cent cinquante mille livres de rente lui suffiraient, et que c'était tout ce qu'il se réservait. Il monta en carrosse aussitôt et partit ; il est vrai qu'il avait pris la précaution, pour rendre sa vie plus douce et se donner une compagnie dans sa retraite, de se marier, le 10 août dernier, à madame la comtesse de Saint-Sébastien, dame d'atours de sa belle-fille, qui est une dame âgée de cinquante-deux ans. Il lui a acheté dans ce pays-là, pour cinq cents livres, une terre qui vaut douze mille livres de rente et dont elle portera le nom : elle s'appellera madame la comtesse de Sommerive ; elle aura deux femmes de chambre et trois laquais, et lui un valet de chambre, cinq laquais et deux cuisiniers ; deux chevaux de selle et six de carrosses ; voilà toute leur maison. — Voilà de quoi raisonner ! M. votre père prend son parti fort et ferme, et prétend qu'on ne peut bien soutenir une retraite, *si l'on n'a une femme avec soi, et surtout de cinquante-deux ans.* »

Je serais bien heureux, si, en fermant ce livre, ceux qui l'auront lu trouvaient que j'ai contribué à faire aimer le bien et à le rendre même préférable au succès.

FIN.

TABLE DES MATIÈRES

Préface.   v

CHAPITRE PREMIER.

La Cause et la matière de ce livre. — Daguesseau avocat général. — Sa situation dans le Parlement. — Ses sentiments politiques. — Ses opinions sur les matières ecclésiastiques. — Sa résistance à Louis XIV. — Le chancelier Voysin le traite de *séditieux*. — Il est Procureur général. — Son entrevue avec le roi à Marly. — Les ennemis qu'y trouve Daguesseau. — La colère du roi. — Comment il la supporte. — Sa femme croyait qu'il irait à la Bastille. — Leur attitude devant le danger. — La maison du Procureur général. — Ce qu'on doit dans les hautes fonctions de l'État. — La mort du roi. — Les conclusions de Daguesseau pour la régence du duc d'Orléans. — Ce qu'étaient alors les gens du roi. — La profession de foi politique et les illusions de Daguesseau.   1

CHAPITRE II.

Les rapports du Prince et du ministre. — L'amitié. — La morale politique. — L'influence des meilleurs citoyens. — La politique d'expédients. — Le duc d'Orléans se moque des influences morales. — Pourquoi il a fait Daguesseau chancelier. — Ce qui les sépare. — Les ennemis du chancelier. — Les Constitutionnaires. — Les jésuites. — Madame de Maintenon. — Les *Roués*. — Les Princes légitimés. — La duchesse du Maine.— Le premier président de Mesmes peint par lui-même ; — par la Bruyère. — Le duc de Saint-Simon. — Faible du chancelier pour la robe. — Son indécision. — Rôle qu'il pouvait prendre dans le Parlement. — L'abbé Pucelle et l'abbé Menguy. — C'est la finance qui détermine la chute de Daguesseau. — Ce qu'elle avait fait à son père.— La finance comparée à la boue par Montesquieu. — Law et ses panégyristes. 26

CHAPITRE III.

La véritable grandeur d'un ministre. — Sa dignité vis-à-vis du Prince. — Le chancelier aux prises avec les financiers. — Les financiers honorables et ceux qui ne le sont pas. — Situation financière de la France en 1717. — M. de Noailles, président du conseil des finances, est un *apothicaire sans sucre*. — Les dehors de Law. — Daguesseau ne combat pas tous ses plans. — Il ne résiste qu'aux fausses entreprises d'où naîtra l'agiotage.—Sa résistance diffère beaucoup de celle du Parlement. — Elle est beaucoup plus sage. — Scène curieuse entre le régent et le duc de Saint-Simon dans la galerie de Coypel. — Le régent est *tué à terre*. — Il essaye de rapprocher Law et Daguesseau. — Journée passée à la Roquette chez le duc de Noailles. — L'*extrême-onction* des deux amis. — Dernière explication de Daguesseau avec le régent. — 28 janvier 1718. La Vrillière va chercher les sceaux. — Le chancelier Boucherat. — Lettre de Daguesseau au régent en réponse à celle qu'il en a reçue. — Exil à Fresnes, à quelques lieues de Paris. 49

CHAPITRE IV.

La passion monarchique en France. — De quoi elle se composait. — Tout venait du roi. — Ce qu'était alors une disgrâce. — Celle du chancelier l'Hôpital, 1568. — Charmants détails. — L'Hôpital à Vignai. — Sa lettre à la reine. — Ses vers latins. — Sous Louis XIV, la disgrâce anéantit : le comte de Bussy-Rabutin, Racine. — Daguesseau tomba comme un sage. — Son ami le cardinal de Polignac. — L'opinion de Saint-Simon et de Duclos. — Compliments du cardinal de Polignac en vers *marotiques* et réponse du chancelier. 73

CHAPITRE V.

Nos infirmités morales. — Notre goût pour le succès. — Notre éloignement de l'adversité. — Dans la prospérité on a tout *à bon marché*. — Les *amis de cour*. — Les compensations que trouve le chancelier. — Lui-même. — Sa famille. — Tableaux domestiques. — L'hérédité du juste. — Le culte des dieux domestiques. — L'aïeul du chancelier. — M. Antoine Daguesseau, premier président du parlement de Bordeaux. — Quelques traits d'histoire. — Un combat dans les rues de Bordeaux entre l'archevêque et le duc d'Épernon. — L'aïeule du chancelier dans le monde et aux Carmélites. — Un mot sur le père du chancelier. — Le portrait de sa mère, dame de charité de la paroisse Saint-André-des-Arts. — La part des pauvres. — Mœurs domestiques. — Une jeune sœur morte à Toulouse. — Une sœur véritable *sainte*. — La *sainteté* de la famille. — Les frères du chancelier. — Valjouan le *philosophe*. — La chancelière. — Son portrait. — Une lettre de l'abbé de Coulanges, à madame de Sévigné, à l'occasion de son mariage. — Une femme *honnête homme*.. 98

CHAPITRE VI.

29 janvier 1718. — Départ du chancelier pour Fresnes. — Le voyage des *exilés*. — Une épigramme en vers latins. — La première heure de la disgrâce. — Le château de Fresnes. — Ce que Mansart y a fait. — Le duc de Nevers, son second possesseur. — Ce qu'on y *adore* avec le duc de Nevers. — Ce qu'il devient avec Daguesseau. — Les deux faces de la société française à ce moment. — Le parti des gens de bien sous la Régence. — La Bruyère a donné plusieurs traits de Daguesseau. — Daguesseau disgracié *s'enveloppe* de son père. — Il écrit sa vie. — Écrit jugé par M. Villemain. — La biographie de M. Henri Daguesseau est une page d'histoire grave et intéressante. — Coup d'œil sur l'administration de Louis XIV. — Les conseillers au Parlement de Paris. — Les maîtres des requêtes. — Les intendants. — L'importance de l'administration alors et aujourd'hui. — Les *tailles*. — Un membre du tiers état. — La liberté en Languedoc. — Les discours parlementaires de M. Henri Daguesseau.. 123

CHAPITRE VII.

Le canal du Languedoc. — M. Riquet. — Les ingénieurs de ce temps-là. — Un homme de bien devant un peuple soulevé. — Portraits piquants.

— Un trésorier de France de Montpellier qui a voyagé avec la reine de Suède. — Le marquis de Saint-Ruhe qui regarde la guerre civile comme une partie de chasse. — Les habitants du Languedoc. — Ceux qu'une longue habitude de dépendance rend amis de quiconque veut les gouverner. — L'intendant du Languedoc reçu par Louis XIV. — Les inspections générales sous Louis XIV. — La direction générale du commerce. Le conseil royal des finances. — L'*inutilité* du chancelier Boucherat. — Le chemin du ministère dans les monarchies absolues.— Encore un portrait de madame de Maintenon.— L'orage du quiétisme. — Un homme juste dans le *règne même de la finance*. — Pontchartrain *disgracié* passe du contrôle général à la chancellerie. — Portrait de d'Argenson l'antiparlementaire. — Sa conduite comme lieutenant de police. — Son courage à l'incendie de la maison de M. Daguesseau. — Le *chrétien mourant*. — Le plus grand des titres est celui d'honnête homme. 146

CHAPITRE VIII.

Le bonheur *épistolaire*. — Le rôle des correspondances privées dans l'histoire. — L'opinion de Racine sur les lettres de Cicéron à son frère et à Atticus. — Ce que doit être une correspondance privée. — Les fraudes de sentiment et de langage. — Le mérite épistolaire du père du chancelier. — La correspondance du chancelier avec ses enfants. — Le *badinage*. — La première lettre après la disgrâce. — 15 février 1718. — Il se moque de la *magnificence* du style de son fils. — Les succès de ses enfants célébrés à Fresnes.—Daguesseau *répétiteur de campagne*.— L'ironie de son fils de Fresnes. — Le grotesque de Callot. — Une leçon d'*escrime* philosophique donnée par le chancelier à son fils. — L'âme est-elle dans le corps? — Un docteur noir. — Les thèses de ses fils. — Le chancelier est heureux d'être *lecteur* des événements et non pas *acteur*. — Tout Paris assiste aux thèses. — Celle du chevalier de Saint-Albin, fils naturel du Régent et de la Florence. — Les éloges *pleuvent* à Fresnes sur le succès des jeunes gens. — Éloges en latin de Cassini et en français de Louis Racine. — Joie religieuse du chancelier. — Les vacances interrompent la correspondance. . . 164

CHAPITRE IX.

Le temps n'avait pas justifié la disgrâce. — Il avait montré l'excellence des conseils du chancelier sur les finances et sur les rapports de la royauté avec le Parlement.—Comment il faut vivre avec un parlement. — L'ardeur et la haine antiparlementaire de d'Argenson. — Appréhensions *constitutionnelles* du régent à l'approche du lit de justice.— Août 1718. — Lit de justice aux Tuileries. — Reproches du prince aux magistrats. — L'opinion de Duclos sur ce point. — Celle du public. — A qui profite le coup d'autorité ? — Accusation calomnieuse de l'avocat Barbier contre Daguesseau. — Le chancelier apprend à Fresnes la conspiration de Cellamare, l'exil de son ami le cardinal de Polignac, l'arrestation de mademoiselle Delaunay, que sa disgrâce a empêchée de se marier. — Projet de Law et de Dubois de détruire la magistrature. — Idée d'une noblesse politique. — Ses avantages. — Le rôle qu'elle pouvait jouer.. 187

CHAPITRE X.

Daguesseau mathématicien. — Ce qu'il savait et ce que nous savons. — Sa science connue en Grèce.—Un Grec de l'île de Chio lui adresse une épître. — Sa correspondance avec son fils sur les *Incommensurables*. — M. Binet le *majestueux*. — M. Méry. — Fontenelle. — Dispute sur la vision.—Daguesseau sait l'anatomie. — L'anatomie de la lumière. — Le livre de Mariotte. — Plan d'études pour ses fils. — Un Rollin domestique. — Ceux qui élèvent et instruisent bien les jeunes gens sont les premiers politiques du monde. — La religion et l'histoire sainte. — La foi du paysan. — La Métaphysique. — Scène curieuse avec Malebranche. — La grandeur de l'histoire. — Les lettres servent de patrie.. 204

CHAPITRE XI.

Les théories politiques du chancelier. — L'*Imperium Jovis in reges*. — L'*attrempance* à la souveraineté. — Il ne veut pas d'un pouvoir *plus que monarchique*. — Sa morale politique. — Son écrit sur l'origine et l'usage des remontrances. — Le *juste milieu*. — La tyrannie en détail. Il s'attaque même à Richelieu. — Il ne faut jamais pousser le gouvernement *à bout*. — Charmante leçon de politique pratique à son fils l'avocat du roi. — On assemble un *congrès* pour savoir si le jeune homme donnera sa démission. — Membres du congrès. — L'abbé Couet. — Le maréchal d'Huxelles. — Le marquis de Canilhac. — On *se faisait écrire* chez les Supérieurs.— Les deux filles du chancelier.

— Celle qui sera Madame de Chastellux. — Ce que son père en fait.— — La femme instruite et la femme savante. — La seconde fille au couvent de Sainte-Marie. — Elle y lit la *Batrachomyomachie*. — Les frères Boivin. — L'amour du grec. — Ce que coûtait en 1680 un procès de 24 sols de rente et ce qu'il durait en *Normandie*.. . . 225

CHAPITRE XII.

1719. Ivresse pécuniaire de Paris. — Comment la Palatine appelle le nouvel argent. — La *solitude* de Fresnes. — Les frères du chancelier. — L'abbé Daguesseau. — La direction de la librairie. — Valjouan. — *Le* Romieu. — Les Oratoriens à Fresnes. — Le P. de la Tour, le P. Rabbe. — Lettre inédite du 17 mars 1718. — Les visites à Fresnes. — Le carrosse à Livry. — La *Forge* de Fresnes. — Les livres de piété. — Les savants à Fresnes. — Les gens de lettres. — Valincour. — La science du monde. — Le bon sens. — La droiture menait à l'Académie. — Lettre de Daguesseau à Valincour. — Louis Racine ruiné par le Système. — Le chancelier l'attire à Fresnes. — Le manuscrit du poëme de la *Grâce*. — Le danger d'écrire sur ces matières. — Les conférences religieuses au bord du canal de l'Ourcq. — Daguesseau hypercritique. — Les importuns et les gens de cour à Fresnes. — M. Feydeau de Brou. — Vengeance *marotique* du chancelier. — Ses vers à sa fille *Claire*. — La duchesse d'Estrées importune. — La France est *bouffie*.. 248

CHAPITRE XIII.

1720. On songe à rappeler le chancelier.—Pourquoi. — Le sort de la morale dans la politique. — Ses ennemis. — Les indifférents. — Ce que Daguesseau représente au moment où on le rappelle. — Law va le chercher lui-même pour rassurer l'opinion. — Ce qu'il y a d'honneur dans ce rappel. — Le chancelier pouvait-il refuser ? — Il l'aurait dû dans un gouvernement libre. — Des droits et des devoirs des ministres suivant la nature des gouvernements. — A-t-on offert les sceaux à Saint-Simon? — Effets divers du retour. — Joie du maréchal de Villars, qui croit voir finir le règne des fripons. — On blâme le retour du chancelier. — On écrit sur sa porte : *Homo factus est*. — Le camp de la place Vendôme et l'horizon de Fresnes. — La *légitimité* du mal. — La liquidation du Système. — Le chancelier repousse éloquemment tous les moyens injustes. — Il est encore vaincu par la loi du salut public. — De juin 1720 à février 1722. — L'exil du Parlement à Pontoise. — Résistance du chancelier. — Le duc d'Orléans veut envoyer le Parlement à Blois. — Le chancelier lui porte sa démission. — Étonnement du régent, qui la refuse.. 281

CHAPITRE XIV.

1721. Dubois. — Souffrances morales du chancelier. — Portrait de Fénelon par Daguesseau. — L'archevêché de Cambrai. — Les saintes usurpations de la pourpre romaine. — Dubois jugé par mademoiselle de Seine, de l'Opéra. — Patience de Daguesseau. — Le cardinal de Rohan *menuisier*. — Le chancelier quitte le conseil. — Le duc de Noailles. — Février 1722. — Seconde disgrâce. — Le maréchal de Villeroi l'annonce au roi, qui pâlit. — Le chroniqueur Barbier. — Mariage du marquis de Chastellux avec mademoiselle Daguesseau. — Propos du régent. — Une opinion de joueur. — Voyage des exilés raconté par la chancelière. — Installation à Fresnes. — Les premiers sentiments de la disgrâce. — Lettres inédites. — Le sacre du roi. — M. de Fresnes, conseiller. — Le président Chauvelin. — Les *Ardélions*. — Louis Racine calomnié. — Le *financier malgré lui*. 304

CHAPITRE XV.

Toute-puissance de Dubois. — Il s'empare du jeune roi. — Trois lettres de cachet. — Le chancelier appelle celle qui lui est envoyée à Fresnes la *précaution inutile*. — Le lit de justice du 22 février 1723. — Un garde des sceaux qui n'a rien perdu ni rien gagné. — Les faveurs scandaleuses faites aux enfants des personnes en place. — Un manuscrit de Bossuet légué au chancelier par l'abbé Fleury. — Le roi donne une lettre de cachet pour l'avoir. — La politesse de Dubois. — Le président Hénault *souffleur* au lit de justice. — L'avocat général de Lamoignon ose faire l'éloge de Daguesseau. — M. d'Armenonville au lit de justice. — L'édit des duels. — L'opinion de Daguesseau sur ce point. — Celle de Marat, *l'ami du peuple*. — Le mandement du cardinal de Bissy dénoncé au Parlement par l'abbé Menguy. — *Sainte* colère de Dubois. — Août 1723. — Mort de Dubois. — Son oraison funèbre faite par le régent. — Le régent premier ministre. — Les compliments que lui adresse Daguesseau. — Discours de rentrée de l'avocat général Daguesseau sur la raison. — Grand succès. — Grande joie à Fresnes. — Les vers de Racine sur les *trois* Daguesseau. — La maréchale de Chamilly à Fresnes; elle y meurt. — Son portrait. — Mort du duc d'Orléans. 328

CHAPITRE XVI.

On meurt comme on a vécu. — La mort des honnêtes gens. — Celle des *fanfarons de crime*. — Les statues élevées aux princes pendant qu'ils vivent ne prouvent rien. — Aveu de Tibère sur ce point. — La grande affaire est *l'approbation de la postérité*. — Le cercueil même du duc d'Orléans n'est pas respecté. — Vers contre lui. — On met sur le tombeau de sa mère : *Cy-gît l'oisiveté*. — Le duc d'Orléans était-il un grand politique, comme le prétend l'avocat Barbier? — Qu'est-ce qu'un grand politique ? — Machiavel, Rabelais, Étienne Pasquier. — Il n'y a pas de grande politique sans morale. — Richelieu en convient et le fait écrire. — Le sieur de Silhon. — *L'Aristippe* de Balzac. — Le ministre d'État. — Tout ce que le duc d'Orléans a gâté. — Le chancelier a l'idée d'aller à Paris. — Il y renonce. — Ce que madame Daguesseau écrit à cet égard. — La *veille de Noël*. 352

CHAPITRE XVII.

Comment le duc de Bourbon devient premier ministre. — L'évêque de Fréjus est pris au piége. — La marquise de Prie. — Le premier président Novion et la *basse procédure*. — Le duc de Bourbon a l'idée de rappeler Daguesseau. — Ce qui en empêche. — Il vaut mieux prendre les *impies de bon sens* que les *dévots jansénistes*. — C'est l'opinion de Fénelon et de M. de Fréjus. — Réponse de Daguesseau aux avances de M. le Duc. — On voit déjà poindre la calotte rouge de M. de Fréjus. — L'année 1724. — Correspondance entre Louis Racine et le chancelier. — La *théorie des sentiments agréables* de M. de Pouilly. — La *réhabilitation* de la vertu. — Un livre dans une demi-page de Montaigne. — Leçons de philosophie et d'amitié données à Racine. — La lecture des *Géorgiques* à la campagne. — Les *bipèdes* et les *tripèdes* au Parlement. — Deux ou trois grandes dames dédaignées par Daguesseau. — Charmante lettre à ce sujet de madame de Simiane. 372

TABLE DES MATIÈRES.

CHAPITRE XVIII.

La semaine de la Pentecôte à Fresnes. — Séjour qu'y fait le P. Reyneau, l'auteur de la *Science du calcul*. — Daguesseau fait trembler les plus grands géomètres. — Le labyrinthe des courbes et des infiniment petits. — La *Mécanique* de Varignon — 1725. — La politique s'empare un peu de toute la famille. — Les précautions — Les visites écartées. — Le premier président Portail. — Premier cri de souffrance du chancelier à l'occasion de l'arrêt d'absolution rendu au profit de M. le Blanc. — Mariage du roi. — Embarras du chancelier pour lui écrire. — Où on voit bien l'*absolutisme* du duc de Bourbon. — Le chancelier recevra-t-il à Fresnes mademoiselle de Clermont? — L'édit du cinquantième. — Beau discours de l'avocat général Gilbert des Voisins. — Le *chagrin* des peuples. — Celui de Daguesseau. — Une leçon de conduite parlementaire. — La crise des subsistances. — La question des blés. — La passion de Daguesseau pour le bien public. — Ses idées en économie politique. — Pas de contrainte. — Le *malheureux état des affaires* fait qu'on parle de son *retour*. — Lutte entre M. de Fréjus et le Duc très-bien jugée par Daguesseau. — Disgrâce du Duc 390

CHAPITRE XIX.

L'évêque de Fréjus avait fait l'éloge du chancelier pendant tout l'hiver de 1726. — Il le fait encore, quand il a remplacé le duc de Bourbon. — Mais il ne veut pas qu'on le dise en *public*. — Le duc de Tresmes. — M. de Gandelus. — Le duc de Gesvres. — Promesse de Fleury au duc de Tresmes. — *Nimia præcautio dolus*. — La politique de Fleury vis-à-vis du chancelier. — Il lui faut le temps de *s'arranger*. — Négociations pour le retour. — Les conjurés. — L'abbé Couet. — M. d'Ormesson. — Le maréchal d'Huxelles. — L'évêque de Châlons. — Les ducs de Villeroi et de Charost. Valincour. — Le maréchal de Bezons. — M. d'Angervilliers. — Le comte d'Évreux. — Les conjurées. — Les duchesses de Villeroi, de Villars, d'Estrées, la vieille madame de Tavannes. — Madame de Saint-Simon. — La maréchale de Boufflers. — La marquise de Charost. — La pluralité des *équipages* empêche de prendre le cerf. — Les énigmes du *Mercure galant*. — La calotte rouge retarde encore le retour. — Le cardinal de Noailles. — L'avocat général de l'Église gallicane faiblit. — Le concile d'Embrun. — Maladie du chancelier. — Sa femme ne veut pas qu'on demande la faveur d'aller quelque temps à Paris. — Sa lettre à ce sujet. — *Retour* imprévu. — Fin de la seconde disgrâce. — Août 1727. 415

CHAPITRE XX

La maison du chancelier et celle de sa fille madame de Chastellux. — Vues d'intérieur. — La communauté étendue à tout. — La maladie de la chancelière. — Les soins qu'elle reçoit de son mari. — Il rédige des mémoires à consulter pour le médecin M. Pousse. — On consulte en se cachant un empirique qui est à Venise. — Curieux détails. — Correspondance inédite. — Mademoiselle de Fresnes veut asssister à la procession de Sainte-Geneviève. — Charmante lettre de son père. — Un grain de jansénisme. — La foi populaire. — La marquise de Prie *philosophe* se moque de sainte Geneviève et des Parisiens. — M. de Breteuil. — Le chevalier Daguesseau gendarme. — M. le Brasseur. — Marchais, le vieux valet de chambre du chancelier. — Les eaux de Passy. — Les recommandations pour les procès. — Cesar et le château de Chastellux dans l'*arrondissement* d'Avallon. — L'extérieur et l'intérieur de ce château. — Mort d'un enfant. — Grossesse de madame de Chastellux. — Sa voisine madame de Coulanges. — Le manque d'argent pour aller de Paris à Auxerre. — On ne voit pas un *sou*. — Le chancelier n'est pas propre à la *recette*. — Quelques traits de mœurs et d'histoire tracés par la plume du chancelier et par celle de la chancelière. — La maladie du roi. — La mort du duc de la Force. — L'incendie de la bibliothèque de M. de Valincour. — Les mariages. — M. Portail et sa femme. — L'abdication du roi de Sardaigne. — Mon dernier mot. 434

FIN DE LA TABLE DES MATIÈRES.

www.ingramcontent.com/pod-product-compliance
Lightning Source LLC
Chambersburg PA
CBHW050610230426
43670CB00009B/1349